第
一
辑
JINAN
UNIVERSITY

暨南群星闪耀时

（第一辑）

暨南大学校友总会　编

暨南大学出版社
JINAN UNIVERSITY PRESS

中国·广州

图书在版编目（CIP）数据

暨南群星闪耀时．第一辑/暨南大学校友总会编．—广州：暨南大学出版社，2021.10（2022.7 重印）
ISBN 978－7－5668－3255－9

Ⅰ.①暨…　Ⅱ.①暨…　Ⅲ.①暨南大学—校友—生平事迹　Ⅳ.①K820.7

中国版本图书馆 CIP 数据核字（2021）第 215162 号

暨南群星闪耀时（第一辑）
JINAN QUNXING SHANYAO SHI（DI-YI JI）
编　者：暨南大学校友总会

出 版 人：张晋升
责任编辑：武艳飞　刘　蓓
责任校对：张学颖　冯月盈　陈皓琳
责任印制：周一丹　郑玉婷

出版发行：暨南大学出版社（511443）
电　　话：总编室（8620）37332601
营销部（8620）37332680　37332681　37332682　37332683
传　　真：（8620）37332660（办公室）　37332684（营销部）
网　　址：http：//www. jnupress. com
排　　版：广州市天河星辰文化发展部照排中心
印　　刷：广州一龙印刷有限公司
开　　本：787mm×960mm　1/16
印　　张：17.5
字　　数：359 千
版　　次：2021 年 10 月第 1 版
印　　次：2022 年 7 月第 2 次
定　　价：83.00 元

特别鸣谢
新加坡李氏基金会

编　委　会

序

薪火相承，代际流传，师长教诲，桃李辈出。2017 年，暨南大学入选国家“双一流学科”建设高校；2018 年 10 月，习近平总书记莅临视察时，嘱托暨南大学要坚持立德树人的根本任务，传承弘扬暨南精神，擦亮学校的金字招牌。百余年来，暨南大学历经“三起三落”五度播迁，暨南精神弦歌不辍。世纪迭代，继往开来，数十万英才学子承接暨南名师的教育，接受华侨最高学府的熏陶，投身祖国的革命与建设，为社会主义事业发光发热。

百年传承离不开名师之教诲，继往开来离不开先人之奉献。一代代暨南名师支撑起百年侨校之学脉，一位位前辈大家承载起暨南大学之更迭。作为革命建设的排头兵、学科建设的领头羊，他们教书育人、开拓创新，跨越时间的山河海阔，在暨南大学发展史上起到了重要作用。

回溯 1906 年，清政府推行“宏教泽而系侨情”的华侨教育政策，近代新式教育实践者端方紧抓时机、乘势而上，委派江宁提学使陈伯陶、两江总督府学务处职人郑洪年，创设暨南大学的前身——暨南学堂，开中国华侨教育事业之荒，侨教之源自此始。百年侨校自诞生之日起，便肩负起立德树人、情系侨胞之使命。

1906 年暨南学堂在南京创设后，南洋华侨同胞奔走相告，当地中华会馆积极选送优秀学子归国求学。1911 年，辛亥鼎革，暨南学堂停办。1918 年，在北洋政府教育部支持下，黄炎培等人奔走筹划，暨南学校得以复办。1921 年，暨南学校与国立东南大学合作创办国立上海商科大学，此后逐步迁入上海，以真如为学校本部。1923 年，暨南学校独自创办商科大学部，名其为国立暨南商科大学。1927 年，国立暨南学校升为综合性的华侨大学，改称国立暨南大学。20 世纪30年代初期，日军侵华恶行加剧、民族矛盾突起，暨南爱国学生运动风起云涌，加入全国抗日救亡的浪潮。1932年“一·二八”事变后，日军占领上海真如，暨南大学不得不一分为三，在上海、苏州、广州艰难办学，事变结束后才得以迁回上海。1937年上海“八一三”事变后，学校办学遇挫，搬入上海租界求存，进入“孤岛”时期，苦苦支撑。1941年太平洋战争爆发，学校在上海难以立足，不得不南下前往福建建阳办学。抗战胜利后，1946年6月，学校复迁上海，又因办学经费不足、侨生比例较小，在1949年8月合并于复旦大学、交通大学、南京大学、浙江大学等高校。中华人民共和国成立后，经国务院批准，暨南大学于1958年在广州重建。“文化大革命”爆发后，暨南大学于1970年再遭停办，直至“文化大革命”结束后，国务院决定恢复暨南大学、大力推进华侨高等教育，暨南大学从此步入恢复与高速发展的新时期。

暨南创办发展坎坷不易，多遭艰难险阻，百十年间风云变幻，求存与进步共生。在暨南办学的真如时期，学校扩大生源、增设学科、广聘名师。文学巨匠梁实秋、叶公超、郑振铎、许杰、方光焘、陈中凡、钱锺书等点亮灯塔，历史大家谭其骧、周谷城、周予同、许德珩、陈高傭等掌舵破浪，艺术文人李瑞清、陶冷月、黄宾虹、潘天寿、洪深等播种浇水，商科名家潘序伦、杨汝梅、王亚南、周宪文、马寅初等燃烛引路，各方贤士齐聚一堂、挥洒汗水、教导栽培、谋求发展，助力暨南走入全面发展的阶段，暨南办学繁花绽放在此时。今日暨南大学之强大离不开昔日暨南建设之艰苦，暨南精神之璀璨离不开名师荟萃之绚烂。本书聚焦中华人民共和国成立前暨南建设之名师大家，不忘前人护苗栽树之恩泽。

2021年，时值中国共产党建党100周年、暨南大学建校115周年、暨南大学董事会成立100周年之际，推出《暨南群星闪耀时》（第一辑），以念百年建设下师生之奉献，开新时代华侨最高学府之未来。传播校史经典，传扬暨南精神，传承家国情怀，传递前行力量，生生不息为代代名师既往，光明未来由生生今人开启。

马有恒

2021年5月

（马有恒系暨南大学董事会副董事长、暨南大学校友总会会长）

凡　例

一、本书以马克思列宁主义、毛泽东思想、邓小平理论、“三个代表”重要思想、科学发展观和习近平新时代中国特色社会主义思想为指导，坚持用辩证唯物主义和历史唯物主义的观点，实事求是地记述民国时期暨南大学名师历史与学人风范，努力做到思想性、科学性和资料性的统一，充分体现暨南大学民国时期的办学宗旨、学科特色与时代精神。

二、本书体裁采用述、记、志、传、图的形式，以名师传记为主。全书首设序、引子，其次依学科划分篇章，按文学、历史、艺术、商科、其他的顺序分为五章，每章人物按照生卒年份先后进行排序，最后为参考文献与后记。全书图片与文字叙述互为补充，各篇首设无题概述，简要记述该学科历史与名师的基本情况。

三、本书记述范围按照“立足真如，兼及播迁”的原则，以真如时期校史为记述重点，对迁徙建阳时期的名师任教历史作辅助采用。同时，将抗战胜利后返沪的暨南大学复学史仅作背景性适当交代。

四、本书上限尽量追溯至民国初，下限断至 1949 年中华人民共和国成立。个别跨上、下限的重要事件为保持其完整性，将超越上、下限的内容也简要记述，或将其收入参考文献，以备查考。

五、本书名师学人按“生不立传”原则，主要收录暨南大学在民国时期有较大影响的已故名师，排列先后在学科领域下以生年为序，生年相同者以卒年为序。

六、本书各章基本由本书编委会组织编纂，凡直接为本书提供资料者（包括撰稿、审稿）均予以署名，记录于后记，编辑作者排名以姓氏笔画顺序排列。在同一章节中为多个篇目撰稿（审稿）者一般不重复署名。

七、本书资料均征引自近代史料、方志和各类档案、图书、报刊。为减少篇幅，除引文和个别有争议的资料注明来源外，一般不再注明。同时，囿于各种原因可能会导致少数名师照片短缺，敬请读者见谅。

八、本书虽已截稿，后期编纂人员将继续致力于收集、补充史料，同时欢迎社会各界提供暨南校史和暨南名师资料，本书编委会将建立专题信息库，进一步做好资料收集与整理，以便在适当时间续编修订版。

目　录

001　序

001　凡　例

001　引子　暨南精神的薪火传承
- 002　端　方
- 012　郑洪年
- 023　黄炎培

033　第一章　文学名师
- 034　陈中凡
- 041　郑振铎
- 050　方光焘
- 057　曹聚仁
- 068　许　杰
- 076　梁实秋
- 085　叶公超
- 093　钱锺书

101　第二章　历史名师
- 102　陈守实
- 109　周予同
- 116　周谷城
- 125　陈高傭
- 132　谭其骧

139　第三章　艺术名师
- 140　黄宾虹
- 148　李瑞清
- 154　洪　深
- 163　俞剑华
- 171　陶冷月
- 179　潘天寿

189　第四章　商科名师
- 190　马寅初
- 197　潘序伦
- 204　杨汝梅
- 210　王亚南
- 217　周宪文

225　第五章　其他名师
- 226　周建人
- 235　许德珩
- 243　何炳松
- 251　严济慈
- 257　孙怀仁

263　参考文献

269　后　记

暨南群星闪耀时

引子

暨南精神的薪火传承

端　方

端方（1861—1911），字午桥，号匋（陶）斋，托忒克氏，满洲正白旗人，曾任湖北巡抚、江苏巡抚、两江总督兼南洋通商大臣、直隶总督兼北洋大臣。

这位酷嗜金石、权倾朝野的封疆大吏，在风雨飘摇、内忧外患的晚清政府扮演了重要角色。他拥护“新政”，锐意进取，一生践行着“宏教泽而系侨情”的宗旨。

端方是近代新式教育的实践者。在任期间，他力主废除科举制度，创建新式学堂、派遣留学生，并创办了最早的现代幼儿园、现代图书馆、无线电台和学生运动会，是清末“新政”之文教领域的扛鼎之人。

端方是清末华侨政策的倡导者。他曾作为五大臣之一出洋考察，联络侨情；创办全国首所侨校——暨南学堂，兴办侨教；建言举办南洋劝业会，引进侨资。端方推行的系统性侨务政策，在晚清侨政中占据着不可取代的地位。

当端方秉持着“怀远固以招徕为要，兴学须为久远之图”的高远视角，将教育与侨务结合，暨南学堂便由此诞生，并作为华侨教育的蓝本薪火相传。

一、　溯洄暨南

20 世纪之初，在南洋爪哇，一批华侨学子情真意切地要求回国求学。清政府获悉此事，便于 1906 年设学于六朝古都南京，中国历史上第一所华侨学府——暨南学堂从此诞生。“暨南”，这一寓意深远的名字，也日益享誉中外，并伴随着中国高等教育的发展，度过了历史的风风雨雨，在中国教育的丰碑上留下了浓墨重彩的一笔。而学堂的创始人端方，这位满洲大员中仅见之俊杰，尤足令暨南人追思。

南京时期暨南学堂旧景

二、 兴学实践， 清末“新政”文教领域引导者

甲午之役后，国势阽危。清政府为扭转末路危局，实行“新政”和“预备立宪”。在文化教育方面，清政府陆续颁布“兴学诏书”，采取鼓励兴办学堂，递减科举取士名额，废除八股文程式等措施。作为颇具维新思想的地方大员，端方被派遣出访日本和欧美诸国，以考察宪政。在访问中，他体悟到西方先进完善的教育制度的深远影响，归国后把“兴学”作为第一要务。据胡适评述：“在苏督任内，如广设学校，兴办警政，定长江巡缉章制，选派学生赴欧美留学，凡与维新运动有关者，莫不竭力推行。”①

清末科举制度依然存在，不可避免地对新式教育的发展造成阻碍，学生即使在新式学校学习，仍然是为了追求科举功名，学校教育成为科举制度的附庸。1905 年，直隶总督袁世凯连同时任湖南巡抚端方等人，联名奏请废除科举。至此，自隋朝起实行了 1 300 多年的科举制度被正式废除。这一事件标志着中国封建教育制度在形式上的完全终结，近代教育制度逐渐确立，是中国教育史上极具进步意义的大事。而端方在废除科举制度和推动兴办近代新式教育方面做出了积极贡献。②

① 马兴中主编：《暨南往事》，广州：暨南大学出版社，2006 年，第 7 页。
② 何立波：《情系教育的晚清总督端方》，《文史天地》2010 年第 10 期，第 51－54 页。

端方任职湖南巡抚时与柏劳霍等奥匈帝国官员合照

端方大力提倡学习德国义务教育模式，推广小学阶段的义务教育。他在《条陈学务折》中提及："夫两等小学者，即各国所谓义务教育，全国之民，无人不出其中，政府以强迫之法干涉之，其所注意在国民之资格，与其谋生之技能，西人称之为庶民教育。"[1] 在民智未开的晚清，端方认识到推广全民义务教育是立宪的智识基础，足见其远见卓识。

在兴学实践上，端方也有诸多贡献。在任湖北巡抚期间，端方把兴学作为最急之务，在省城城关内外设立了60所小学，各道府设立了师范学堂。后于国立暨南大学执教的文坛大家梁实秋，就曾受教于端方在北京开设的新式小学堂。1903年9月，端方在武昌阅马场创办幼稚

中国第一所幼稚园——湖北幼稚园

① 何立波：《情系教育的晚清总督端方》，《文史天地》2010年第10期，第51－54页。

园一所，教授行仪、训话、幼稚园语言、日语、手技、唱歌、游嬉七项，其教育任务是："专辅小儿自然智能，开导事理，涵养性德，以备小学堂之基础。"该幼稚园后改名武昌蒙养院，取"蒙以养正"之意。武昌蒙养院是我国最早的一所官办学前教育机构，也是中国第一所幼儿园。①

三、 创设暨南，中国华侨教育事业拓荒者

清末，清政府面临着危在旦夕的政治经济困局，为了消弭革命，吸引华侨资本，清政府对海外华侨的态度，从"化外之民，我亦不管"转向了拉拢华侨的怀柔政策。端方作为五大臣之一在出洋考察的归程中，曾路过南洋这一华侨最为集中的地区，他关注到华侨子弟的教育问题，深知华侨教育需求之迫切。其一，殖民当局已舍弃愚民政策，加强侨民的本国教育，长此以往华侨子弟必将丢失母语根基，"华民内向之心必消归于无有"②；其二，端方在考察时受到各地华侨商人和华侨学校师生列队欢迎，使他感受到了海外华侨的拳拳爱国之心和对正统华文教育的渴望。因此，在端方看来，清政府除了应设领事、派重臣出洋，设法保护、抚慰侨民之外，最好的办法就是创办华侨学校，在华侨中传播传统文化，用清朝的教育思想去影响华侨。③

1906 年，端方（前右四）在美国芝加哥考察

① 何立波：《情系教育的晚清总督端方》，《文史天地》2010 年第 10 期，第 51－54 页。

② 端方：《暨南学堂经费作正开销片》，《端忠敏公奏稿》，载沈云龙主编：《近代中国史料丛刊》正编第 94 册，台北：文海出版社影印本，1973 年，第 1430 页。

③ 端方：《华侨分送肄业片》，《端忠敏公奏稿》，载沈云龙主编：《近代中国史料丛刊》正编第 94 册，台北：文海出版社影印本，1973 年，第 889 页。

1906年，清政府学部派知府钱恂与学部专门司行走董鸿祎为查学委员，赴南洋调查学务。他们在爪哇岛了解到，约有30名华侨学生，“志切归国读书，选地南京”，并将情况电咨学部与端方。端方当时已担任两江总督，南京在他的管辖范围之内。他收到电报后，立即奏请清政府在南京设立学堂“以宏教泽而系侨情”，并提出“嗣后南洋各岛及檀香山、旧金山等处侨民，如有愿送子弟来宁就学者，并当一律收取”。光绪皇帝于不久后朱批回复：“学部知道，钦此。”①

此后，端方委派江宁提学使陈伯陶，两江总督府学务处职人郑洪年二人，负责暨南学堂的筹办，包括校名校址选择、资金筹集、招生等具体事务。

陈伯陶因出于学生主要来自南洋的考虑，建议用“暨南”做校名。“暨南”一词源自《尚书·禹贡》：“东渐于海，西被于流沙，朔南暨，声教讫于四海。”其意为，中华民族的优良道德风尚和文化教育，要传播到四面八方，五湖四海。陈伯陶提议化用既深又僻的“朔南暨”典故，将学校命名为“暨南”，端方欣然允诺。② 从此，暨南就成为传播中华文明，维系海内外华夏儿女交往及中外文化交流的一条重要的文化纽带。

暨南学堂定址于江苏省南京薛家巷妙相庵，学堂教学设备之齐全，校园环境之优美，也得益于端方的不吝资金。南洋侨生爱好运动，学堂配备了篮球场、足球场、秋千架等活动场所和铁环等健身器材，以便学生锻炼身体。暨南学堂校内设有假山荷池、亭榭回廊，景色清幽宜人；池植荷花，石砌拱桥，横贯南北。在暨南学堂这个用心良苦打造的学习环境里，侨生学业勤奋，生活有序，身心开朗。③

端方对暨南学堂的筹建可谓倾尽全力。学堂的经费，初时端方指定由两江的关税中拨给，后来发现各学生大多数原籍广东、福建，乃奏请由闽粤海关联同负责。侨生不仅学膳宿费全免，还有零用钱可领。校中备有中西医生，学生可免费受诊。此外，每学期考试成绩列优等者，校方给予奖品或奖金，以资鼓励；对优秀华侨学子，“从优给奖酌派官费（留学）”，以促进学堂的进一步发展。④

为鼓励海外华侨子弟回国就读，端方建议北洋舰队调派旗舰“海圻”号（二等军舰），专程前往印尼诸岛，运接热衷求学的青年，以示优待，足见对侨生的重视。⑤ 1907年初，钱恂、董鸿祎等带领暨南学堂的第一批侨生——爪哇华侨子弟21人，由爪哇启程回国。在侨生安全抵达南京后，端方任广东人温秉忠

---

① 马兴中主编：《暨南往事》，广州：暨南大学出版社，2006年，第5页。

② 胡安泰：《暨南往事》，引领杂志社内部印发，2007年，第2页。

③ 胡安泰：《暨南往事》，引领杂志社内部印发，2007年，第8页。

④ 端方：《暨南学堂添筹经费折》，《端忠敏公奏稿》，载沈云龙主编：《近代中国史料丛刊》正编第94册，台北：文海出版社影印本，1973年，第1847页。

⑤ 胡安泰：《暨南往事》，引领杂志社内部印发，2007年，第2页。

为学堂总理，江宁学务处的郑洪年为庶务长（即堂长），聘请了清铨、王嘉曾、关葆麟、王撰曾、关春和、陈云葆六位教员，[①] 于 1907 年 3 月 23 日正式开学。这是南洋等海外华侨子弟进入国内侨校求学的真正开始。

四、因材施教，多元举措完善侨教方法论

暨南侨生来自五湖四海，学生知识程度参差不齐，年龄差达到十岁，在课程设置、讲授方式、管理办法均有侨教特殊性。因此，必须做到在学业上因材施教，在生活上关怀有加，在管理上严宽适度。为了坚定侨生求学信念，端方多措并举，在建设与发展暨南学堂的过程中，也摸索出了一套行之有效的华侨教育模式和管理办法。

端方（中）和暨南学堂第一批侨生合影

在学堂建制方面，端方积极给予关注。暨南学堂成立之初，是一所一年制的补习机构，目的是给华侨学生补习国文、国语及各项科学，一年后根据侨生意愿分送各学堂学习。

端方认为："诸生初次回华，风俗人情多未习惯，管理、教授，尤当定一合宜之规，性情不同办理亦不能不稍示区别。以髫年血气未定、习尚不同之幼童，遽令分入他堂，既恐造诣未深易沾习气，又恐因散处而有归思，其向学之心转纷，自应就其程度妥筹善法，使易于成就。"[②] 因此，端方决定把暨南学堂改为

① 胡安泰：《暨南往事》，引领杂志社内部印发，2007 年，第 3 页。

② 马兴中主编：《暨南往事》，广州：暨南大学出版社，2006 年，第 6 页。

中学，附设高等小学，侨生于中学毕业后再升入法政、商业、陆军各项高等学堂。入学时，按学业水平分班，课室分为甲乙班及补习班，该补习的进补习班，小学水平的进附设高级小学，中学水平的进中学部，国语不好的补国语，英语差的加强英语，使每一个归国的侨生能寻找到一个适合自我发展的学习环境。①

为了缓解侨生异地求学的陌生感，端方对学生关怀备至，尤其关注学生的身心健康问题。当他乘车在南京的马路上遇见侨生时，经常会停车邀请他们上车同游。他经常检查学生宿舍，对学生嘘寒问暖，征求意见，每年必定赠送佳美食品。当时的南洋侨生，留有海外居地的习俗，服饰特别，言语难懂，到校外往往引人注目，有的甚至被讪笑、揶揄，端方得知后，乃给每一侨生发一柄白纸扇，上有端方的手谕，如遇恶民等对侨生无礼时，准用此扇扑击惩罚。纸扇宛如尚方宝剑，从此无人敢欺侮侨生了。② 1909 年，为了让患病的侨生得到及时治疗，他向闽粤江三海关请拨医药费一千两，理由是"该生等生长南洋诸岛，性质与西人相近，遇有疾病，多延西医诊视，所费较多"③。初来乍到的侨生在这种无微不至的关怀中，感受到家庭式的庇护氛围，才能更专注于学习。

端方饬令暨南学堂制定了一系列严格的章程规则。学堂作息规范，每日上课八小时，上午八时至十二时，下午一时至五时；夜间七时至九时，在自修室温习功课，星期日休息。章程规定学生每星期只可在周末外出一次，并须于同日关闭校门前回宿舍；无特殊请准绝不允许在外过夜；自修室和宿舍实行点名制度等。学堂同时设有管理学生的训育处、教务处，设监学和舍监。④ 为了增加学堂教学的透明度，进而促进教学，端方还把学堂的各项章程都通报给家长。学堂规则中明确规定，"凡教育、名数、资格、教科名目、钟点、学生食品、衣式、逐日寝兴漱沐时刻，以及学生各科分数，每月必分门列表传示巴达维亚之中华会馆，令其布告"⑤。端方的用意很明显，就是在各方面都加强对学生的监督以促进暨南学堂的发展。

暨南学堂的纪律虽严，但学生的课外生活却相当丰富，书画、运动、游览名胜，不一而足。端方强调用中国传统文化对侨生进行修身养性方面的教育，陶冶其情操。教师对学生写字和图画，督责甚严，学生只好在下课之后，或临颜赵诸名人碑帖，或画山水兽鸟虫鱼，按时交卷。⑥ 另外，端方要求学生每周要发家信

---

① 胡安泰：《暨南往事》，引领杂志社内部印发，2007 年，第 7 页。

② 胡安泰：《暨南往事》，引领杂志社内部印发，2007 年，第 7 页。

③ 胡安泰：《暨南往事》，引领杂志社内部印发，2007 年，第 7 页。

④ 胡安泰：《暨南往事》，引领杂志社内部印发，2007 年，第 7 页。

⑤ 端方：《暨南学堂添收学生折》，《端忠敏公奏稿》，载沈云龙主编：《近代中国史料丛刊》正编第 94 册，台北：文海出版社影印本，1973 年，第 1685 页。

⑥ 胡安泰：《暨南往事》，引领杂志社内部印发，2007 年，第 8 页。

一次，既锻炼了学生写作能力，又加强了华侨与祖国的联系，可谓一举多得。南京城的名胜古迹更是侨生尽情游览的好去处，不少侨生还喜欢假日骑驴郊游，这不仅别有情趣，还能在游览中体悟母国的深厚历史。①

五、 百年树人， 自端方始中华侨教远流长

为获取海外华侨支持，以维护清政府统治，清末侨政兴起。但当时大部分官员具有急功近利思想，出于笼络甚至利诱的心理，侨务政策不成体系。端方作为封疆大吏，却秉持着“怀远固以招徕为要，兴学须为久远之图”② 的务实观念，在长期实践中形成了目光远大的系统侨务政策。这些政策主要包括互为助力的三个方面：维系侨情、兴办侨教、吸引侨资。侨教在侨政中的重要性以及端方在侨务中体现出的卓识远见，都可以在1910年举办的南洋劝业会中管窥一二。

端方曾于1903年在日本大阪参加国际博览会，感慨于西方实业之发达，也认识到博览会是招商引资的重要场所，便在归国后向清政府建议举办类似的南洋劝业会，通过参赛、竞争的方式吸引侨资，促进中国工商业的发展。劝业会之所以被冠以“南洋”之名，一则因为端方和张人骏均兼理南洋大臣，二则因为劝业会的主要参与对象是南洋华侨。端方派员赴南洋“招集商股”，广泛邀请南洋华侨回国参与，并在会场内专门设置场馆陈列南洋侨商产品，这一场所名为“暨南馆”，其名称的灵感正是来源于中国第一所华侨院校——暨南学堂。③

1910年，规模盛大的南洋劝业会在南京举行。一些参加展会的华侨决定将展品的售出收益捐充暨南学堂经费，还有一些华侨期望选送子弟到暨南学堂学习。如谏议里代表徐博兴和泗水代表潘炼精，就利用回国参加南洋劝业会的机会，“并行资送学生六名，肄业于暨南学堂，后遍游汉口、天津、北京、广州、福州、厦门、漳州等地，参观各学堂，拟欲选送侨生，回籍肄业”。可见，暨南学堂兴办后对南洋华侨产生了广泛影响，他们有了主动选送子弟回国学习的念头，并希望学堂日臻完善。这对于传播中华文化、维系侨情起到了积极作用。

这场中国历史上首次以官方名义主办的国际性博览会，与端方的大力推动密不可分。南洋劝业会开幕时端方已被革职，但当南洋群岛的观光团来南京参观，各省联合协赞会的委员设宴款待他们时，还“分别赠端方肖像及折扇各一以为纪

---

① 胡安泰：《暨南往事》，引领杂志社内部印发，2007年，第8页。

② 端方：《暨南学堂添筹经费折》，《端忠敏公奏稿》，载沈云龙主编：《近代中国史料丛刊》正编第94册，台北：文海出版社影印本，1973年，第1847页。

③ 乔兆红：《华侨与南洋劝业会》，《文史哲》2003年第2期，第103－108页。

南洋劝业会盛况

念”。这些都反映了端方对华侨参加南洋劝业会的影响。①

暨南学堂的创办是清末“新政”中的亮点。十年树木，百年树人，端方兴办侨教事务，对于进一步吸引侨资，提高海外华侨的文化素养，以及改变华侨的海外境遇都有相当的积极意义，也在一定程度上增强了海内外华侨华人的凝聚力。可以说，端方开创了政府重视华侨教育的先河。

六、 端方与暨南学堂的结局

端方戎装像

1909 年，端方因在安葬慈禧太后时，派人在沿途拍照，并在风水墙内的树上安设电灯电线，以“大不敬”的罪名被免职。1911 年，四川保路运动发生后，端方作为督办粤汉、川汉铁路大臣，带领新军从湖北武昌前往镇压，在四川资州被新军所杀。②

1911 年 10 月 10 日，武昌起义爆发，全国响应，当时在南京的清朝两江总督张人骏等人仍效忠清政府，遏阻策应革命的新军，对剪了辫子的暨南学生也很戒备，运来大炮正对着暨南学堂，

① 《欢迎华侨观光团》，《大公报》，1910 年 6 月 26 日。

② 胡安泰：《暨南往事》，引领杂志社内部印发，2007 年，第 1 页。

师生受到极大威胁。为了安全，暨南学堂星夜租车送学生到上海避难，大部分侨生乘船回南洋，小部分投入新军或去武昌投奔黄兴，师生星散。①

极富革命热情的暨南学堂，与其力图镇压革命的创始人端方，在时代浪潮下走向了南辕北辙的结局，不免令人唏嘘。所幸，暨南学堂作为华侨教育的火种，在 1917 年复燃重建，并薪火相传。而端方，这位暨南乃至华侨教育史上开拓者，也在暨南人心目中留下了磨灭不掉的记忆。或许，我们可以借用新加坡暨南校友会前会长庄右铭先生的一句诗，向这位创始人表达暨南学子的敬意："振铎传薪朔炎荒,心香一瓣敬端方。"②

---

① 胡安泰:《暨南往事》，引领杂志社内部印发，2007 年，第 9 页。

② 胡安泰:《暨南往事》，引领杂志社内部印发，2007 年，第 7 页。

郑洪年

郑洪年（1876—1958），字韶觉，广东番禺人，国立暨南大学创始人兼校长、著名教育家、书法家、我国华侨教育事业的先驱。

郑洪年早年受业于康有为门下，后来就读于广雅书院，毕业于两江法政学校。他在两江总督府学务处任职期间，于1906年奉派参与暨南学堂筹办工作，并任第一任堂长。为暨南学堂奠定初步基础之后，1909年调往交通部任职。1922年兼任国立暨南学校校董。1927年国立暨南学校改组为国立暨南大学，郑洪年出任校长，在任期间，他广罗人才，锐意改革，吸引了许多海外华侨学生前来暨南大学学习，暨南大学被誉为“华侨最高学府”。1929年孙中山先生的灵柩从北京碧云寺运到南京中山陵安葬，郑洪年担任“迎榇专员”。1934年离任国立暨南大学校长后，郑洪年赴南洋考察华侨教育。1937年上海“八一三”事变发生后，郑洪年旅居香港，创办了华夏学院、汉华中学。1952年，郑洪年回到上海定居，1958年逝世。

郑洪年被誉为“暨南六先贤”之一，他既是暨南学堂首任堂长，亦是国立暨南大学首任校长。他两度主政暨南，大力改组，将暨南升格为综合性大学；他兼收并蓄，延揽名师，让暨南在活跃的学术氛围中成长；他心系侨情，光大侨教，设立南洋文化教育事业部。郑洪年是我国华侨研究的开拓者，为开创和发展我国的华侨教育、华侨研究事业作出了重要贡献。

一、初掌暨南学堂：积极参与学堂创办，任首任堂长

1905 年，清政府派端方等五大臣分赴东西洋考察宪政。端方从欧洲归国时，途径南洋，在此过程中，深切感受到海外华侨的爱国情深。次年，端方上书光绪皇帝，请求允许“南洋各岛及檀香山、旧金山等处侨民”回南京读书，以“宏教泽而系侨情”，得到清政府的支持。

1906 年，郑洪年正供职于江宁学务处，因受两江总督端方赏识，不久便被委以筹办暨南学堂重任。1907 年 2 月，第一批爪哇归国侨生来到南京。因侨生入学基础、身体条件等限制，“分送各校就读”的原计划难以实施，郑洪年遂向清朝两江总督端方提议成立华侨学堂，将侨生集中起来学习。端方欣然采纳其建议，创办了暨南学堂。1907 年 3 月上旬，首批南洋华侨学生抵达上海。受端方委派，郑洪年与温秉忠将首批侨生接至南京。3 月 23 日暨南学堂正式开学，郑洪年为首任堂长。①

爪哇第一批 21 名侨生抵达南京

① 张晓辉、夏泉主编：《暨南大学史（1906—2016）》，广州：暨南大学出版社，2016 年，第 6－8 页。

暨南学堂创办之后，郑洪年在生活起居上对学生关怀有加。每当有海外侨生回国，他总是亲自接护。1907 年 8 月第二批侨生抵达厦门，他亲自前往厦门接至南京。郑洪年还常到学生宿舍、膳堂了解学生住宿伙食，对学生问寒送暖，并鼓励他们用功学习，锻炼身体，要与侨居地保持联系。①

早期的暨南学子年龄一般在十三四岁，他们远离父母，远涉重洋，本来年龄较小，生活自理能力不足，加之来到语言习惯和生活环境相对陌生的地方，自然难以适应。对此，学校给予侨生多方照顾。据郑洪年回忆，当初“侨生之来学者，如至家室，而吾亦以家人待之。居未安，授馆以安之；餐未适，治庖以适之。时或时节不节，土宜不调，延医以调之，选药以节之”②。当时暨南学堂推行“家庭学校制”，既免除学费、食宿费，还提供制服与医疗帮助，所有设备均仿照家庭的布置，师生关系像家人一样亲密。

除了在生活上给予侨生十足的关怀外，在教学上，郑洪年注重因材施教，全面培养。针对侨生各自特点及学习水平之差异，学堂为其延聘教员补习功课，如为不会讲国语的学生补习国语，对不同层次的学生，分班授课。念及侨生学成后要回居住地发展，学堂特别为其开设英语课程。在体育活动方面，由于侨生主要来自荷属东印度，体格粗健，性情好动，学堂为此专门修建篮球场、足球场、秋千架和铁环等运动设施，以利其身心全面发展。③

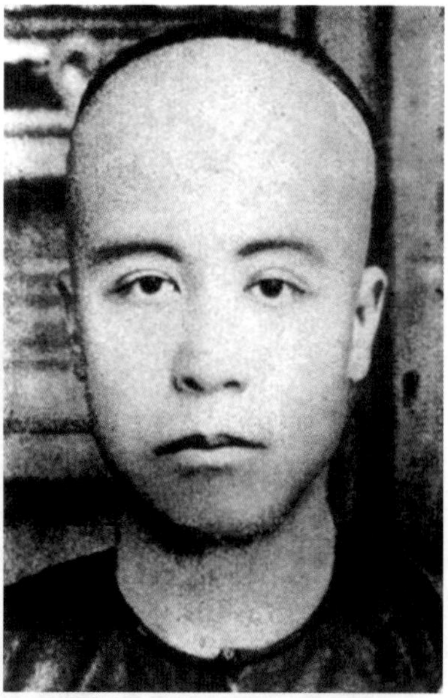
青年时期的郑洪年

良好的教风和关怀备至的环境使得暨南学堂在成立之后，受到海外华侨的欢迎，要求回国求学者日益增多。据在印度尼西亚较有影响的吧城（今雅加达）出版的《新报》（印尼文版）所登载的一篇反映华侨对暨南学堂评价的文章所述：“不管清政府开办暨南学堂的政治动机是什么，设立这样一间吸收侨生回国接受祖国文化教育的学校，是有其重大意义的，是符合广大海外华侨要求的。它作为海外华侨与祖国之间的文化纽带而存在是完全必要的。”④

① 胡安泰：《暨南往事》，引领杂志社内部印发，2007 年，第 23 页。

② 张晓辉、夏泉主编：《暨南大学史（1906—2016）》，广州：暨南大学出版社，2016 年，第 11 页。

③ 张晓辉、夏泉主编：《暨南大学史（1906—2016）》，广州：暨南大学出版社，2016 年，第 11 页。

④ 梁德坤：《吧城中华会馆和暨南学堂》，《暨南大学学报》（哲学社会科学版）1980 年第 1 期，第 11 – 19、27、37、42 页。

在为暨南学堂奠定基础后，郑洪年被调往其他部门任职，于1909年1月离开了暨南学堂。虽然不再担任堂长职务，郑洪年仍心系暨南学堂。1911年武昌起义，清朝覆灭，因暨南学堂缺主事人，侨生纷纷回侨居地，学堂停教停学。海外华侨和国内有识之士纷纷为恢复暨南学堂奔走呼号，郑洪年也通过在教育部任职的董鸿祎，多次向北洋政府提出建议并敦促尽快恢复暨南学堂。1918年，经多方努力，暨南学堂在原址复校，改名为国立暨南学校。1922年3月，暨南学校成立首届校董会，郑洪年被聘为校董。

郑洪年任暨南学堂堂长约两年。这两年中，先后有四批南洋华侨子弟共115人回国就读于暨南学堂。郑洪年始终秉承端方“以宏教泽而系侨情”“知华侨教育之不可缓”的思想，竭诚服务于侨教事业。他这样评价自己倾注毕生心血的华侨教育：“冀以教育手段教育力量俾成学术化拯海外数百万侨胞于水火，达到平等自由，则念兹在兹，固无日不以期为鹄的，曲折以求其达也。”在暨南学堂创办过程中，郑洪年尽心尽力，为暨南教育事业的发展奠定了基础。[①]

二、 再掌暨南大学： 大力改组， 成就华侨最高学府

1927年6月，郑洪年重掌暨南。此前数年，国内战争迭起，侨胞处在殖民政府铁蹄之下，受尽帝国主义蹂躏，仍处于中学师范阶段的暨南，不足以增进侨胞地位、助其适应特殊环境。郑洪年认为，暨南必须提高教育程度，扩充为完善的大学，“斯校之责任，可分为二：一为教育华侨子弟……一为研究南洋问题”[②]，基于此，他以彻底改革之决心，在暨南开启大刀阔斧的教育改革。

郑洪年到任后的第一件事就是提出改组暨南和扩充暨南的计划。1927年6月27日，郑洪年发表了《国立暨南大学计划大纲》（以下简称《计划大纲》），对学校进行大刀阔斧的改革，将其从以中学为主体的学校升格为一所综合性大学——国立暨南大学。

（一）发展“完善之大学”，建立“三部鼎立”机制

担任校长后，郑洪年审时度势，根据暨南办学经费状况和人才聘任的进度，制订了学校改革发展的三个时期：第一时期（1927年上学期至1929年下学期），扩充大学部，将原商科大学部改组为商学院，并在此基础上增设文学院、理学

① 胡安泰：《暨南往事》，引领杂志社内部印发，2007年，第23页。

② 郑洪年：《暨南大学改组特刊发刊词》，载《郑洪年一年来困难之中教育言论》，国立暨南大学秘书处印务组，1933年，第179页。

院、教育学院和独立法律学系，共四学院一独立学系，基本符合国民政府规定国立大学须有五学院之规定；第二时期（1929 年下学期至 1931 年上学期），增加哲学系、农业专科等本科学系和专科；第三时期（1931 年下学期至 1933 年上学期），增设农学院和艺术学院，进一步扩充暨南的办学规模。这三个时期计划后来略有变动，但暨南此后几年的发展基本按照此计划进行，郑洪年离任时，国立暨南大学业已发展成为兼具文、理、法律、商学、农学、艺术等多学科的综合性大学。①

国立暨南大学学生在上解剖课

依据《计划大纲》要求，完善的华侨高等学府不仅要六院齐备，还要在体制上做到“三部鼎立”。为改善学部组织结构，郑洪年在 1927 年设立了南洋文化教育事业部，并将原来的中学部极力刷新，力求充实，以期与大学部的需求相互衔接。按照学制，将中学部分为初中部和高中部，初中部不分科别，高中部分为普通科、农科、商科和师范科。其中，普通科和农科“作为研究高深学术升入大学部各院之预备”；商科和师范科则作为为南洋华侨培养商业人才和师资队伍的机构。如此改革后，短短数年内，暨南大学教育科研“三部鼎立”（大学部、中学部、南洋文化教育事业部）的大学体制最终形成。②

① 夏泉、刘晗：《试论郑洪年与民国华侨高等教育的创办发展——以国立暨南大学为中心的考察》，《民国档案》2012 年第 1 期，第 80 – 84 页。

② 夏泉、刘晗：《试论郑洪年与民国华侨高等教育的创办发展——以国立暨南大学为中心的考察》，《民国档案》2012 年第 1 期，第 80 – 84 页。

（二）加强师资建设，改革教学体制

办学重在师资，为了给暨南大学培育一支高水平的师资队伍，郑洪年利用自己在民国政界、教育界的丰厚人脉，广罗人才。比如，他曾多次请李石曾先生推荐办学人才，李石曾即向郑洪年推荐了汪奠基。郑洪年与汪奠基面晤后，深感其年富力强，颇有作为，当即聘其为教育学系主任；汪奠基又向郑洪年推荐了黄建中，郑洪年考察一番后，委以其大学部教务长重任。在郑洪年担任校长期间，暨南大学延聘了大批著名专家学者来校任职任教，如杨汝梅、叶渊、陈中凡、夏丏尊、周谷城、周建人、曹聚仁、潘序伦、叶公超、梁实秋等，可谓名师云集。暨南大学因此成为吸引广大华侨青年前来求学的著名高等学府。

除广罗师资人才外，郑洪年亦不拘泥于传统的教学方式进行，注重根据学生的具体情况调整教学体制。1927 年，暨南大学开始实行学分制、主系辅系制，课程分为通习课、必修课、选修课，这样的设置使学生既能打好文化科学的基础，又能根据自身的志愿和兴趣选修课程，扩大知识面，有利于培养一专多能的人才。此外，学校肩负着为海外华侨培养人才的重任，不能不考虑海外的实际情况，因此在教学中要纵观内外。郑洪年主政暨南期间，采取了一系列措施来贯彻这一指导思想。如开设《南洋概况》课程、开设南洋陈列馆，使学生加深对南洋的了解。另如，针对华侨学生中文程度偏低的实际情况，为其补习中国语文课。再如，为使学生更好地适应南洋环境的需要，学校十分重视外语教学，规定每个本科生要掌握两门外语，以便毕业后派到南洋服务，帮助华侨发展文化教育事业。①

（三）提倡学术自由，重视文体活动

在学术思想上，郑洪年认为“各种主义，亦可提出研究”，遂采取兼收并蓄、学术自由的方针，允许各种学派各抒己见，自由阐发，让学生独立思考，判断抉择。在宽松的学术环境下，暨南大学经常邀请著名学者、作家和名流来校演讲，鲁迅、蔡元培、马叙伦、胡适、李达、郑振铎等都曾应邀到校讲学。此外，郑洪年积极倡导和大力支持学生组织学术团体，资助出版学术刊物，如《会计学报》《经济汇报》《秋野》等。新的社团也陆续成立，如经济研究会、会计学会、教育研究会、秋野社、知行社、国画学会、演说会、实验剧社、未名剧社等，这使学校形成了生动活泼的学术氛围。②

---

① 马兴中主编：《暨南往事》，广州：暨南大学出版社，2006 年，第 423 页。

② 马兴中主编：《暨南往事》，广州：暨南大学出版社，2006 年，第 25 页。

在体育上，郑洪年认为：“运动能养成青年尚武精神，为强国之基础。”学校为学生们扩建了运动场所，有足球场、篮球场、排球场、网球场、田径运动场以及一个回力球场地，还购置了大量运动器材。学生亦对体育锻炼非常重视，蔚成风气。暨南大学的体育活动和体育比赛成绩在20世纪20年代闻名于世，特别是足球、篮球两支球队在江南地区各大学赛事中，往往是战必胜。郑洪年多次会见校足球队和篮球队成员，鼓励他们在各类赛事中创造佳绩，并亲自为获奖队员庆功。[1] 在郑洪年的高度重视下，暨南大学运动队多次取得佳绩。如1927—1937年间，校足球队连续9年蝉联江南地区大学足球冠军，此外还多次赴东南亚参赛，并作为国家队选手，出征远东和奥林匹克运动会。

暨南校园文化氛围浓厚，其中文学刊物《秋野》鲁迅每期必看

郑洪年（前排左三）与暨南大学足球队队员合影

① 《本校庆连得江大锦标赛欢宴　郑校长亲致勉词》，《暨南校刊》1933年第51期，第8页。

在郑洪年的辛勤培育下，暨南学校升格为国立暨南大学，师资鼎盛，校誉远播。1934 年郑洪年离任时，国立暨南大学已发展成为综合性大学，东南亚及远至美国的华裔，无不仰慕暨南大学的盛名，凡遣其子女回中国升学者，莫不以进入暨南为荣，故而侨生人数大增，几乎占在校学生总数四分之三。至此，暨南大学进入了繁盛时期，逐步享誉海内外，被称为“华侨最高学府”。

三、心系华侨教育：专注南洋研究，培养侨生爱国热情

暨南大学作为华侨最高学府，承担着教育华侨的责任，向来把南洋问题和华侨问题的研究放在十分重要的位置。郑洪年认为：“暨南大学为特殊之大学，与其他各大学不同。尽本校为华侨教育而设之学府，故本校应特别研究华侨问题，希望全体同学，对于南洋问题，要切实去研究。”① 他还认为，“冀以教育手段俾成学术化，拯救海外数百万侨胞于水火，达到平等自由”②。

首先，暨南大学设立了南洋文化事业部。郑洪年于 1927 年 9 月 21 日领导成立“国立暨南大学南洋文化教育事业部”，作为研究南洋问题的专门科研机构。南洋文化教育事业部成立后，主要做了如下工作：一是定期出版发行刊物，主要包括《南洋研究》《南洋情报》；二是编撰和出版《南洋丛书》（后改称《海外丛书》）；三是收集编撰涉侨资料，绘制多种图标和地图，两三年内就绘制图标和地图十余种，其中包括南洋、美洲各地地图、统计表册，各地机关团体的创办情况及历史沿革等，为当时研究南洋问题和国外华侨问题提供了较为重要的依据，也为后人留下了许多原始参考资料。③

其次，暨南大学积极倡导和支持学生成立学术团体，进行学术研究，尤其是南洋问题和华侨问题的研究。暨南大学学生成立了许多学术团体，创办了众多学术刊物，如《菲律宾研究》《华侨教育》等。而暨南大学学生创办的文学刊物《秋野》，经常发表反映南洋生活和风情的文学作品，被誉为“南洋文学”，闻名遐迩。

最后，暨南大学还召开了南洋华侨教育会议。1929 年 6 月，暨南大学主持召开了中国历史上第一次南洋华侨教育会议，南京国民政府教育部、外交部、侨委负责人、华侨教育专家，南洋各埠代表共 78 人参会。会议讨论了有关华侨教育方针、教育大纲、师资培养等问题，促使国民政府有关部门关心和重视华侨教育

---

① 刘红光：《郑洪年华侨教育思想与实践》，《兰台世界》2016 年第 16 期，第 68 – 70 页。
② 《郑校长序》，《暨南年鉴（1929）》，暨南大学档案馆藏，档案号：XS12 – 1。
③ 刘红光：《郑洪年华侨教育思想与实践》，《兰台世界》2016 年第 16 期，第 68 – 70 页。

南洋文化教育事业部

问题。在这次会议的推动下，1929 年 11 月，国民党中央训练部也召开了南洋华侨教育会议。郑洪年是会议的五位主席之一，他着重阐述了华侨教育的特殊意义，并向会议提交了《确定南洋华侨教育实施方针》《在南洋中心地点设立师范学校案》等 12 个提案，再次引起有关部门的重视。会后，大量研究探讨华侨问题的文章和书籍开始出现，引导更多国人开始关注并研究华侨教育和华侨问题。①

郑洪年（前排右三）与南洋文化教育事业部同仁合影

① 刘红光：《郑洪年华侨教育思想与实践》，《兰台世界》2016 年第 16 期，第 68－70 页。

除了开展对南洋问题的研究外，郑洪年还重视对华侨学生开展中华文化教育，使其能够了解祖国悠久的历史和灿烂的文化，培养其对祖国的归属感和爱国热情。在郑洪年主政暨南大学期间，学校定期举行总理纪念周活动，郑洪年在活动中向全体师生员工讲述革命历史、三民主义思想及日本侵华时局等，以激励师生们不忘孙中山遗志，为完成革命、抵御外侮、实现中国现代化而努力学习。①

暨南大学还会在节假日组织侨生考察祖国各地文化。侨生偏居南洋，所接触事物多为当地风土和西方文化，所受教育亦多为西式教育，对中华文化历史认识不深。为使侨生们加深对祖国文化的了解，培养其对祖国文化的热爱，郑洪年利用节假日，多次组织校内师生前往西北、华中等中华文化发源地考察。如 1933 年 9 月，文学院历史地理学系组织了一次西北考古探险活动，郑洪年为此次考察团拨付了大量经费，还就此事分别致函铁道部部长顾孟余、教育部部长王世杰和财政部长宋子文，请减免考察团成员乘坐火车费用，发放免费装用执照和携带物品免税护照，令各地方军警予以保护等，使此次考察活动能够安全、有序地进行。②

因为常年专注于南洋问题的研究，1934 年 1 月，郑洪年受南京国民政府教育部委派，前往南洋考察华侨教育。③ 郑洪年遂告别暨南大学。直到晚年，郑洪年听到暨南大学复员的消息后，不觉喜形于色，连连感叹说：“我老了，我老了，帮不了什么了!”其中万般挂念，绵延不绝。

回忆郑洪年先生，在暨南大学史上，他两度主政暨南，锐意改革，使暨南大

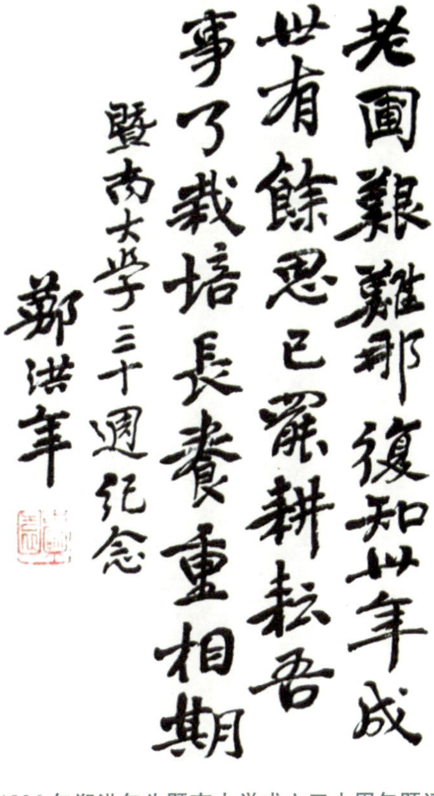

1936 年郑洪年为暨南大学成立三十周年题词

① 夏泉、刘晗：《试论郑洪年与民国华侨高等教育的创办发展——以国立暨南大学为中心的考察》，《民国档案》2012 年第 1 期，第 80－84 页。

② 夏泉、刘晗：《试论郑洪年与民国华侨高等教育的创办发展——以国立暨南大学为中心的考察》，《民国档案》2012 年第 1 期，第 80－84 页。

③ 郑宝伦：《关于郑洪年生平事迹的两封信》，载暨南大学华侨研究所编：《暨南校史资料选辑》第 1 辑，暨南大学华侨研究所内部刊行，1983 年，第 210 页。

学完成了从华侨补习学校到“华侨最高学府”的转型，海外华侨学子“莫不以进入暨南为荣；是以侨生人数大增，几占在校学生总数四分之三，蔚为华侨最高学府，亦为暨南之全盛时期”①，为暨南后来的发展奠定了坚实的基础。在中国高等教育史和华侨教育史上，他专注南洋问题研究，对华侨教育，特别是华侨高等教育贡献彪著，值得海内外暨南学子永远记怀。

① 戴学稷：《解放前暨南大学发展史略》，载暨南大学华侨研究所编：《华侨教育》第1辑，暨南大学华侨研究所内部刊行，1983年，第58页。

黄炎培

黄炎培（1878—1965），号楚南，字任之，清末举人，我国现代著名的教育家、民主革命家，中国现代职业教育的创始人。

1878 年，黄炎培出生于上海川沙镇内史第，早年父母双亡。1887 年随外祖父发蒙，接受传统教育。1901 年进入南洋公学，师从蔡元培。1917 年 11 月，北洋政府教育部批准恢复暨南学堂，并委派江苏省教育会副会长黄炎培主持复办工作。1918 年 3 月，原暨南学堂在南京旧址开学上课，并改名为国立暨南学校，黄炎培担任学校校董。1920 年 3 月 27 日，黄炎培与暨南学校校长赵正平等人开始筹划学校迁沪和设立商科大学的工作。在黄炎培的努力下，1921 年 2 月底，暨南学校商科首先由南京迁往上海徐家汇。1921 年 9 月，中国第一所商科大学——国立东南大学暨南学校合设上海商科大学（简称上海商科大学）正式开学。1931 年“九一八”事变后，黄炎培投入抗日救亡运动。1941 年，他与张澜等人组织发起中国民主同盟，一度任主席。1949 年 9 月，出席中国人民政治协商会议。1965 年病逝于北京。

黄炎培被誉为“暨南六先贤”之一，在暨南校史上，他曾参与暨南学校复办、国立暨南学校迁校上海真如、开办国立暨南商科大学、筹建暨南村等一系列重要工作，对暨南的建设和发展作出了重要贡献。

一、教育之路上的舍“旧”习“新”

黄炎培出身于一个贫穷没落的知识分子家庭，父母早亡。他幼时天资聪慧，过目成诵，接受传统教育，习得四书五经，恰逢科举停止，后因为生计影响，弱冠之年开始在家乡担任塾师一职。甲午战争过后，清政府的腐败无能更加凸显。面对风雨飘摇、危如累卵的国家，众多爱国知识分子深切地体会到民族危机的紧迫感，纷纷为寻找救国救民的良方而努力奋斗。其中一部分爱国知识分子认识到教育的重要性，认为只有通过教育培养先进的国民，才能救中国。黄炎培在这样的社会大背景下，开始接接触西方文化。[①] 黄炎培自小受到封建思想教育的桎梏，对扑面而来的西方近代思想具有强烈的求知欲。1898 年，20 岁的黄炎培初读严复翻译的《天演论》，了解到“物竞天择，适者生存”的道理。新旧文化的冲击碰撞使他感铭肺腑，进而豁然开朗，毅然决然地选择舍旧习新，接受近代新思想的洗礼。

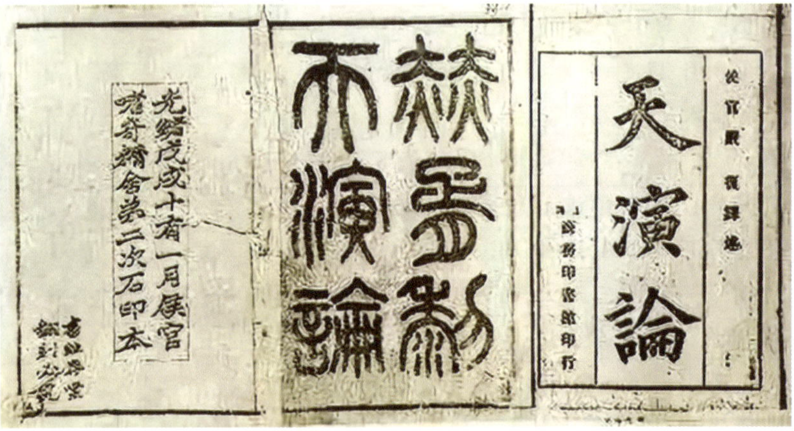

黄炎培通过阅读《天演论》，打开西方文化的大门

1901 年，黄炎培进入南洋公学，师从蔡元培。在此期间，黄炎培系统学习了西学思想，开阔了眼界，外加受到蔡元培“教育救国”思想的引导，遂希望通过办学堂来启发国人民智，培养“适者”为振兴中华服务，达到救国救民的目的。1902 年，南洋公学解散，黄炎培返回家乡，开始把“教育救国”思想付诸实践，在“兴教育，办学堂”理念的指引下创办了川沙小学堂、开群女学等学堂。正是在办学过程中，黄炎培愈发认识到，中国目前“最重要、最困难之问题，莫生计若，而求根本上解决此问题，舍沟通教育与职业，无所为计”。

辛亥革命后，中华民国成立。黄炎培认为，面对新的社会状况需要有新的教育救国办法，当前国家建设急需大力发展实业，那么教育就应当为发展实业提供人才，应该“教育为实业之先导”“以实业为教育之中心”。[②] 而要想发展实业教

① 刘颖：《浅析黄炎培教育救国思想的发展演变》，《中国地名》2019 年第 7 期，第 58－59 页。

② 刘颖：《浅析黄炎培教育救国思想的发展演变》，《中国地名》2019 年第 7 期，第 58－59 页。

黄炎培的老师——蔡元培

育，就必须对现有教育进行改革。时值黄炎培担任江苏省教育司司长一职，于是他积极改革江苏教育，对原有封建教育的弊端进行强烈批判，制定了《江苏今后五年间教育计划书》，提出要发挥教育的实用价值。1913年，黄炎培又撰写了《学校教育采用实用主义之商榷》一文，对学校与社会、教育与生活的问题进行了系统的阐述，鼓励学校教育采用实用主义。[①] 然而实用主义教育发展好景不长，随着帝制复辟，封建教育卷土重来。1914年，黄炎培辞去江苏省教育司司长的职务，意味着实用主义教育改革的终止，此后，黄炎培开始探索新的职业教育救国之道。同年，他以《申报》记者的身份，分赴江西、安徽、山东等地考察教育，并撰写了《黄炎培考察教育日记》，详细记录考察情况。1915年，黄炎培赴美国考察。美国当时职业教育发展正兴，众多职业学校如雨后春笋般建立。而中国正处于资本主义工业发展的“黄金时期”，需要大量的职业人才。黄炎培惊喜地发现职业教育正是当时中国所需要的学以致用的教育，可以为中国的民族工业培养大批人才，既可以推动经济的发展又能解决就业问题。回国后，黄炎培大力倡导职业教育，积极宣传职业教育思想。[②] 此后，中国职业教育的滥觞——中华职业教育学校的创办，以及华侨教育的发轫——暨南学堂的规复均受到“职业教育”思潮的影响。

二、 主持筹办暨南学堂的规复

清末，处于风雨飘摇中的清政府为了维护自己的封建统治，转变了对侨政策，派遣官员赴南洋调查学务，并于1906年在南京薛家巷为从爪哇归来的侨生创办“华侨学府”——暨南学堂，中国的华侨教育事业自此拉开了序幕。

然而，来自南洋的侨生们在侨居地时已经受到了新思想的影响，在归国后，又目睹了清政府内部的腐败，再加之新思想和各地学堂风潮的影响，暨南学子们纷纷积极响应爱国民主运动，支持辛亥革命的发展，自觉剪掉辫子，改风易俗，

① 刘颖：《浅析黄炎培教育救国思想的发展演变》，《中国地名》2019年第7期，第58－59页。
② 刘颖：《浅析黄炎培教育救国思想的发展演变》，《中国地名》2019年第7期，第58－59页。

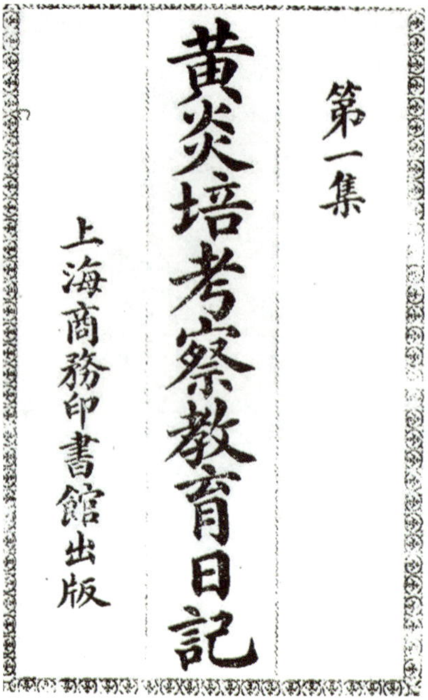

黃炎培考察教育日記
第一集
上海商務印書館出版

黃炎培考察教育日記　第一集

余之所以旅行

余之本國旅行。積夢想者有年矣。此念之發生。蓋亦有自。方庚戌辛亥間。余嘗調查江蘇地方教育狀況。全省六十縣足跡及三之二。斯時便私自發願徧遊各省。未幾而武漢義旂起。余則承乏江蘇省教育行政機關二年。此二年間。未嘗一日置此念也。以謂吾輩業教育。教育此國民。譬之治病。外國致察。讀方書也。內國考察。尋病源也。方書誠不可不讀。而

記者小影

黃炎培考察教育日記　第一集

一

《黄炎培考察教育日记》（第一集）

学习近代西方文明，因此，暨南学子们被封建势力判定为革命党。在袁世凯窃取辛亥革命成果后，暨南学堂由于无人主事，就此停办。[①]

民国成立以后，随着华侨与祖国联系的进一步加强，华侨学生回国求学人数逐年增加。但由于国内此时并无专门的华侨学校，华侨子弟回到国内，“有毕业生而无相当之升学机关，求良教员而无特设之培养机关，回国就学者日见发达而无指导之人，学科程度或有参差而无补习之地”[②]。华侨的教育问题十分突出。这些矛盾促使人们再度关注暨南学堂的复办问题，海外华侨及国内有志之士纷纷呼吁中国当局政府重视华侨教育，恢复暨南学堂。

1917 年夏，北洋政府教育部委派黄炎培等人赴南洋考察华侨教育状况，特别是参加了荷属学务总会组织的教育研究会。这次考察为次年在南京开办暨南学校打下了基础。[③] 回国以后，黄炎培据沿途所观所感撰写了《南洋华侨教育商榷书》，向政府强调兴办华侨教育的重要意义和深远影响，极力建议尽快恢复暨南

① 张晓辉、夏泉主编：《暨南大学史（1906—2016）》，广州：暨南大学出版社，2016 年，第 12 页。
② 张晓辉、夏泉主编：《暨南大学史（1906—2016）》，广州：暨南大学出版社，2016 年，第 15 页。
③ 黄炎培：《八十年来》，北京：文史资料出版社，1982 年，第 76 页。

南京时期国立暨南学校旧景

学堂。[①] 同年 11 月，北洋政府教育部批准恢复暨南学堂，委派黄炎培主持复办工作。11 月 24 日，黄炎培在南京暨南学堂旧址设立筹办处，邀请赵正平从上海来南京，共同筹划恢复暨南学堂的有关事项。他们很快拟定了《暨南学校章程》，并于当天上报给教育部。暨南学堂复办的消息引起了海内外华人的极大关注，广大侨生对暨南开学寄予殷切期望。为了进一步进行宣传，1918 年 1 月 8 日，黄炎培等人将《暨南学校章程》和《暨南学校规复宣言并招生启》（以下简称《规复宣言》）印刷成小册子，寄发南洋各地。[②]

为了解决辛亥革命之后华侨教育存在的一系列问题，黄炎培决定利用暨南学校复办的机会，大刀阔斧进行改革，将新的暨南建设成为一个专门化的华侨教育机构。该机构不仅要承担中国传统文化的教学任务，而且要注意根据南洋的实际需要来培养各种急需人才。对此，《规复宣言》中明确规定了暨南学校的办学宗旨："今将原有之暨南学校从（重）新恢复，扩充规模，改良方法，分设专科，并经营有利于华侨教育之各种事业，总以华侨子弟回国者得受适宜之教育，造成有用之青年，以增进华侨文明程度，发达华侨实业为宗旨。"[③]

暨南学校筹办期间，黄炎培不辞辛苦，筹措经费、广罗教员、修缮校舍、添

① 张绍磊：《黄炎培与国立暨南学校规复初期的学科建设（1917—1923）——以商科建设为例》，《暨南学报》（哲学社会科学版）2006 年第 6 期，第 13 – 17 页。

② 张晓辉、夏泉主编：《暨南大学史（1906—2016）》，广州：暨南大学出版社，2016 年，第 15 页。

③ 张晓辉、夏泉主编：《暨南大学史（1906—2016）》，广州：暨南大学出版社，2016 年，第 15 页。

置仪器，至 1918 年 2 月，筹办工作大体完成，耗资万元，校园整治一新。1918 年 3 月 1 日，停课 6 年的暨南学堂正式改名为国立暨南学校，在黄炎培等人的努力下，暨南学校补习科开课。

1918 年 4 月，暨南学校名誉赞助员张謇（前排右三，后任暨南校董）与学生合影

暨南学校开学后，学校对侨生给予了十足的关爱。首先，针对来自各埠、语言繁杂、个人素质相差较大的学生，学校贯彻因材施教的方针，实行分级分班教学，有时甚至为一两人设一个特别班。例如，新加坡琼崖育英学校保送的云逢瑛同学英语水平较高，却毫无国语基础；三宝垄荷兰商业中学肄业的苏秀林荷文已经熟谙，而国语全然不会。对于这些学生，只能实施特别补习的办法，专门为他们补习国语。其次，在归国的侨生中，有些年仅十一二岁，于是学校先把他们送到南京高等师范附属小学上课，后来又在校内添设了两组补习班，为 11 名幼龄学生补习，并设立了幼稚生特别宿舍，指派专人管理。最后，每年 7—9 月是国内学校放暑假的时间，暨南学校考虑到侨生离家甚远，不宜与其他学校一同放假，特别为他们开设了暑假讲习班，为学生补习国文、英文。学校还组织学生成立了“假期惜阴社”，研讨有趣的学术和美术问题。①

在黄炎培等人的努力下，暨南学校的机构不断健全，延聘的教员相继就职，

① 张晓辉、夏泉主编：《暨南大学史（1906—2016）》，广州：暨南大学出版社，2016 年，第 17 页。

归国侨生陆续到校。刚复办的侨校，很快就具有相当规模了。更重要的是，比起清末创办的暨南学堂，暨南学校的办学思想更为实际，真正做到了以满足华侨的教育利益为立足点。

三、对暨南商科的倡议与鼓励

暨南学校复办之后，黄炎培对学校进行了系统的规划与改进，其中影响最大的是对暨南商科的改革。主要体现在以下三个方面。

其一，商业科与师范科并举。黄炎培在考察南洋教育时，特别注意到培养华侨师资和商业人才的迫切性。南洋华侨学校当时还没有培养师资的力量，教员大都来自中国内地，既不明所在地情形，又不谙所在地语言，培养适当之教员，自然是一大问题，故黄炎培回国后立即向教育部提出了培养师资的建议。复校之后的暨南学校在专业设置上有一个基本的考虑，就是暂时以师范教育和商科教育为主导专业，“其他农林工矿诸科俟调查需要，量力添设”①。

因此，暨南学校在恢复时期，首先设置了师范、商业两科。通过黄炎培拟订的《暨南学校章程》可知，暨南培养的华侨子弟将来要“从事于华侨教育或实业”。规复初期，暨南学校设立的商科属于中等商科，共分为3种类型：首先是旧制商科，主要招收旧制中学的毕业生；其次是商业特科，专造就南洋商业的应用人才；最后是商业补习科，为“程度不及入师、商两科之学生”而设立。如此设置，暨南商科便能涵盖不同层次与水平的广大侨生，其等级虽为中等，却可媲美高等。按照黄炎培的说法，暨南商科“名为中等，则固类似于高等，为一种特别之商业专修科”②。

在培养学生的过程中，黄炎培根据需要调整科目教学安排，既注重商科学生专业知识的掌握，又重视学生在商业社会的沟通能力和实践能力的培养，在他的关心指导和实际操作下，暨南商科由弱到强，由中等发展为高等，成为后来国立暨南大学的重点学科。

---

① 张晓辉、夏泉主编：《暨南大学史（1906—2016）》，广州：暨南大学出版社，2016年，第18页。

② 周孝中编著：《暨南逸史》，广州：暨南大学出版社，1996年，第29页。

国立暨南大学商学院首届学生

其二，重视商业实践，鼓励“商事调查”。除了重视教育商科的课堂知识以外，黄炎培认为，更重要的是要让学生在课外参加商业实践活动和“商事调查”活动。他在《南洋华侨教育商榷书》中指出“教科书上之商业知识，不足应用也，必实地研究商品”，又进一步提出商科院校应在校内为学生提供实践基地以及商科学生要走出校门进行“商事调查”。①

在黄炎培的倡导与鼓励下，暨南学校规复后设立了贩卖部和学生储蓄银行，以使学生体验供求关系，养成储蓄观念，并且“商事调查”也成为暨南商科一项优良的传统。此外，暨南商科结合侨校自身特色，设立了“南洋物品陈列室”，所列物品为南洋土特产、风俗用品以及工业制成品等。黄炎培非常重视“南洋物品陈列室”的建设，他在 1919 年春和 1921 年春两下南洋期间，除了向南洋华侨介绍暨南学校的办学情况和拓展计划外，还专门为陈列室征集了南洋商品。在此基础上，学校还设立了商业博物馆，收集国内外商品，作为培养学生实际经验之机构，该馆从国内外陆续征集了数百种商品，对于学生积聚商业知识，锻炼商业才干，起到了积极作用。在重实践的氛围下，“商事调查”成为暨南商科一项优良的传统。②

“实用主义”的观念虽使得暨南商科发展迅猛，但彼时南洋侨商急需商业人才，并且暨南商科仅为中等职业教育，所以还是不能满足南洋侨商事业的迅速发展。因此，1919 年起，学校开始规划扩展商科和设立商科大学，争取创办高等商科教育。经过认真协商后，暨南学校拟发展商业高等教育，首先将办学目标指

① 刘少波、张志主编：《暨南商科百年史》，暨南大学经济学院内部资料，2018 年，第 7 页。
② 刘少波、张志主编：《暨南商科百年史》，暨南大学经济学院内部资料，2018 年，第 7 页。

向中国最大的工商业城市——上海，欲在这里将暨南商科扩充为一所商科大学。

当时的上海是国内商业最发达，江南地区教育最为集中的地方，与南洋的交通往来也更为便捷。为使商科得到扩展，暨南学校另辟蹊径，计划先将校区迁往上海，然后利用上海的优势条件建立一所专门的商科大学。1920 年 3 月 27 日，黄炎培与赵正平等人开始筹划学校迁沪和设立商科大学的工作。1921 年 2 月底，暨南商科首先由南京迁往上海徐家汇。[①]

20 世纪 20 年代的上海街景

迁沪后的暨南商科发展很快。学生们组织成立了经济视察团，视察各地的商业状况，积极参与商业展览活动。商科学生在创建学生学术活动团体方面也十分积极，以张家栋为代表的学生组织了经济研究会，先前往工厂、商店进行调研，后赴南通、无锡、苏州等地考察各地商情，每位成员在此基础上发表经济汇报一期。[②] 暨南的商科教育不断改进，更加充实。

其三，筹设中国第一所商科大学。早在暨南复校时，黄炎培就提出自己发展高等教育的设想，希望在基础稳固之后便推进实施高等教育的计划。校方经过多次会商，于 1920 年 1 月草拟了创设商科大学的宣言书和计划书，虽然该计划得

① 张晓辉、夏泉主编：《暨南大学史（1906—2016）》，广州：暨南大学出版社，2016 年，第 20 页。
② 刘少波、张志主编：《暨南商科百年史》，暨南大学经济学院内部资料，2018 年，第 10 页。

到了上海总商会、江苏省教育会议及国内著名实业家张謇等人的赞同和支持，但由于南方军政府分裂，办学拨款的申请未能提出，创办商科大学的计划暂时受挫。

暨南商科迁往上海后，此时正在筹备改办国立东南大学的南京高等师范学校也在为扩充为商科大学而拟定计划书，两校不谋而合，决定并两校之力，合办商科大学。于是，1921 年，中国第一所商科大学——国立东南大学暨南学校合设上海商科大学（简称上海商科大学）就此创办，于 9 月 28 日正式开学。尽管上海商科大学开创了我国财经高等教育之先河，但是它存在的时间并不长。由于扩充海外华侨教育的需要，1922 年 3 月，暨南学校召开第一次董事会，做出停止与国立东南大学合办上海商科大学的决定，拟独立创办专门部，用节余的款项来扩充海外补习教育。而这一决策成为暨南独立创办商科大学的开端。至 1923 年春，暨南学校校董会决定秋季开办商科大学部，定名为国立暨南商科大学，即呈教育部备案，并筹备招考新生。① 至此，暨南商科走上了一条新的发展大道。

如果说，暨南学校的规复切实解决了国内华侨教育真空的问题，那么黄炎培对暨南商科的改革则为我国华侨教育的发展增添了浓墨重彩的一笔。此后，暨南商科快速发展，来自世界各地的华侨子弟和国内英才学成之后，奔赴南洋和国内各地，在商业领域大展拳脚。

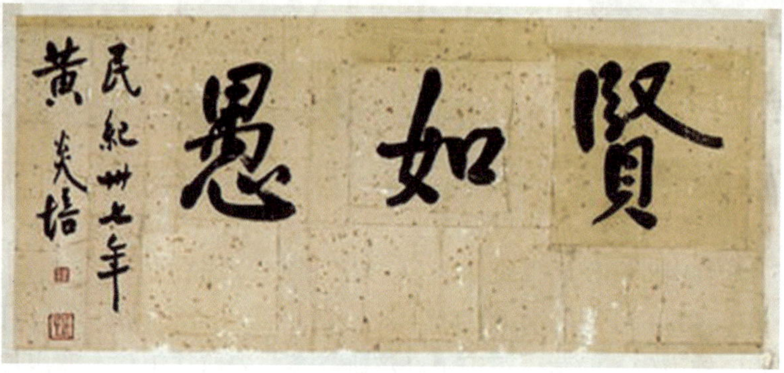

黄炎培书法

回顾黄炎培先生，他虽出生于封建社会，却能够顺应时代潮流，提出“实业救国”“职业救国”等先进理念。于黄炎培而言，发展教育是他的左杖，救国运动是他的右杖，有这两种信念的支撑，他闯过了荆棘大道，不依墙傍壁，不随波逐流，坚持真理，用自己的一生书写“言忠信，行笃敬”。

---

① 张晓辉、夏泉主编：《暨南大学史（1906—2016）》，广州：暨南大学出版社，2016 年，第 21－22 页。

暨南群星闪耀时

第一章

文学名师

陈中凡

陈中凡（1888—1982），江苏盐城人，字觉元，别号斠玄，原名钟凡，是我国著名的教育家、文学理论家、学者。

他是一名造诣深厚的学者，精于中国文学史与艺术史，既博又专，著述颇丰：早年研究哲学，兼及文史，于诸子群经，皆有所阐说；中年讲授诗文，撷华揽实，追踪汉魏，推尊盛唐；晚年又致力于元明清小说和戏曲，在治学中不断创新。他在1927年出版的《中国文学批评史》，是中国文学批评史撰述的发轫之作，有筚路蓝缕的开山之功。

他是一名桃李芬芳的教育家，1917年于北京大学哲学系毕业后，先后在北京大学、东南大学、国立广东大学、国立暨南大学、中山大学等十余所高等院校任教，是暨南大学第一任文学院院长。①

他还是一名爱国求真的民主战士，其革命思想的进化史，贯穿于治学、交友与社会活动中。青年时代，他积极参加辛亥革命与五四运动，曾加入章炳麟发起的光复会，任革命军的书记官；抗战时期，他拥护抗日民族统一战线，热情支持国统区的民主斗争；中华人民共和国成立后，他担任全国政协委员与人大代表，忠诚于党和国家的教育事业。

陈中凡有着兼容并包、求真求实、推陈出新的学者气度。作为中国跨时代的百年变迁的亲历者，他在不断革新自我的过程中，与祖国同呼吸、共命运。

① 陈中凡：《陈中凡自传》，《晋阳学刊》1981年第3期，第51页。

一、暨南文学院院长，师生情谊甚笃

1928 年春季，陈中凡应郑洪年校长延聘，继夏丏尊后，任国立暨南大学中国文学系教授兼系主任，后升任文学院院长。陈中凡将中国文学系更名为中国语文学系，重新制订教学计划，延聘教师任教，在当时恶劣的外部政治环境中，助力暨南大学中国语文学系（以下简称“中文系”）走上正轨。

陈中凡首先整顿中文系建制。在 1928 年 6 月出版《国立暨南大学中国语文学系期刊》创刊号中，附载着中文系的师生名录与建制情况。中文系课程设置为四年制，25 名学生按四个年级计算，则每年级平均 6～7 人，从中文系 7：25 的师生比看，一位教员教 3～4 名学生，教师的工作量不小。[①] 1930 年，暨南大学采取分院行政制，陈中凡因其出色的政务能力，升任文学院院长。上海《民国日报》报道：“暨大文学院院长陈中凡一手主持，严订课程，罗致硕学，院务极见整饬。现设有中国语文学系、外国语文学系、历史学系……闻将来尚需添设哲学系、音乐系、新闻学系，则宜臻完善。”[②] 经过夏丏尊、陈中凡两位系主任的努力，中文系师资阵容较为充实：陈中凡教散文、文学史；陈柱尊教诗歌、古方言；郑振铎教小说；饶孟侃教文学概论、文法等。[③]

在课程设置上，为提升暨南学子的美学素养，陈中凡大力提倡并引进了戏剧教育。鉴于昆曲的吐字行腔最考究音韵，为了探求古文词音韵的奥妙，陈中凡特请当代昆曲名家俞振飞先生来校，每周六下午讲授昆曲、京剧各两小时，名为“特约讲座”。它不同于一般的课程，不计学分，无论教授、员工、学生，均可“盍兴乎来”。课堂设在当时暨南大学真如校舍科学馆底层的一间阶梯形的大教室，求学者众，每课必到，每次讲座总是人满为患。俞先生逸兴遄飞，按笛寻谱，一时弦歌不辍，声振校园，在暨南大学的剧运史上留下了精彩的一页。[④]

在 20 世纪 30 年代，国立大学里竟设昆曲与京戏课，往往会招致正统派的反对，但陈中凡认为：“在封建社会里，戏曲是被人瞧不起的，直到辛亥革命以后，大学里仍旧只准讲正统文学的诗文……今天我们对青年一代的教育，绝不能倒退到‘五四运动’以前，用封建意识或虚无主义的态度来对待民族戏曲！”[⑤] 这一

---

① 马兴中主编：《暨南往事》，广州：暨南大学出版社，2006 年，第 36－37 页。

② 周孝中编著：《暨南逸史（修订版）》，广州：暨南大学出版社，2006 年，第 58 页。

③ 周孝中编著：《暨南逸史（修订版）》，广州：暨南大学出版社，2006 年，第 57 页。

④ 马兴中主编：《暨南往事》，广州：暨南大学出版社，2006 年，第 338 页。

⑤ 查锡奎：《经历三个不同历史时代的著名学者陈中凡》，《钟山风雨》2002 年第 4 期，第 34－38 页。

席话显示出一位老教育家的真知灼见。

1932年1月28日，日本帝国主义向上海发起进攻，真如沦为战区。当时正值寒假，部分华侨学生滞留在校内，部分回乡探亲的学生滞留广州，达三四百人。因此学校决定采取紧急措施：在上海租界、苏州、广州三处分散办学。暨南大学向广东省教育厅商借了广州市师范学校部分校舍，设立暨南大学驻粤办事处。同时还成立特别校务会，陈中凡教授临危受命，担任主席，与暨南大学共进退，在乱世中庇护学生安危。① 陈中凡在晚年所著自传中尝谓："数十年来，我在国内高等院校任教，一般说来，师生情谊甚笃。"②

二、经史文学大家，治学生涯敏于谋新

陈中凡刻苦学习，是一位从苦难中跋涉而来的学者。他勇于争鸣，建树良多。复旦大学著名教授蔡尚思曾评价"中凡真不凡"。③ 概言之，陈中凡学术思想的不平凡之处有四点。

一是博通。陈中凡嗜书成癖，满腹经纶，经史子集四部皆通。据其自传所述："在治学方面，我是随着教学任务的需要，研究范围从最初的书目学、诸子群经、文学批评史以至文学史、戏剧史。"他涉猎的范围很广，举凡哲学、文学、史学、文字学、教育学、思想史、艺术史等，都有引人注目的著作。他的《古书读校法》《经学通论》《诸子通谊》《中国文学批评史》《中国韵文通论》《汉魏六朝文学》《两宋思想述评》等专著，在学术界广有影响。

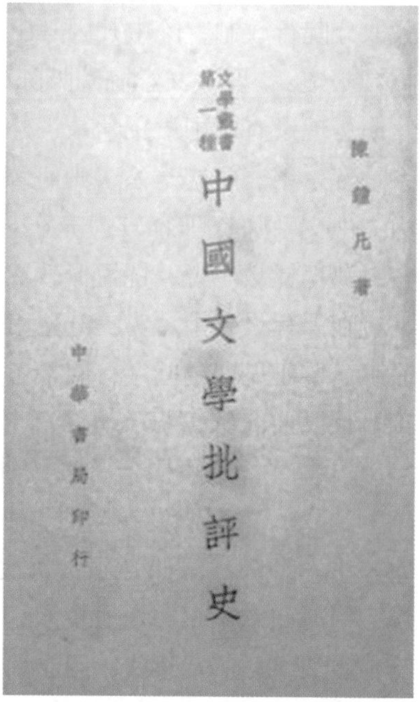

《中国文学批评史》书影

二是专长。陈中凡既博又专，是个多面手。他的主要专长是中国文学史和艺术史，其专著《中国文学批评史》一书，首次提出想象、感情、思想与辞藻、声律相统一的文学观。该书于1927年由中华书局印行出版后蜚声中外，是中国文学批评史学科的开山之作。此后，中国文学批评史方面的研究专家郭绍虞、朱东润、罗

① 马兴中主编：《暨南往事》，广州：暨南大学出版社，2006年，第36页。

② 陈中凡：《陈中凡自传》，《晋阳学刊》1981年第3期，第52页。

③ 查锡奎：《经历三个不同历史时代的著名学者陈中凡》，《钟山风雨》2002年第4期，第34－38页。

根泽等无不受其影响，在其基础上发展出对古代文学批评的理解。

三是勇于争鸣。陈中凡在治学时经常发表异见。他曾以《牡丹亭的反封建主题》《关汉卿杂剧中现实主义与浪漫主义结合的范例》等论文，与戏剧方面的专家杨晦、赵景深、王季思等人展开学术争鸣，意义深远。

四是兼容并包，敏于谋新。他乐衷于接纳新思想，开辟学术新途径，他的治学生涯也发生了多次转向。早年，他虽先跟随叔父学习，后又受业于刘师培专攻经史，从中得其精义并撰写了《经学通论》，但没有从此就钻进故纸堆中故步自封。20 世纪 20 年代，他受蔡元培、陈独秀和李大钊的思想影响，紧跟时代的发展，以沟通中西文化、开启新知为宗旨，与同门冯友兰等发起成立北大哲学会。中华人民共和国成立后，他遵循文学的工农兵方向，转而从事民间文学和通俗文学的研习，运用马列主义的观点和方法研究小说和戏曲，发表了一批有创见的戏曲史论文，成果卓著。①

三、 尊师重友君子， 暨南园中佳话流传

陈中凡以真诚待人，交友重其学术成就更重其人品，一生中结交的师友众多。在上海任教于暨南大学的时光，他与陶冷月等暨南名师因皆投缘艺术结为挚友，力排众议聘请左派教授邓初民、李达、许德珩来暨南任教，也曾与汪静之有过学术争鸣。

国画大家陶冷月时任暨南大学中国艺术学系主任，陈中凡能从美学角度鉴赏陶冷月的画作，两人一泼墨一写意，由此结缘。后来，徐悲鸿嘱陶冷月向陈中凡推荐其岳父蒋梅笙至暨南大学谋一教席。陶冷月也介绍徐悲鸿与陈中凡相识。

陈中凡与革命先驱陈独秀在北大也有过一段师生之谊。1917 年在北大哲学系就读的陈中凡，对新到任的文科学长陈独秀万般敬仰，曾追随其脚步宣传科学与民主。后来陈中凡在暨南大学任文学院院长时，曾多方打听陈独秀的消息而不可得。1934 年，他得知陈独秀已被捕，关在南京监狱，便不顾自身安危特地从广州赶往南京探监，陈独秀以篆书录谢枋得《北行别人》诗句“雪中松柏愈青青”赠言。等到陈独秀获释出狱时，陈中凡亲自去监狱把陈独秀接到自己南京的家中住了半个多月，然后送至四川江津。这段雪中送炭的情谊也被陈独秀一直感怀在心。

陈中凡自小受经史子集熏陶，当时属于旧文人学派，因学术立场不同，也曾

① 查锡奎:《经历三个不同历史时代的著名学者陈中凡》,《钟山风雨》2002 年第 4 期，第 34 – 38 页。

与同事汪静之、章铁民发生过矛盾。1928 年，陈中凡任中文系主任时，曾对汪静之、章铁民选用《西厢》作为教材篇目有不满的情绪。汪静之是《暨南周刊》的主编，便借陈中凡所著《中国韵文通论》中对“伯兮”的注释有误，在周刊上大做文章，掀起笔战。后来经郑洪年出面阻止，并在当年的 9 月 18 日“纪念周”会上郑重训示，才平息了一部分学生对陈中凡的非议，使陈中凡未因风波而去。① 在后来的治学与教研中，陈中凡保持敏于求新、开放包容的学术立场，或是由于这次事件的警示。

陈中凡的兼容并包，也体现在他聘请好友兼左派教授许德珩来暨南大学任教的举措中。据许德珩回忆：“1929 年底，我的北大老同学陈中凡劝我出来教书……我思之再三，遂就任暨南大学历史社会学系教授兼系主任，并聘请社会学家李达（鹤鸣）、邓初民等人当教授，学生非常欢迎。”② 这批教授的讲授内容是哲学和社会学，邓初民是最早介绍陈中凡读马列主义书籍的人，陈中凡也由此初步接受了马列主义思想，挣脱了唯心主义哲学的束缚。1941 年邓初民曾聘请陈中凡在成都合办《大学》月刊，大力提倡民主和科学，对当时民主革命起了一定的推动作用。后来，陈中凡曾受国民党教育部高教司警告，指控他们在学校宣传马克思主义，暨南大学校方无可奈何，只得将陈中凡与许德珩等人解聘。陈中凡在回忆录中写道：“伪教育部终于 1933 年冬，把我们一齐赶走了。”③ 坚持自由主义态度的陈中凡，将文学院整饬完备，却因时局离开了暨南大学，无不令人惋惜。

四、爱国民主战士，求真之路永不止步

陈中凡成长于新思潮不断涌现的 19 世纪和 20 世纪之交，他一直追随着时代的变革脚步，成为一名爱国的民主战士，走上了追求科学、民主与真理之道。陈中凡革命思想的进化史，也贯穿于他的治学、交友与社会活动中。

陈中凡出生于 19 世纪末，自小跟随叔父陈玉树读诗学经，读二十四史，他虽受传统国学启蒙，但反对盲目复古的学衡派。中学期间，陈中凡就参加光复会和辛亥革命，后加入国民革命军，成为革命军书记官。1914 年，陈中凡考取北京大学文科哲学系，并积极支持北京女子高等师范学校的学生开展争取自由平等的女权运动，接受以蔡元培为代表的资产阶级民主思想，推崇五四运动。他与一

---

① 周孝中编著：《暨南逸史（修订版）》，广州：暨南大学出版社，2006 年，第 58 页。
② 周孝中编著：《暨南逸史（修订版）》，广州：暨南大学出版社，2006 年，第 59 页。
③ 周孝中编著：《暨南逸史（修订版）》，广州：暨南大学出版社，2006 年，第 59 页。

些进步学生不顾自身安危，毅然聘请李大钊、李达等早期马克思主义者讲学，其师友如陈独秀、李大钊、鲁迅、李达、沈志远、马哲民、稽文甫等都是新派理论家。1917 年陈中凡毕业并留任北大，深得蔡元培校长的赏识，并参加蔡元培发起组织的进德会，为树立北大新校风起到了模范带头作用。1919 年 1 月，以“宣传爱国、反帝、反军阀、反卖国贼”为目的的北大《国民》杂志社正式创刊，陈中凡成为编委之一。①

北大《国民》杂志封面

20 世纪 20—40 年代，陈中凡步入教坛。他在暨南大学任教期间，曾聘请许德珩、李达、邓初民等一批进步人士为学生开讲唯物主义学说。其标新立异之追求，在当时可谓“中凡的不平凡之处”。1933 年，他在上海受中国左翼作家联盟的影响，转向普罗文学。1937 年，抗日烽火燃遍祖国大地，他不怕艰险，长途跋涉到抗战后方的重庆、成都，参加“中华全国文艺界抗敌协会”，并以实际行动创作诗歌声讨日本侵略者，为抗日救亡而奔走。同时还在他的诗作《清晖吟稿・待旦集》中以五言古体诗《金陵叟》来揭露和控诉日寇南京大屠杀的暴行，充分表现了他的报国之志。②

中华人民共和国成立后，陈中凡长居南京，担任南京大学文学院教授。他积极贯彻文艺新精神，遵循文学的工农兵方向，投入通俗文学与民俗文学的研究，并在不影响教学和科研的前提下，积极热情地参加诸多社会活动。他曾当选为中国文联第一届主席团成员，并兼任南京市文联副主席；在 1956 年加入中国民主同盟，并先后任民盟中央委员与全国政协委员；此外，应周谷城之邀加入中国史学会。他在自传中回忆：“自 1978 年起每年都晋京出席全国政协会议。函愿揭尽绵薄，为祖国的‘四化’出力。”晚年的陈中凡把自己多年收藏的图书、字画、古物等分别赠送给自己任教的南京大学及南京博物院，又把自己建造的三幢房屋赠送给国家办大学。③

---

① 查锡奎：《经历三个不同历史时代的著名学者陈中凡》，《钟山风雨》2002 年第 4 期，第 34－38 页。
② 查锡奎：《经历三个不同历史时代的著名学者陈中凡》，《钟山风雨》2002 年第 4 期，第 34－38 页。
③ 陈中凡：《陈中凡自传》，《晋阳学刊》1981 年第 3 期，第 52 页。

陈中凡（前排右一）与家人的合影

1982 年 7 月 22 日，陈中凡病逝。他曲折圆满的一生，或许可以用南京大学原党委书记章德饱含深情的悼词概括：“陈中凡教授一生追求光明与进步。他服务教育事业的奋发精神，他耕耘学术园地的刻苦精神，他坚定不移的爱国主义精神，他热爱党、热爱社会主义的革命精神，永远值得我们学习。”①

① 查锡奎：《经历三个不同历史时代的著名学者陈中凡》，《钟山风雨》2002 年第 4 期，第 34－38 页。

郑振铎

郑振铎（1898—1958），笔名西谛（C. T.）、郭源新等，原籍福建长乐，1898年12月19日生于浙江永嘉，是中国现代杰出的爱国主义者和社会活动家、作家、诗人、文学评论家、文学史家、翻译家、艺术史家、目录学家，也是著名的收藏家、训诂家，代表作有《猫》《中国俗文学史》等。

1919年，郑振铎积极投身五四运动，与瞿秋白等人创办《新社会》旬刊，提倡社会改造。1920年11月参与发起成立文学研究会。1921年春到商务印书馆编译所工作，同年5月10日，由他主编的文学研究会机关报《文学旬刊》创刊。1922年1月创办中国最早的儿童文学刊物《儿童世界》。1923年1月，接替沈雁冰担任《小说月报》的主编。

他对中国的文化学术事业作出了多方面的杰出贡献，20世纪20年代初即提倡和从事中外古今文学综合的比较研究，较早提出和着手用新的观点、方法整理和研究中国文学史，特别是他一贯重视民间文学和小说、戏曲的资料收集和研究，做了很多开拓性的工作。郑振铎历任全国文协研究部部长、人民政协文教组组长、民间文学研究室副主任、中国科学院考古研究所所长、全国政协委员、全国文协常委、中国作家协会理事，也是中华人民共和国第一任文物局局长。

《小说月报》封面

1935年，郑振铎应何炳松之邀，任暨南大学文学院院长兼中文系主任，陪伴着暨南大学度过了最艰难的抗战岁月，与暨南大学结下了不解的情缘。纵观郑振铎的生平，他一生爱书、爱校、爱国，以“爱”为主题，书写了一段有血有肉的传奇人生。

一、爱书：书痴当如郑振铎

郑振铎一生爱读书、藏书，他不仅是作家，还是办刊家，与书结缘不浅。“漫画”一词的发明者便是郑振铎，1925 年，时任上海《文学周报》主编的郑振铎用该词为丰子恺独特风格的画定名，从此“漫画”一词开始在中国广为流行，沿用至今。可以说，郑振铎毕生的精力和财力，大部分都投入写书、译书、搜书、救书，以及整理和保护图书当中了。

郑振铎

郑振铎“长乐郑振铎西谛藏书”印

郑振铎一生贡献如此之大，缘于其始终坚持读书爱书的初心。对他而言，书本是获取知识的重要途径，他曾说：“我的知识是从图书馆里来的。”郑振铎在欧洲留学时，抓紧难得的机会，充分利用当地图书馆资源，用书本知识充盈自己，他在学习计划中给自己规定：要走遍欧洲各大图书馆，并阅览西方的奇书及中国的古典书籍。在到达法国的第二天，郑振铎立即动身去巴黎图书馆办理了借阅证，此后一个月的时间里，他几乎遍阅了馆藏的全部罕见书籍，如古代中国的经卷图籍等，完成了他对自己近乎严苛的学习要求。

在暨南大学任教期间，郑振铎还牵头组织了民国以来最大的一次购藏文献行动。在艰苦抗战的大背景下，无数文人惊慌失措，而郑振铎却率先站出，放弃个人坚持已久的藏书计划，为国家文化血脉的传承着想，成立文献保存同志会，在暨南大学校董、国民政府教育部部长陈立夫等人的帮助下，以暨南大学为阵地，四处搜购散落的古籍善本和文献图书。在文献保存同志会的成员中，还有暨南大学校长何炳松，但郑振铎是年龄最小、精力最充沛的一员，他在搜救图书行动中付出了大量的时间和心血。

除了在暨南大学授课，他把业余生活的所有时间都投入搜书、救书中了，日子过得十分艰苦。梁文道在书中提道："（郑振铎）为避敌人耳目，有家不归，老在朋友处挂单（借宿），身上永远有一包换洗的贴身衣衫和牙刷毛巾，耳目永远留意街角的阴影和背后突然响起的脚步。买书，要秘密地买；庋藏，要秘密地藏。等到把书偷运出去了，又要挂心战火会不会波及海运的路线。"① 搜救图书的日子里，他时常和友人讨论相关事宜，直到深夜忘记吃饭；得知珍贵书目的消息，他会兴奋到彻夜无眠；大部分细微烦琐事务，诸如登记书、整理装箱，甚至运输谋划，他都亲自负责完成，其奉献精神，令人动容。

但郑振铎始终很满足，他说："我甚至忘记了为自己收书。我的不收书，恐怕是二十年来所未有的事。但因为有大的目标在前，我便把'小我'完全忘记得干干净净。我觉得国家在购求搜罗，和我们自己在购求搜罗没有什么不同。"②

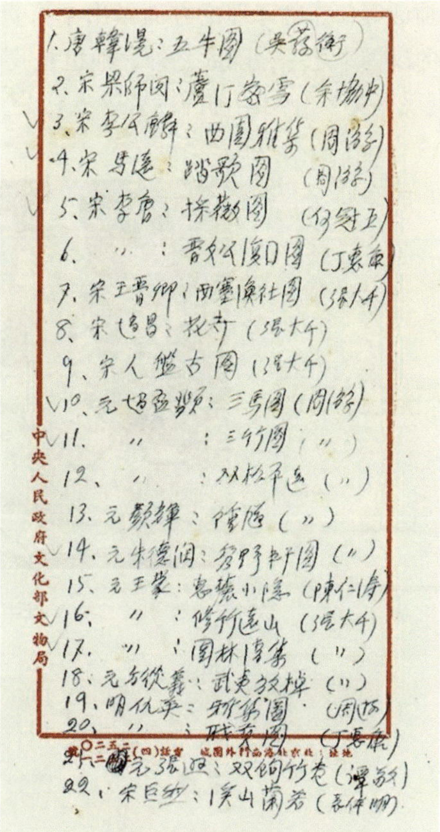
中央人民政府文化部文物局
1. 唐韩滉：五牛图（吴荔衡）
2. 宋梁师闵：芦汀密雪（余协中）
3. 宋李公麟：西园雅集（周游）
4. 宋马远：踏歌图（周游）
5. 宋李唐：采薇图（何冠五）
6. 〃：晋文公复国图（丁惠康）
7. 宋王晋卿：西塞渔社图（张大千）
8. 宋赵昌：花卉（张大千）
9. 宋人盘车图（张大千）
10. 元赵孟頫：三马图（周游）
11. 〃：三竹图（〃）
12. 〃：双松平远（〃）
13. 元颜辉：钟馗（〃）
14. 元朱德润：秀野轩图（〃）
15. 元王蒙：惠麓小隐（陈仁涛）
16. 〃：修竹远山（张大千）
17. 〃：园林清集（〃）
18. 元方从义：武夷放棹（〃）
19. 明仇英：[illegible]图（周游）
20. 〃：[illegible]图（丁惠康）
21. 元张逊：双钩竹卷（谭敬）
22. 宋巨然：溪山兰若（袁体明）

郑振铎致徐伯郊的回购文物清单

关于书，郑振铎还有一份大爱情怀，他翻译了许多书，成为中国近代史上全面探索翻译理论的开拓者，让优秀的外国作品进入国人的视野。除此之外，他一直提倡并引领实践着藏书开放理念，强调藏为所用，让所有读者都有平等的机会阅读珍贵的文献。对于书，他从来都没有私心，作为知识的受益者，他通过自己的努力，让更多的人能够感受"书中自有黄金屋"的魅力。

胡愈之在《哭振铎》中评价郑振铎是一个多面手："不论在创作和翻译方面，不论是介绍世界名著或整理文化遗产方面，你都作出了平常一个人所很少能作到的那么多的贡献。"③ 他一生都在广泛译介各国优秀的文学作品、民间故事、

---

① 梁文道：《读者》，北京：文化艺术出版社，2016 年，第 60 页。

② 郑振铎：《求书日录》，载郑振铎著、陈福康整理：《郑振铎日记》上，北京：商务印书馆，2017 年，第 121 页。

③ 胡愈之：《哭振铎》，载《胡愈之文集》（第 5 卷），北京：生活·读书·新知三联书店，1996 年，第 539 页。

神话等，在翻译理论方面做出了可贵的贡献。郑振铎翻译的《国际歌》是最早的汉译本之一，除此之外，他也是我国较系统地翻译和研究泰戈尔的第一人，将《飞鸟集》介绍给国内读者。

读书中的郑振铎

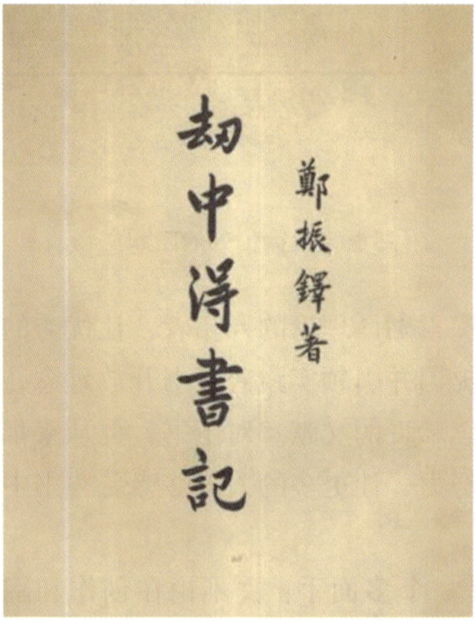

郑振铎著《劫中得书记》

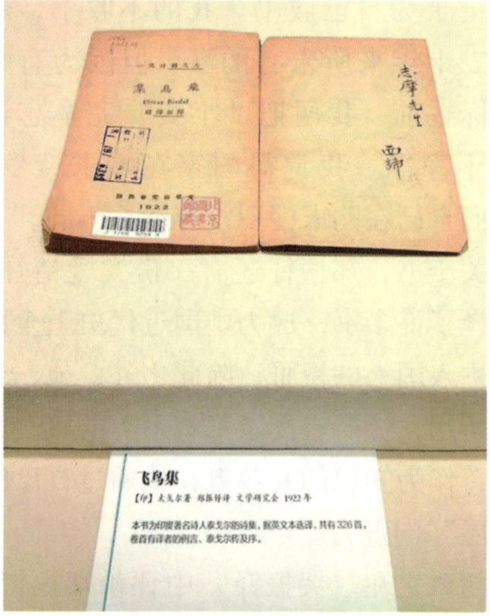

郑振铎译《飞鸟集》

在暨南大学任教期间，郑振铎不仅担任文学院院长，还兼任学校的图书馆馆长，星期天还经常同图书馆管理人员一起工作，对图书馆在文献搜集购置、分类整理、管理制度、学术研究等方面做出了杰出的贡献。他还非常重视图书馆的藏书开放工作。在20世纪30年代的中国，图书馆受古代藏书楼的封闭思想影响巨大，以收藏为主要目的，很少对外开放，不能真正起到帮助更多读者拓宽知识面的作用。而郑振铎则直言："书是要读、要用的……书是天下公物，谁也不能拥而私之"，强调开放的藏为所用。他认为学校图书馆的首要任务是为广大师生提供文献资料服务，图书馆最主要的功能应是服务读者。

在他的开放服务观念倡导下，学校图书馆和全校资料室积极主动地采取多种措施满足师生对文献资料的需求，引导学生阅读，并商请学院各教授将私人藏书设法存到阅览室，使同学能获得丰富的知识，进行更深入的研究。

青年郑振铎

二、爱校：心系学子，誉满暨南

何炳松与郑振铎都曾在商务印书馆编印所工作过，国民政府教育部委任何炳松担任暨南大学校长后，郑振铎也受友人之邀，来到暨南大学担任文学院院长兼中文系主任。1935 年 9 月 23 日，郑振铎在全校大会上作了题为《华侨教育与理想之暨南大学》的演讲，表达了努力服务于暨南大学的决心。当时暨南大学只有三个学院，即文学院、理学院和商学院，其中又以文学院师生最多，因此，文学院院长是举足轻重的位置，可见郑振铎的能力之出众。

郑振铎（右二）与何炳松（右三）合影

同时，郑振铎还兼任校务会议、行政会议、教务会议、聘任委员会、训有委员会、课程审查委员会、图书委员会、编辑出版委员会、招生委员会、免费暨公费学额委员会等系列机构委员会的负责人，把全校近一半的重任都扛在了自己的肩上，成为学校的重要支柱之一。作为学者，他还积极鼓励教师开展学术研究，为此创办并主编了全校性的《暨南学报》和《暨南大学图书馆馆报》，还经常主持召开各科学术讲座，为教师提供发表研究成果的园地。

尽管郑振铎身兼多职，事务繁忙，但他时刻不忘教师身份，认真备课授课。他知识丰富，学术渊博，将本职工作完成得相当出色。他主要负责讲授“中国文学史”和“敦煌俗文学”等课程，每次郑振铎上课，教室总是座无虚席。其学生吴岩在《西谛先生二三事》中提道：“在梯形大教室里听西谛先生讲中国文学史可就热闹了，人坐得满满的，内容和资料满满的，笔记本满满的，都快溢出来了。”① 一名周姓学生回忆：“每一次交谈，他总是以十分兴奋的心情，听取我们的介绍，并给予很高的评价。”由此可见，郑振铎师德师风并重，很受学生爱戴。

国立暨南大学中文系民念六级全体留影（前排右三为郑振铎）

郑振铎不仅关心学生，还十分支持学生活动。他建议学生们勤读外语，关心世界文化发展。暨南大学世界语学会正是在他的支持下发展而来，该学会还被列为暨南大学的学术团体，可以从事公开活动，并获得校方专款资助。

① 吴岩：《西谛先生二三事》，载上海鲁迅纪念馆编：《郑振铎纪念集》，上海：上海社会科学院出版社，2008年，第403页。

上海“孤岛”时期的抗日文艺刊物《文艺》是由暨南大学的吴岩、舒昂等进步同学在地下党的支持下创办的。作为办刊行家，郑振铎在得知这个消息后，兴奋地说：“办刊物？太好了！需要我做些什么？尽管说！”在他的大力支持下，《文艺》很快出版了，他本人每期都认真阅读，并经常提出改进意见。在他的建议下编辑出版的鲁迅、高尔基的纪念特辑，在读者中引起了很大反响。

为了培养年轻人，郑振铎还常带着学生参加当时文艺界的一些重要活动和会议。文艺界的一些知名人士，也都渐渐熟识了这些暨南大学的年轻人。郑振铎之子郑尔康在《星陨高秋——郑振铎传》一书中提到，有一次，郑振铎带着吴岩和舒昂一起去参加《鲁迅风》杂文座谈会，巴人走过去问他们：“你们两个都是西谛学生?”“是的!”两人一齐回答。[①] 可见，“西谛的学生”，是暨南学子很值得自豪的身份。郑振铎也用实际行动把暨南大学的名号打响，大力推动了学校的学术发展。

三、爱国：书生报国，不敢后人

贯穿郑振铎一生的，是坚守不渝的爱国信念。国泰民安时，他是潜心研究的学者；危机四伏时，他是堂堂正正的教师；国难当头时，他是振臂高呼的战士。他曾写道：“弟束发读书，尚明义利之辨，一腔热血，爱国不敢后人。”自始至终，他都是一名满腔爱国热血的书生，他的毕生志向都以爱国为主线，勤奋努力，不敢落后于人。

1935 年初秋的暨南大学，国民党特务控制很严，每次“总理纪念周”都由他们操纵，人人必须参加，并且只要提到“委员长”，大家一定要起立。偌大的礼堂里，唯独有一个身穿浅灰西服，带深度近视镜的中年人，安坐在位子上纹丝不动，他就是新来的文学院院长——郑振铎。

从此，他成了暨南大学“赤色分子”的代表，国民党特务学生对他恨之入骨，但由于他是校长请来的大学教授，名望高，成就突出，社会影响力大，所有的恨意只得作罢。而他，依然每次“总理纪念周”都参加，而每次提到“委员长”，他只是安坐不动，用一种无声的姿态表达着爱国情怀。

---

① 郑尔康：《星陨高秋——郑振铎传》，北京：京华出版社，2002 年，第 226 页。

1937 年 10 月 27 日，日军占领国立暨南大学

但郑振铎的爱国，不仅流于沉默的反抗，作为书生、作家、办刊家，他还选择用文字唤醒中国人麻痹的灵魂。抗战爆发后，郑振铎与暨南大学文学院的周谷城、周予同、方光焘、李健吾等教授积极宣讲爱国主义思想，并参与发起上海文化界救亡协会，创办《救亡日报》，并与胡愈之、许广平等人组织地下出版社——“复社”，影响深远。抗战胜利后，他又发起和组织参与了中国民主促进会，创办并主编《民主周刊》，呼吁和鼓动全国人民为争取民主、和平而斗争。

此外，他还写作了大量爱国的散文，以笔为武器，把国之大爱化作案上纸笔，也把这段峥嵘岁月定格于字里行间，书写了抗战沦陷区的全景图，保存下了珍贵的历史见证。在他的《最后一课》一文中，便记载了专属于暨南大学的“最后一课”。在弹丸之地被攻陷的大背景下，“没有一个学生有什么要问的，没有迟疑，没有踌躇，没有彷徨，个个人都已决定了应该怎么办，应该向哪一个方面走去”[①]。文中字字都体现出一种壮怀激烈的情绪和同仇敌忾、共赴国难的决心，暨大全体师生，人人胸中都跳动着赤诚而坚决的爱国护国之心。

① 郑振铎：《最后一课》，载《蛰居散记》，上海：上海出版公司，1951 年，第 46 页。

日军入侵“孤岛”，暨南师生上“最后一课”

正如他的学生周一萍所评价的：“郑振铎同志最为可贵的，是在民族存亡的紧要关头所表现出的临危不惧、坚贞不屈、忠于祖国、忠于人民的爱国主义精神。”① 作为大学教师，他更是表现了一个爱国知识分子的凛然正气和高尚的品质。由于环境的限制，郑振铎无法创作和发表更多的作品，于是，他就把讲坛作为重要的斗争阵地，言传身教爱国精神，他和周谷城、周予同、方光焘、李健吾等进步教授，在讲坛上宣传爱国主义思想，重点讲解体现民族气节的爱国诗篇，如陆游的《示儿》、文天祥的《过零丁洋》、于谦的《石灰吟》等。

郑振铎有言：“书生报国，仅能收拾残余，已有惭于前后方人士之喋血杀敌者矣。”这仅仅是他的谦虚之词，李一氓评价他是中国文化界最值得尊敬的人，用张载的“横渠四句”——“为天地立心，为生民立命，为往圣继绝学，为万世开太平”来评价郑振铎一生所为，再合适不过。纵观他的一生，在政治环境最恶劣的情况下，他都保持一颗最诚挚的爱国心，站在中国光明与黑暗的分岔口，在他研究的每个领域都做出了不可小觑的贡献，用文人的力量筑起中国学术的大厦，为中华文化血脉的传承付出了巨大的努力。

---

① 周一萍：《疾风劲草识良师》，载上海社会科学院文学研究所编：《上海“孤岛”文学回忆录（上）》，北京：中国社会科学出版社，1985 年，第 182 页。

方光焘

方光焘（1898—1964），字曙先，是我国著名的语言学家、文艺理论家和教育家，曾先后在上海大学、国立暨南大学、上海中国公学、安徽大学、中山大学、中央大学任教。1927 年至 1929 年，方光焘曾执教于暨南大学。1935 年，他再度回到暨南大学教授语言学，并在抗战期间随校迁至上海租界、福建建阳。抗战胜利后，1946 年他又随校回迁上海，是抗战期间暨南大学发展变迁的见证者和建设者。

方光焘是中国语法学的革新者，他通晓英语、法语、日语，在暨南大学任教时便开始主讲语言学课程，先后发表《体系与方法》《语言和言语问题讨论的现阶段》《言语有阶级性吗?》等学界导向性论文。

方光焘还是中国新文学的创造者，他于 1921 年在日本参加了新文学团体——创造社，与郭沫若、郁达夫等人同为早期创造社社员。“九一八”事变后，他加入中国左翼作家联盟，抗战期间参加中华全国文艺界抗战协会，是一位活跃在文化界并勇于表达自己鲜明立场的学者。

一、结缘暨南，致力语言学研究

方光焘 1898 年出生于浙江衢县，1916 年他在衢县中学尚未毕业就只身前往上海，1919 年考入日本东京高等师范学校读书，主修英语。[①] 东京高等师范学校英语科十分注重语言学，当时还请了英国的专家帕麦教授来讲学。这种重视语言学学习的氛围，对方光焘后来的研究产生了重要的影响。

除了日常的学习之外，他在日本结识了许多志同道合的朋友，当时一同读书

① 章克标：《文苑草木》，上海：上海书店出版社，1996 年，第 25 页。

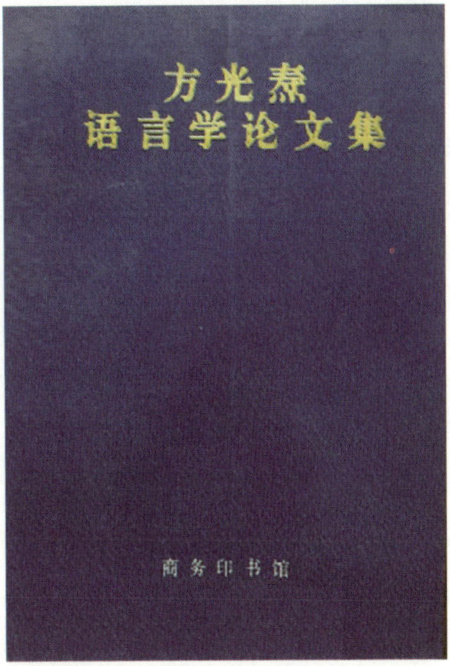

方光焘学生编订的《方光焘语言学论文集》

的朋友有田汉、章克标等人。在友人的描述中，方光焘“中等身材，两眼极度近视，相貌不够轩昂。年纪轻轻才二十多岁，几乎已经弯腰驼背，很有老气横秋了”①，但是“他思想敏捷，口齿锋利，能说会道，就补偿了他仪表之不足而有余”②。1921 年郭沫若在东京组织创造社，方光焘与同学都积极参与，是创造社最早的成员之一，他在《创造》杂志上发表了《疟疾》《曼蓝之死》等文章，后来这两篇文章也被收入《中国新文学大系》，加入创造社的经历成为方光焘文学道路的开端。

1924 年，方光焘学成归国，在浙江省立第四中学短暂任教一段时间之后就前往上海。刚开始他在友人的推荐之下到上海大学任教，为了生计还曾在一个日本人家做家庭教师。1927 年，暨南学校升格为国立暨南大学，校长郑洪年广纳英才，方光焘经过教育部部长易培基的推荐进入暨南大学任教，主要教授日文课程。为了补贴生活，方光焘同时还在劳动大学任教，尽管教学任务很重，他对教学依旧有着很高的要求，当时学生的回忆中对方光焘的印象是“只知道凡是选读他‘日文’的同学，在上讲堂之前，大多要温理一下书本，心里便想：大概总是一位十分严峻的教授吧”③。

自日本回国后，方光焘对语言学的兴趣逐渐升温。他早就攻读了挪威学者易斯丕孙的语言学著作，在自己理解的基础上把这些西方语言学规律逐渐应用到汉语中来。方光焘在暨南大学任教时，开始教授语言学这门功课。1929 年，方光焘获去法国勤工俭学的机会，暂时离开了暨南大学。在法国读书的两年，方光焘专攻一般语言学和语法理论的研究，为之后回国开授语言学课程奠定了丰厚的知识基础。④

方光焘自 1931 年开始先后发表了《体系与方法》《要素交替与文法体系》

① 章克标：《文苑草木》，上海：上海书店出版社，1996 年，第 23 页。
② 章克标：《文苑草木》，上海：上海书店出版社，1996 年，第 23 页。
③ 吴岩：《落日秋风》，北京：华夏出版社，1998 年，第 4 页。
④ 章克标：《文苑草木》，上海：上海书店出版社，1996 年，第 37 页。

《建设与破坏》等文章，积极参与国内文法革新运动。他强调方法的重要性以及语言的体系性，是最早把结构主义语言学理论介绍到中国并初步运用于分析汉语实际的学者之一。[①] 语言学成了方光焘毕生致力研究的领域，他也逐渐成长为国内语言学界一位可敬的专家。[②]

二、 重回暨南， 治学严苛为人直率

1931 年，“九一八”事变爆发，方光焘匆匆回国。回国之后他先后在安徽大学、复旦大学任教，1935 年 8 月，成为暨南大学专任教授，一直任教到 1947 年 7 月。这段时间方光焘伴随着暨南大学三度迁校，为暨南大学在战时的存续发展做出了极为重要的贡献。

方光焘在暨南大学主要教授语言学课程，同时也教授翻译、日语、文学等课程。在暨南大学任教期间，他与好友章克标一起合作编译出版了《文学入门》一书，这本书是依据他们在暨南大学文学入门课的讲义所编订的。在学生的印象中，方先生“穿一件灰不灰黄不黄的袍子，头发硬得像茅柴，眼镜深得像两个洋瓶底，又瘦又黄”[③]。就是这样一位“其貌不扬”的教授，却在课堂上凭借自己广博的专业知识和豁达直率的性格博得了众多学子的爱戴。

方光焘的课堂要求十分严格，学生在听课时的感受都是“十分吃力，毫无轻松愉快之感”。方光焘的课“干货”很多，讲授的知识繁多难懂，语言学、外语等课程本就难度很高，方光焘在讲课时从不说笑，也不在课堂上穿插有趣的内容，他的讲授大多是朴素而枯燥的。上课时他害怕学生听不清自己的声音，就尽量提高嗓音，每节课几乎都是在“喊叫”着上课。他对于学生的要求也十分细致，在翻译课上，经常让学生们练习翻译，每次课后还指定一两本名家译注的中英对照著作，让学生回去细细推敲考订，将认为有问题的译文摘出，在课堂上提出讨论。

方光焘对于学术的严谨还体现在一件趣事上。曾有一位同学用自己的署名且不加说明地把方光焘一段讲演记录拿出去发表了，方光焘在知道这件事之后，十分不安地说：“这门功课连这一回在内，我总共不过讲过两次，一切材料和心得，都在发展之中，离成熟还远得很。我在课堂上讲，也还是取讨论的态度，他却贸

① 边兴昌：《方光焘与我国的理论语言学》，《南京大学学报（哲学·人文·社会科学）》1994 年第 4 期，第 32－40 页。

② 章克标：《文苑草木》，上海：上海书店出版社，1996 年，第 39 页。

③ 吴岩：《落日秋风》，北京：华夏出版社，1998 年，第 5 页。

贸然地拿出去发表了！而且他记得又很坏，脱漏错误的地方很多，叫读者怎么会看得明白呢？”[①] 方光焘丝毫没有在意学生剽窃自己的观点进行发表，于他而言，更重要的是学术观点是否被清晰正确地表达出来。

方光焘在当时暨南学子的印象中，除了讲课晦涩难懂，治学极为严谨之外，更以直率坦荡的处事性格出名。后来的衢州教育学会副会长傅春龄当时在暨南大学读书，极爱写诗，甚至到了“把诗当作糇粮”的程度，他写好诗之后会四处请人阅读，寻求大家意见，而大家无论感觉好坏，都是抱着鼓励的心态去回答他。但是到了方光焘这里，他直截了当又冷淡地说：“我看不懂。”方光焘不仅在别人的事情上直率，关于自己的事情也直言不讳。他在给同学上文艺习作课时，直白地讲：“这一个 course 是院长指定我来教的。一个专任教授必须教四个 courses，我教了这一个便凑足四个了……我自己却不晓得应该怎样教法。创作恐怕不是教室里所能教得好的吧。然而院长已经点了菜，我这个坏厨子总得勉力烧一下，若是诸位吃得不好，我以为还是早点退选来的妥善。”[②] 这样直率的性格让有的人以为他亲近可爱，有的人却认为他丝毫不留情面，尽量远远地躲着他了。

方光焘这种严苛又直接的教学方式在暨南大学取得了很好的成效，也潜移默化地影响着他的学生。在翻译课上，经过方光焘的严格教导和大量的作业训练，学生逐渐有了较为精准的审辨力，在论读名家的翻译作品时，亦能检查出其中的细微错误，学生从方光焘这里学到了认真严谨的翻译态度。[③] 在上课时，方光焘不顾自己身体，认真“喊叫”的上课状态，也让学生深受触动，所以即使课业困难，学生依旧不敢辜负他的期望，每日认真学习。方光焘平日对待他人正直且不避讳的态度也为学生所理解和称赞，明白当面实话实说乃方光焘的本色。他为人处世的态度给暨南学子留下了可贵的精神财富，让学生明白即使处于乱世之中，身边充满了趋炎附势、八面玲珑的人，却总是有他这样不看人脸色，仅凭自身本事赢得他人尊敬的学者。

暨南大学在上海真如办学的这段时期，也是方光焘与暨南大学联系逐渐加深的时期。基于对暨南大学的感情，以及对何炳松校长知遇之恩的感激，方光焘在战乱时代也一直跟随学校三度搬迁，成为暨南内迁时为数不多一直随校的教授之一，为危难时期暨南大学的存续发展给予了强力支持。

---

① 吴岩:《落日秋风》，北京：华夏出版社，1998 年，第 8 – 9 页。

② 吴岩:《落日秋风》，北京：华夏出版社，1998 年，第 7 页。

③ 吴岩:《落日秋风》，北京：华夏出版社，1998 年，第 7 页。

三、随校内迁，引导暨南学子的“红色教授”

1937 年“八一三”事变后，暨南大学搬入上海租界，在逼仄危险的环境中坚持办学。1941 年暨南内迁时方光焘选择跟随学校前往福建建阳。

在暨南建阳办学时期，方光焘是创立和坚持校内民主革命学风的主要人物之一，在他的进步思想熏陶下，许多的暨南学子走向了革命的道路，为国家奉献自己的青春热血。这些年轻人中有许多成为后来中国学术界和政府机关的骨干力量。尽管方光焘在 1956 年才加入中国共产党，但是他在解放初期就被誉为“红色教授”，可见他对当时暨南大学子以及青年学生的影响之深。

方光焘个人的思想一直都带有较为强烈的民主爱国色彩。学生时代，他就很喜欢阅读《民权报》，对辛亥革命的成果为军阀篡夺极为不满，在日本留学期间他开始逐渐接触马克思列宁主义思想并且深受触动。回国工作之后他心系革命，参加中国左翼作家联盟，声援五卅惨案，曾经和许多进步文人一起在一份反蒋宣言上签字。方光焘的民权思想也常常在他讲课过程中体现，1932 年他在安徽大学任教时，就因为课堂中所体现的“支持新文学，反对封建旧思想”的理论与安徽大学风气不合，最终他也因此离开安徽大学，前往上海再寻职位。他在国立暨南大学讲授文学概论课的时候，也因介绍历史唯物主义的文艺理论而遭受过非议。①

建阳时期国立暨南大学校门

但是方光焘并没有因为遭受到多次打压而改变自己的想法，反而在战时更加坚定自己的立场。他这种果敢的处事风格，影响了当时许多青年学生。在暨南大学建阳办校时期，当时的教育部部长陈立夫途径建阳时召集暨大师生训话，他在讲台上大谈孔孟之道，教青年怎样修养。之后方光焘全然不顾对方身份地位，在学生面前批评道：“他算什么

① 卞觉非：《方光焘传略》，载北京图书馆《文献》丛刊编辑部、吉林省图书馆学会会刊编辑部编：《中国当代社会科学家》（第 4 辑），北京：书目文献出版社，1983 年，第 29 页。

部长？误国误民，还装什么风雅？”还有一次，浙江民政厅厅长阮毅成来学校演讲，大骂当前青年思想不正，都是被当代文学家教坏的。他的演讲内容激起了在场众多师生的不满，方光焘带头退场表示抗议，之后他对学生们愤慨地说：“一个测字先生居然敢到大学的讲坛上来胡说八道。可笑，可悲啊中国！”[①] 但在抨击这些灰暗腐败的现象之后，方光焘总是对学生们讲：“青年们不要悲观失望。要谨慎选择自己未来的道路。要时刻思考着怎样建设新的中国。新中国的未来希望，寄托在你们青年一代的身上。”他帮助青年学子在中国当时的黑暗现实中找寻未来的光明，也给予许多青年人坚持奋斗的鼓励。

方光焘在暨南大学建阳办校时期，除了给予学生抗击黑暗、努力奋斗的精神食粮，还坚持他对学术一贯的严格要求。方光焘当时开设文学概论、语言学概论和日语三门课。选修他课程的学生特别多，上课时，就连教室外的走廊里也挤满了站着、蹲着旁听的学生。方光焘上课时不用什么课本，也不给学生发放讲义，自始至终像开讲座一般滔滔不绝地讲课。他在课堂上所讲的内容都是结合当时的社会现实与具体事例的论证。他还在课堂上十分喜欢解答学生们提出的疑问，提问愈多，他讲得愈加起劲，学生们在他那里可以获得活的知识，自然兴趣很高。[②]

暨南大学民主、自由、进步的传统学风在建阳时期不仅完好地保持下来，并且还不断发扬，影响到了当时更多的进步青年，能够形成这样的校风，与方光焘等一批当时暨南大学进步教师的影响是分不开的。

四、回迁上海，为支持学生毅然辞职

抗战胜利后，暨南大学于 1946 年开始着手准备学校回迁上海的相关事宜，方光焘与许多暨南教授决定继续跟随学校回迁，支持学校后续的发展。

回到上海之后，方光焘扶助暨南大学在尚未完全稳定的新环境下重新建校。当时学校刚刚回迁上海，校内情况较为复杂，学生成分混乱，学校秩序不时被很多不怀好意的特务人员扰乱，方光焘和学生们协力将破坏民主的特务魏应麒驱逐出校。为此，他与当时暨南大学的校长李寿雍发生了冲突，之后他便辞职，离开了暨南大学。

从暨南大学离职后，方光焘又先后在中山大学和中央大学任教。1947 年国

---

① 方文惠：《方光焘教授》，载中共建阳县委党史研究室编：《暨南大学在建阳》，中共建阳县委党史研究室内部印发，1998 年，第 185 页。

② 方文惠：《方光焘教授》，载中共建阳县委党史研究室编：《暨南大学在建阳》，中共建阳县委党史研究室内部印发，1998 年，第 185－186 页。

统区爆发了学生大规模反对国民党的“反内战、反饥饿、反压迫”运动，在大学教授联谊会的领导下，方光焘继续尽自己所能支持学生运动，“五二〇”运动之后，他曾签名公开宣言，反对逮捕学生，即便他收到特务机关寄来的恐吓信和子弹，也没有屈服。淮海战役之后，中央大学当局动员教授迁往台湾，方光焘公开发表声明表示“决不随往”。

“反内战、反饥饿、反压迫”运动中的学生游行，国立暨南大学的条幅清晰可见

1949 年，方光焘“以愉快的心情迎接解放”，并且参与了 1949 年 6 月前后的很多筹备工作，如协助中国人民解放军南京军管会接管中央大学，改组成新的南京大学，任南京大学中文系主任。① 中华人民共和国成立后，方光焘历任江苏省文联主席、江苏省文化局局长、中国科学院哲学社会科学院学部委员等职务。他于 1956 年 3 月加入中国共产党，1964 年 7 月 27 日病逝，终年 66 岁。②

方光焘一生豁达而洒脱，他自始至终坚持着自己内心的原则与立场，并且敢于真实地表达自己的想法。同时他也有着极高的专业素养与学术成就。作为中国著名的语言学家、文学家、教育家，他影响、教育了无数为中国做出巨大贡献的时代青年。方光焘在暨南大学任教的两段经历中，与暨南大学互相成就、共同经历磨难与成长，暨南学子也将永远铭记这一位“其貌不扬”、严格直率的教授。他的学术成就和处世品格将一直引导着暨南人不断前行。

---

① 南京市档案馆编：《解放南京·上》，北京：中国档案出版社，2009 年，第 164 页。

② 方文惠：《方光焘教授》，载中共建阳县委党史研究室编：《暨南大学在建阳》，中共建阳县委党史研究室内部印发，1998 年，第 183 页。

曹聚仁

曹聚仁（1900—1972），字挺岫，号听涛，浙江浦江（今兰溪市）人。他笔耕一生，半个世纪写有四千万言，著作等身，记有七十余部。他曾当过教授、记者、作家、报人与社会活动家，在20世纪中国文坛、报坛、学界叱咤风云，一生瑰丽而奇特。

20世纪初的一个秀才兼小农的家庭，诞生了这位“谜样的人物”。他早慧，六岁就写得整篇文章，被目为神童；在学生时代，为浙江第一师范学校的学生领袖。

20世纪20年代，青年曹聚仁便准确笔录了章太炎奇崛深奥的国学演讲，后整理成《国学概论》出版，为此，章太炎门旌自悬，收其为拜门弟子。后来他以一位中等师范生的学历，走上复旦大学、国立暨南大学的讲坛，成为国文名教授。

20世纪30年代，他主办《涛声》周刊，名闻上海滩，鲁迅主动投稿支持，并与之交为战友；当抗战烽火燃起，他毅然脱下长衫，持笔从戎，首报震惊世界的台儿庄大捷，成为抗战名记者之一。

20世纪40年代，他定居江西赣州，受蒋经国之邀，任《正气日报》总编辑，与《大公报》《前线日报》等鼎足而立，成为东南三大报之一。

20世纪50年代，他只身赴港，此后一直为祖国统一大业斡旋奔波。他曾是毛泽东、周恩来的座上客，为两岸和平统一事业而奔波。

在曹聚仁72载岁月画卷里，执教暨南的9年，几乎占去了他踏入社会的五分之一时光。他与暨南的情缘，凝练在其晚年深情回忆而作的《暨南的故事》里，也留存在暨南人的心中。

一、置身教育：改编国文教材的“蓝布衫”教师

1925年秋天，姜琦出任国立暨南学校校长后，便碰到了难题：暨南附中的国文教师多次被学生轰走，一时找不到合适的教师。这是因为五四运动以来，青年学生对新文学比较感兴趣，奈何国文教师大多是受科举思想熏陶的旧文人，新派作家的古代文学素养又很有限。姜琦想到了曾经的浙江第一师范学校学生曹聚仁，这位气宇轩昂的学生领袖，因笔录章太炎国学演讲在国内文坛崭露头角，于是，姜琦推荐曹聚仁去试教。①

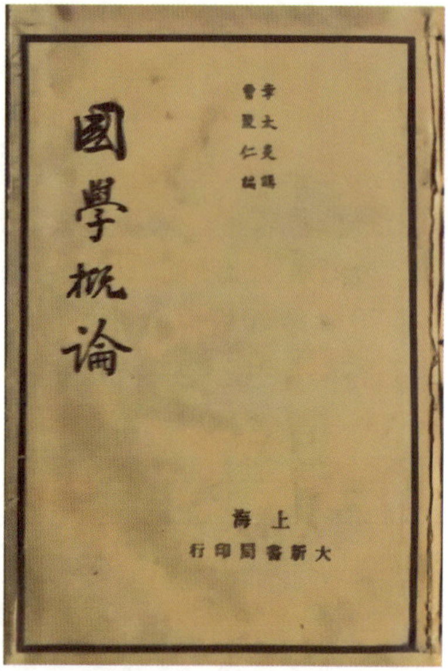

曹聚仁整理的章太炎《国学概论》书影

1925年的秋天，曹聚仁登上暨南附中的讲台。20多岁的他，瘦小个儿，平顶头，穿着一件阴丹士林布的蓝色长衫，腋下挟着一个布包。曹聚仁完全具备了新旧两种教师的优点，对此他自己也坦承：“一面，我受了五四文学思潮的洗礼，对新文艺作品和欧西文学颇有兴趣。加以，研究了章太炎的《国故论衡》和胡博士的新考证学，对经史文学有所了解，也就对一些典物上的疑问，可以剖解得有条有理了。”果然，曹聚仁试教成功，学生们很喜欢听他的课。他先后担任初中二三年级、高中师范科与商科的国文教师。②

曹聚仁的国文教育理念很纯粹，他认为“国文课并非为天才创作家而设，只是为一般人的语文修习着想”。他把国文课当作一门每个国人必修的学问，面对的是大众，旨在提高国人的国文基本功。他在授课时，“总是开列参考书目引导学生消化课本，摒弃填鸭式的教学”。这种引导性的教学方式赢得学生的好评。有一位姓杨的台湾籍学生，专门写了一封长信，述说自己对国文学习的认识转变：“老实说，我是素来不在教室中听中文课的，自从你来教国文后，我才觉得

① 夏泉：《探寻曹聚仁先生早年的活动足迹——以暨南大学为中心的考察》，《东南亚研究》2009年第5期，第90－96页。

② 夏泉：《探寻曹聚仁先生早年的活动足迹——以暨南大学为中心的考察》，《东南亚研究》2009年第5期，第90－96页。

读读国文，也颇有道理。后来，有一段时期，我又觉得你的思想不够前进；到了现在，才懂得国文课并不是思想宣传班，而是语文常识与技术的修习。”①

青年曹聚仁

在改进传统国文教学方式的同时，曹聚仁也对国文教材进行了配套改编。他增加了鲁迅与周作人合译的《域外小说集》和林琴南译述的《拊掌录》，还加入了黄遵宪的《人境庐诗草》。他认为，选用古文体翻译的西洋文学名著，既可以养成青年对中国古典文学的欣赏能力，同时也介绍了西洋文学名著，而且在讲堂上还可以说得头头道。在教材的内容上他选用了一些思想方法论和文学批评方面的著作，如《庄子·秋水篇》、《荀子·解蔽》、刘勰的《文心雕龙》、陆机的《文赋》以及严复译的《天演论》等。曹聚仁精心选编的课文，贯通中西古今，广受学生欢迎。②

曹聚仁十分关切各种类型的教育实践。暨南大学是一所侨校，1929 年在上海召开的南洋华侨教育会议是我国华侨教育史上的一次重要会议，曹聚仁作为筹备委员之一，参与会议的全过程，做出了重要贡献。此外，曹聚仁认为“农业社会的中心，不在都市，而在乡村”，因此十分关注陶行知的“乡村教育”试验。1927 年，曹聚仁曾致函陶行知，介绍暨南学生王琳到陶行知主办的育才小学任教，陶行知在接信后复函称：“欣悉先生决以育才小学试验乡村教育，并介绍王琳君报考试验乡村师范，俾学成后回到育才学校服务。高瞻远瞩，至堪钦佩……叔愚先生与弟深望先生加入乡村教育之发展。”③

生活中的曹聚仁不善衣着，总穿着一袭蓝布衫，一穿就是十多年。按他的说法，那是五卅运动后，为抵制英国货，不再穿英国呢绒货，只有以国产布衣替换，这种流行已久的阴丹士林长衫，颜色为蓝色，就称为蓝布衫了。由于朴素的

① 夏泉：《探寻曹聚仁先生早年的活动足迹——以暨南大学为中心的考察》，《东南亚研究》2009 年第 5 期，第 90－96 页。

② 夏泉：《探寻曹聚仁先生早年的活动足迹——以暨南大学为中心的考察》，《东南亚研究》2009 年第 5 期，第 90－96 页。

③ 夏泉：《探寻曹聚仁先生早年的活动足迹——以暨南大学为中心的考察》，《东南亚研究》2009 年第 5 期，第 90－96 页。

布衫和教授的社会地位不相称，有一次，他身穿蓝布衫前往一位学生家家访，被学生母亲打量着拒之门外。① 这些因蓝布衫闹出的悲喜剧，都被曹聚仁记在了回忆录《文坛三忆》里。

二、结缘鲁迅：志同道合的忘年战友

曹聚仁与鲁迅的交往始于他在暨南大学任教时。1927 年，鲁迅来暨南大学演讲，曹聚仁作为记录者，两人首次接触。两年后，鲁迅与曹聚仁夫妇在内山书店意外相逢。当鲁迅转过脸来对着他们夫妇时，曹聚仁很快走过去，伸出手自我介绍："我是曹聚仁，暨南大学的，前年曾为先生的演讲作记录。"鲁迅站起来，伸手与曹聚仁热烈地握了握说："噢，一点不错，我们见过面。不过，曹先生的大名我是久仰了，说起来伢还是同乡呢。"就这样，曹聚仁与鲁迅相遇相交，在以后的交往中建立了友谊。②

当时，鲁迅是著名的左翼作家，暨南大学数次请他前去演讲。鲁迅与曹聚仁在书店相遇那天，就是鲁迅在暨南大学做第二次演讲时。这次演讲的题目为《文艺与政治的歧途》，为他做笔录的，恰好也是曹聚仁。1934 年，鲁迅与编辑杨霁云谈到稿件的取舍时，他称："1927 年在暨大的讲演，即使检得，恐怕也通不过的。"因为鲁迅讥讽现实，为当局所不容，故他认为是无法通过国民党图书审查机关的检查的。几个月后，鲁迅改变了主意，函告编辑杨霁云："一切讲稿，就只删两篇……曹先生记的那一篇也很好，不必作为附录了。"鲁迅将曹聚仁记录的讲演《文艺与政治的歧途》一文，正式编入《集外集》，一方面反映了曹聚仁的记录稿比较真实地记载了当时的讲演内容，另一方面也可见此文之重要。③

鲁迅和曹聚仁文字上的来往，始于 1933 年初。当时，曹聚仁正在主编《涛声》周刊，鲁迅很欣赏这一刊物，曾以"罗抚"的笔名，在《涛声》周刊上发表《三十六计走为上计》等文，后来被收入《南腔北调集》。1933 年 6 月 3 日，他致函曹聚仁："看起来，就是中学卒业生，或大学生，也未必看得懂《涛声》罢，近来的学生，好像'木'的颇多了。但我并不希望《涛声》改浅，失其特色，不过随便说说而已。"④ 在《涛声》周刊上，曹聚仁也发表过声援鲁迅的文章。一次，《十日谈》上刊登的一幅以《鲁迅翁之笛》为题的漫画，画中一大群

① 李伟：《曹聚仁传》，南京：南京大学出版社，1993 年，第 79 – 80 页。
② 李伟：《曹聚仁传》，南京：南京大学出版社，1993 年，第 106 – 109 页。
③ 胡安泰：《暨南往事》，引领杂志社内部印发，2007 年，第 11 – 12 页。
④ 李新宇、周海婴主编：《鲁迅大全集（第 6 卷）》武汉：长江文艺出版社，2011 年，第 346 页。

老鼠应着鲁迅的笛声跳跃而去，指左翼青年为盲目追随鲁迅的老鼠。曹聚仁在《涛声》周刊上发文批评这幅漫画：“把今日青年，比作故事里的群鼠，也太小之忽视今日之青年了。”① 曹聚仁以《涛声》周刊为阵地，与鲁迅结为战友。

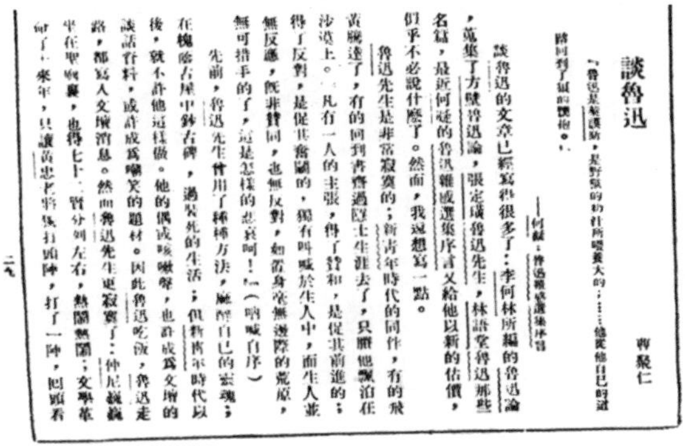

談魯迅　　曹聚仁

「魯迅是被讀的，是野氣的的社所嘅養大的……總要他自己的道路回到了最的說術。」

——何凝：魯迅雜感選集序言

談魯迅的文章已經寫得很多了：李何林所編的魯迅論，蒐集了方獻魯迅論，張定璜魯迅先生，林語堂魯迅那些名篇，最近何凝的魯迅雜感選集序言又給他以新的估價，似乎不必說什麼了。然而，我還想寫一點。

魯迅先生是非常寂寞的；新青年時代的同伴，有的飛黃騰達了，有的回到書齋過隱士生涯去了，只賸他飄泊在沙漠上。「凡有一人的主張，得了贊和，是促其前進的；得了反對，是促其奮鬬的，獨有叫喊於生人中，而生人並無反應，既非贊同，也無反對，如置身毫無邊際的荒原，無可措手的了，這是怎樣的悲哀呵！」（吶喊自序）

先前，魯迅先生曾用了種種方法，麻醉自己的靈魂；在槐蔭古屋中鈔古碑，過裝死的生活；但新青年時代以後，就不許他這樣做。他的偶或咳嗽聲，也許成爲文壇的談話資料，或許成爲嘲笑的題材。因此魯迅吃飯，魯迅走路，都寫入文壇消息。然而魯迅先生更寂寞了：仲尼巍巍乎在聖廟裏，也得七十二賢分列左右，熱鬧熱鬧；文學革命了十來年，只讓黃忠老將獨打頭陣，打了一陣，回頭看

二七

曹聚仁在《新语林》1934 年第 2 期发表的《谈鲁迅》一文

1959 年曹聚仁在绍兴鲁迅故居百草园

在与鲁迅结缘的诸多暨南师生中，关系最为密切者当属曹聚仁。据《鲁迅书信集》记录，曹聚仁与鲁迅的通信达 24 封。② 曹聚仁的第一任妻子王春翠后来回忆了当时曹聚仁和鲁迅交往的情景：“除了鲁迅常来我家外，还有陈望道先生也经常光临。他们常与曹聚仁商量文章，同议时局……曹聚仁经常在我面前说先生是中国文坛难得的巨子。”③ 20 世纪 50 年代，曹聚仁定居香港，投入鲁迅传记的写作中，为这位忘年故交先后编撰《鲁迅手册》《鲁迅评传》《鲁迅年谱》等书，热情地介绍、宣传鲁迅，为鲁迅研究做出了卓著贡献。

三、主办《涛声》：扬名文坛的“乌鸦学人”

曹聚仁在暨南大学任职期间，除精于教业、勤于公务外，还创办了 20 世纪 30 年代颇有影响的《涛声》周刊。

1931 年春，国民党在文化界禁止出版进步书刊，封闭进步书店，颁布旨在

---

① 朱正：《曹聚仁与周氏兄弟》，《新文学史料》2009 年第 2 期，第 52－70 页。

② 胡安泰：《暨南往事》，引领杂志社内部印发，2007 年，第 9 页。

③ 夏泉：《探寻曹聚仁先生早年的活动足迹——以暨南大学为中心的考察》，《东南亚研究》2009 年第 5 期，第 90－96 页。

扼制进步文化的出版法，通缉左翼作家，造成中国文化界的禁锢局面。当时，曹聚仁正在暨南大学文学院担任教授，几位朋友相逢，对于当时的政局悲愤不已，曹聚仁更是痛感“吟罢低眉无写处”。正是在这样的环境下，上海群众书局的方东亮来暨南大学找到曹聚仁，请他为书局编一套新文艺选本，希望能于文网森严中开辟一条生路。曹聚仁向他提议结合选本出一份刊物，写点文章“叫喊一番”，方东亮同意。[①]

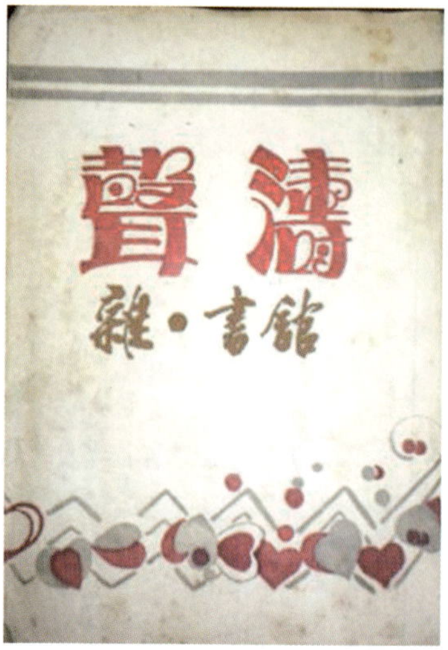

《涛声》第一卷第一期书影

同年8月，曹聚仁主编的《涛声》周刊创刊号随即交印。《涛声》周刊名义上由涛声社编辑，实际上最初几期，基本上由曹聚仁一家人主办。其中有曹聚仁与其同在暨南大学教书的第一任妻子王春翠和四弟曹艺，后来周木斋、杨霁云、暨南大学的曹礼吾等人加入。1933年11月20日，《涛声》周刊被上海市当局以“袒护左翼，诽谤中央”为由下令停刊，从创刊到1933年11月25日出休刊号为止，《涛声》周刊共出版83期。

主编是一份刊物的领航员，主导着刊物的风格、走向。他不仅需要深厚的文化功底、敏锐的判断力，而且需要极强的个人魅力与坚定的信念。曹聚仁就是这样一个人。作为《涛声》周刊的创刊人及主编，曹聚仁几乎以一人之力挑起了《涛声》周刊前期的大部分工作，无论是撰稿、编辑还是发行。曾有人对《涛声》周刊上的文章做过统计，仅从能辨别的曹聚仁笔名来看，曹聚仁在前2卷共82期的《涛声》周刊上，共刊登了230篇文章，数量之大，令人叹为观止。[②] 纵观曹聚仁在《涛声》周刊上的文章，笔触所及甚广，有诗歌、论文、短评、考据等。他谈时政，敏锐的洞察力将政治生活的风云突变纳入笔下；他谈文艺，独到的眼光将大众语、新诗等问题予以阐明。他在《涛声》周刊上说文坛掌故、写历史短文，关注民生疾苦、主持思想批判。《涛声》周刊是他奋勇厮杀的阵地，也是其翩然起舞的花园。

作为《涛声》周刊主旨的“虚无主义”，也是曹聚仁的人生哲学。“我们的虚无主义——只是一群热心的爱国主义者，恰在现实的石头上碰了壁，一面对国

① 夏泉：《探寻曹聚仁先生早年的活动足迹——以暨南大学为中心的考察》，《东南亚研究》2009年第5期，第90－96页。

② 夏庶琪：《〈涛声〉研究》，浙江工业大学硕士学位论文，2014年，第13－22页。

家前途表示绝望，但也不曾对任何路向表示信心。”① 随着编辑撰稿队伍的扩大及发行量的增加，《涛声》周刊逐渐形成了以“乌鸦主义”为标记、提倡理性批判的办刊精神。《涛声》周刊实际出版不过一年三个月，从20世纪20年代末文坛的冷寂到20世纪30年代的激烈交锋，它是这个过渡时期中发出呐喊的“寒鸦”。

《涛声》周刊在曹聚仁及他的一群朋友的努力下，销路虽不大，却有了一批“先睹为快”的读者；作者不多，却有了颇显水平的撰稿队伍。在曹聚仁的主持下，《涛声》周刊汇聚了如曹礼吾、陈子展、李又然、周木斋、魏猛克等一批青年，吸引了如鲁迅、陈望道、陶行知、施蛰存等文坛大家的目光。《涛声》周刊在暨南大学也吸引、影响了一批读者，曹聚仁把每期《涛声》周刊都送到真如镇暨南大学旁边的书店。《涛声》周刊成为暨南学子茶余饭后了解时局的重要刊物。

四、暨南情缘：描绘暨南群像，著写暨南故事

从1925—1934年，曹聚仁在暨南执教9年，除去他21岁前读书的时光外，他踏入社会后的五分之一时光在暨南度过。抗战胜利后，暨南大学正处于两任校长掌校时期，曹聚仁曾任秘书、初中部主任、出版科主任、国文专职教授。曹聚仁热爱他在暨南大学的任教生活，对暨南充满了留念和回忆。他一直认为自己是“属于暨南的”“是暨南一分子”。②

曹聚仁满怀对暨南的爱意，投入校史校事的撰写中。他编撰的与暨南校史相关资料有：《暨南学生之真精神——颂自治会的义务小学》、《暨南创校以来大事年表》（仅见1929年前部分）、《夏丏尊先生——师友之一》、《暨南的故事》、《莲韬馆》等。曹聚仁还与张凤、刘士木编辑《创校二十五年成立四周年纪念论文集》（国立暨南大学纪念刊物之一）。③

在暨南校史上，像曹聚仁那样在暨南从教9年的名师是不多的，而在其晚年又能以深情的文笔回忆《暨南的故事》，就更少见了。曹聚仁的《暨南的故事》分上、中、下篇，共约12 000字，先后分3次在1957年刊登于《热风》半月刊中。④ 这篇文章以生动的笔调刻画了真如暨南的人和事，有褒有贬，有喜有忧，

---

① 夏泉：《探寻曹聚仁先生早年的活动足迹——以暨南大学为中心的考察》，《东南亚研究》2009年第5期，第90－96页。

② 胡安泰：《暨南往事》，引领杂志社内部印发，2007年，第17页。

③ 夏泉：《探寻曹聚仁先生早年的活动足迹——以暨南大学为中心的考察》，《东南亚研究》2009年第5期，第90－96页。

④ 胡安泰：《暨南往事》，引领杂志社内部印发，2007年，第22页。

是一篇难得的暨南史料。

曹聚仁在他的回忆里，将暨南教师群像描绘得栩栩如生。他曾写道："真如南阳宅的南边，有一所广东式的楼房，民国十六七年间，静之、铁民、仰之诸兄都住在那边。我和礼吾就住在南阳宅的杨姓平房中，相隔咫尺，时常往来，谈笑很是热闹。"在曹聚仁的笔下，还写了陈中凡、龙榆生、章铁民、顾仲彝、周谷城、徐名鸿等暨南教师。其中有写实的，有带过的，也有调侃的，人物群像生动有趣，锐辣幽默。①

林语堂

在曹聚仁的故事里，最令人印象深刻的，就是他与林语堂之间的"标点"之争。那时的文化界，可谓"新旧兼容，百家争鸣"，文人之间存在观点分歧也在所难免。曹聚仁提倡大众语，林语堂则主张语录体，标榜"独抒性灵，不拘格套"，并讥讽大众语啰唆。时在暨南大学任教的曹聚仁和林语堂因暨南大学教师刘大杰而引发一场论争。这场论争的起因是，刘大杰标点了《袁中郎全集》出版，在扉页上题注了"林语堂先生校订"。这引起了曹聚仁的注意，他对书中一些标点失误作起文章，继而在《涛声》周刊中刊出。在幕后的林语堂知道曹聚仁是醉翁之意不在酒，故而站出来与其论争，甚至在暨南礼堂作了《做人与做文》的演讲。后来，曹聚仁还写作了一篇《我和林语堂吵了嘴》的文章追忆此事。②

曹聚仁钟爱蓬勃热情的暨南，对"暨南精神"也有自己的理解。他把"暨南精神"与"中国官僚"的不明是非相对照，入木三分。他是这样说的："'暨南精神'恰正相反，侨生们天真、热情、不计利害得失，一股劲往前冲。黑是黑，白是白，他们会当面和你争论，争得面红耳赤，可不会记在心上，过后依然和你十分亲热的。"在这里曹聚仁把"暨南精神"的留与失与华侨学生的多与少放在一起加以说明，"侨校特色"即"精神"了。③

① 夏泉：《探寻曹聚仁先生早年的活动足迹——以暨南大学为中心的考察》，《东南亚研究》2009年第5期，第90－96页。

② 胡安泰：《暨南往事》，引领杂志社内部印发，2007年，第25页。

③ 胡安泰：《暨南往事》，引领杂志社内部印发，2007年，第22页。

五、文人记者：携笔从戎，以文著战史

曹聚仁在暨南期间，便专注于研究文史，笔耕不断。写作是他的生命，据王春翠回忆，他除了白天任课，晚上就在家写文章，每天都要写一两篇。他写文章是很专注的，随便什么场合、什么时间都能写。“有一次逛公园他突然想起了什么，就从随身携带的口袋中掏出笔墨在一块石头上写起来……写文章只喝浓茶，右手执笔，左手捧茶杯。写到满意时口里还讷讷有声，要是文思不开，他便把毛笔管放在口中，咬呀、咬呀，这样咬咬写写，写写咬咬，不两天，一支新毛笔就剩下半支了。”①

曹聚仁与王春翠

这种笔耕不辍的精神，让曹聚仁成为多产作家。他一生作的文章加起来有四千多万字，数量惊人，质量甚佳。他在文学作品中传达的独特思想，可从其文史观中窥知一二。文学与历史在曹聚仁这里不是“割裂”的，而是“相通”的，连接的钥匙便是“以文述史”的思想。曹聚仁颇想成为一名史学家，担任中国通史教授，却始终没有如愿站上史学教坛，这也许是曹聚仁最大的遗憾。不过，他用文学语言记述历史以深入浅出，将历史进驻文学以增其厚重。由此，曹聚仁以《文坛五十年》《鲁迅评传》《中国学术思想史随笔》《北行小语》等作品，分别完成了他对文学史、人物史、学术史、社会史等方面的记述。②

这位具有“反叛”精神的文人，在1937年遇到了命运的转折点。抗战烽火已经燃起，曹聚仁选择走出书斋，走向战场，成为一名战地记者。曹聚仁在抗战时期以撰写新闻通讯见长，其战地新闻通讯题材广泛，视角宏阔，分析深入，刻画到位。文人和史人的身份，使得曹聚仁带着“历史的视野”化身战地记者。他具备“史才”，凭借自己在战争史方面的研究，对于战局的走势能够有比较清晰的预判；他肩负“史命”，带着写战史的初衷进行战地新闻报道，在战争结束后终于写成了宏大叙事的《中国抗战画史》。抗战期间，他辗转东南前线，偿万

① 胡安泰：《暨南往事》，引领杂志社内部印发，2007年，第19页。
② 李俊慧：《曹聚仁文学思想研究》，厦门大学硕士学位论文，2017年，第45页。

里壮游之素志。①

《中国抗战画史》书影

抗战胜利后，1949 年，曹聚仁在“上饶时期的熟朋友”李寿雍任暨南大学校长时重返暨南大学任了半年的新闻系教授，直到暨南大学并入复旦大学、交通大学。跨越二十余载，曹聚仁见证了暨南大学在民国时期的兴衰史。当他看见战后满目疮痍的真如暨南，专门写了《莲韬馆》一文凭吊：“真如，和我有着九年的密切关系，其间多可喜亦多可悲。胜利以后回上海，鼓起了兴致，要访寻旧梦。桃浦静静如旧，只见绿水滔滔，白鸟飘飘，莲韬馆，连着暨南大学那些大房子，都付与荒烟残砾，无影无踪了……杨家桥这一边，我们住过的那所房子，连败墙也不见了，只见蔓草连阡，衬出那株桃树的苍老，仿佛还认得我们这几个旧人……风景不殊，举目有山河之异，战神把我们的旧梦，一脚踏碎了！”②

暨南真如时期地标建筑——莲韬馆

① 谭信：《曹聚仁抗战时期新闻思想研究》，南京师范大学硕士学位论文，2018 年，第 43 页。
② 曹聚仁：《文坛三忆》，北京：生活·读书·新知三联书店，1999 年，第 70－71 页。

晚年曹聚仁

1950年春，年过半百的曹聚仁南去香港，开始了专事写作的生活。在香港期间，他曾为两岸和平统一事业“斡旋”而奔波。时任美国国务卿杜勒斯曾以10万、20万美元为引诱请他到美国讲学，希望他不要插手国共和谈之事，被曹聚仁婉拒。1959年他从香港回内地观光，住在北京新侨饭店，周恩来专程前去看望了曹氏夫妇。①

1972年7月23日，曹聚仁在澳门镜湖医院含憾病逝，终年72岁。在他逝世后，周恩来亲自安排在澳门为其举行公祭，并为其亲拟墓碑碑文“爱国人士曹聚仁先生之墓”，安排将其骨灰携回他的家乡浙江兰溪蒋畈安葬，盖棺定论，让他落叶归根。

曹聚仁业已离世多年，这位气度与风骨绝佳的“蓝布衫”教授留在世上的宏富文稿让人思量，其在暨南留下的足迹也让人回味无穷。

① 胡安泰:《暨南往事》，引领杂志社内部印发，2007年，第21页。

许　杰

许杰（1901—1993），字士仁，笔名张子山，浙江天台人，我国当代著名文学家、教育家、文学理论家。一生从事教育与写作，成绩斐然，被载入英国剑桥国际传记中心《世界名人辞典》。

许杰终身从事文学教育事业。1921 年，他担任安徽公学师范部伦理学、教育学教师，在此期间，提倡以教育改革推动社会，与王以仁等人发起成立“星星社”，成为天台现代史上第一个进步社团，确立了终身从事文学事业的志向。1924—1926 年，他在宁波、上海任教，1928 年前往马来亚吉隆坡，担任华侨《益群日报》总编辑，宣传中国新文学运动。1929 年回国后，许杰先执教于上海建国中学，半年后前往广州任中山大学预科教员。1932 年 8 月，应聘为安徽大学教授。1935 年 7 月，应暨南大学文学院院长郑振铎之聘，前往国立暨南大学文学院中文系兼任教授。1941 年 7 月，赴福建建阳任暨南大学分校教授兼注册科主任，分校改为总校后，任中文系主任。1944 年 6 月，被任命为暨南大学教务长。同年秋天，暨南大学学运热潮爆发，许杰携全家搬迁至崇安。1945 年 7 月，暨南大学聘约期满，许杰接受前线日报社总编辑宦乡之聘，任《前线日报》编辑，搬家至报社所在地江西铅山。

许杰是我国著名教育家，一生从事教育事业，桃李满天下；亦是著名的文学评论家，在 20 世纪 20 年代就以宣传“无产阶级革命文学”理论，发表《文艺与社会》等论著引起文坛的瞩目；还是研究鲁迅的专家，他出版的《鲁迅小说讲话》，是最早系统研究鲁迅小说的专著。

一、早年漂泊，南洋归国兼任暨南文学院教授

许杰的前半生颠沛流离，所幸教书育人的梦想支撑着他，在贫苦、战火的洗礼下，辗转各地任职文学教师。

15 岁那年，许杰考进了县立中学，不久因母故、家贫而辍学。他后来入读半官费的浙江省立第六师范学校，又因积极参加五四运动，反对旧的考试制度，鼓吹教育改革，被校方开除。幸运的是他受到进步教师的推荐，转到浙江省立第五师范学校研习。毕业之后，许杰先后当过教师，开过书店，担任过小学校长、图书馆资料员，也曾被捕入狱，虽终保释出狱，但是因为白色恐怖弥漫，他不得不背井离乡，漂泊南洋。

在南洋期间，许杰担任华侨《益群日报》总编辑，利用副刊《枯岛》和《南洋青年》，宣传中国新文学运动，团结和培养了一批华侨和土著文学青年，并创作了以南洋华侨反帝斗争为题材的小说和散文，被当地誉为“国语之父”。但由于写了上百篇揭露殖民主义的罪恶的社论，许杰多次被华民政务司传讯，遂于 1929 年 11 月辞职回国，先后执教于上海建国中学、中山大学、安徽大学。

1935 年 7 月，安徽大学不再聘请许杰。许杰听闻当时的国立暨南大学由何炳松任校长，杜作舟任总务长，郑振铎任文学院院长兼中文系主任，这些人和其他几位校方负责人都是进步人士，遂希望能够前往暨南大学当教授。但是，暨南大学文学院事先已有种种部署，例如各系聘任教授，均有一定的名额限制。郑振铎根据当时文学院的实际情况，只能给许杰一个“兼任教授”的名义或者“讲师”的名义。而且，如果接受讲师的职务，可以拿到全年十二个月的工资，而兼任教授只能拿到一个学期（5 个月）的工资。即使如此，许杰最终还是选择了接受“兼任教授”的聘书。①

1935 年许杰在上海

那时，暨南大学设在上海近郊真如镇。许杰去上课，要从他的住处法租界勃来里孟马浪路（今马当路）坐黄包车到新闸桥，再坐黄包车到交通路转乘公共汽车到真如，有时也从北站乘火

① 许杰：《坎坷道路上的足迹［十二］》，《新文学史料》1986 年第 3 期，第 64－68 页。

车到真如。在暨南大学任教的日子里，许杰仍然为生计东奔西走，疲于奔命，许多时间花费在路上。相较于生活的奔波，教学工作倒是显得轻松了许多。当时，许杰在暨南大学所主讲的课程主要包括公共语文课和中文专业课，在中文专业课方面，许杰开的是“文选”和“中国文法通论”两课，[①] 课上教学生们写文章是许杰的爱好，故而乐此不疲。

在暨南任职期间，许杰的工作重心都放在了教学上面，闲暇之余写一点文章。同一时期，正值中国左翼作家联盟在上海举办一些活动，但是许杰很少参加，偶尔去一两次，也主要是参加中文系的活动。与此同时，许杰很少参与学校的行政事务，他每周去两次学校，上完课便可以回家，没有接触过暨南大学的学生运动，与教职员和同事的接触也不多。对于许杰而言，第一次在暨南任职的岁月可以说是简单而充实的，因为数年之后的学运风潮着实使他疲惫不堪。

在暨南任教两年后，1937 年 7 月，卢沟桥事变爆发，战争的阴影随后笼罩上海。当时的上海市民都能够听到飞机隆隆的声音，同时也听到高射炮的咚咚声。许杰在回忆录中记载：“我仰起头来看的时候，看到飞机飞过之后丢下两颗炸弹，但当时不知道是什么东西，只见仿佛两个茄子从天空中冉冉落下，几秒钟之后听到起爆的声音，方才晓得这两个怪物不是别的东西，正是炸弹。”[②] 那时候，战争似乎距离每一个人都很近。

受局势影响，彼时的暨南大学情况颇为艰难。一般教授都作留职停薪处理。所谓“留职停薪”，即暨南大学教授的职称保留，可是薪水却停发。这对教师而言无疑是一个很大的打击，大家不得不纷纷另谋出路。当时，文学院院长郑振铎时常和许杰、周予同等人聚在一起商量应变的措施，最终许杰选择离开上海，郑振铎则不打算走，但尽力帮助许杰等人安全离开。当时上海开往杭州、南昌方向的火车已经停运，郑振铎打听到 1937 年 8 月 19 日上海西站有火车开出，可以到杭州，于是帮忙买来车票。在郑振铎的协助下，许杰及其家人踏上在战火中奔波的旅途。[③]

二、 循循善诱， 再任暨南教授遇 “建阳风潮”

抗战开始以后，许杰虽离开了暨南大学，但保留了教授的职称。1939 年前后，由于对日战争形势的变化，暨南大学在上海租界也难以存身，所以校长何炳

① 许杰：《坎坷道路上的足迹［十二］》，《新文学史料》1986 年第 3 期，第 64 – 68 页。
② 许杰：《坎坷道路上的足迹［十三］》，《新文学史料》1986 年第 4 期，第 56 – 63 页。
③ 许杰：《坎坷道路上的足迹［十三］》，《新文学史料》1986 年第 4 期，第 56 – 63 页。

松决定派周宪文、吴修等人到内地另设一所分校，这就是后来在福建建阳设立的暨南大学。许杰以在内地的暨南同仁的资格被聘为教授兼注册科主任。1941 年 12 月，太平洋战争爆发，暨南大学由上海内迁至福建建阳，分校成为总校，许杰兼任中文系主任。

建阳的条件十分艰苦，甚至没有一幢像样的房子可以用来办大学，只能白手起家，确有一种筚路蓝缕的感觉。暨南大学选址建阳城外的童游，借用文庙的庙宇作校舍。是时文庙年久失修，荒草长满庭院，两庑常住着乞丐。经过整修与兴建，学校的教学、生活用房基本具备，但是生活条件仍然糟糕。据许杰的女儿许玄后来描述："我们一家初来时就在潮湿阴冷的庙宇里住了很长时间，后来才搬到新盖的教工宿舍……苍蝇、蚊子、跳蚤之多自是不消说的，电灯和自来水自然是想也不用去想的。另外，吃穿用也都是非常清苦，一切都因陋就简。"① 但在穷困的日子里，人与人之间的相处却十分融洽，师生之间、同学之间的关系非常密切，学生们经常去周宪文、许杰等教授的宿舍串门请教。因为故乡已被日寇占领，所以当时学生发愤地学，老师尽心地教，虽然生活艰苦，却也弦歌不辍。

暨南大学建阳时期童游文庙校本部

在建阳校区，许杰时常身穿一袭长衫，脚蹬一双黑布鞋，授课时，带着一口浓重的天台口音，表情严肃，令人望而生畏。而当学生课余向其请教文学上的一些问题时，他则往往谈得意兴飞扬，脸上常出现在课堂上少见的慈祥笑容。② 当时许杰开设了一门"中国文学概论——鲁迅作品研究"，选课的学生不过十多人，但自发前往旁听的却多达几十人，教室里连落脚之地都很难找到。

抗战时期，大学不采课本，所有教材概由教授自由选用，许杰所选教材十分广泛，并且注重带领学生体会文学中的场景，以让其更好地理解。除了教学循循善诱外，许杰在批改作业方面也破除了传统的方式。中学国文老师批改作业时，

① 张晓辉、夏泉主编：《暨南大学史（1906—2016）》，广州：暨南大学出版社，2016 年，第 131 页。

② 上海暨南大学校友会编：《许杰先生纪念文集》，上海市新闻出版局内部资料，1996 年，第 21 页。

多半是逐句批示，在结尾处来个总评语。但许杰则是一段一段地批示，就有关句子结构上的重复，语法的毛病，以及赘词等，都详加指点，由学生自己领会改正。这是一种十分富有启发性的教导法，使学生们受益匪浅。

教学之余，许杰还为暨南大学创作了第四首校歌。因第四首校歌创作于暨南大学建阳时期，艰苦的抗战生活在歌词中得到了反映。这首校歌从 1944 年 4 月使用到 1949 年 5 月，属 G 调，4/4 节拍，其主题是："要把光荣的民族文化，广播到海外！广播到南洋！"① 在五年时间里，这首校歌陪伴着一届届暨南学子。

建阳时期牌坊，正面为校名"国立暨南大学"，背面书有"声教暨南"

然而，那是一个剧烈变动的年代，黎明前的黑暗，风雨如晦。暨南大学和谐的师生关系被 1945 年的"建阳风潮"打破了。

抗战后期，国民党开始在大学里组建"青年军"，重庆的教育部颁布了许多优待"青年军"的条例和办法，凡是在校的学生，报名参加"青年军"，即可享受某些优厚的待遇。一些学生便利用报名参加"青年军"的机会，向学校提出种种条件。作为教务长，许杰告诫学生："你们报名参加青年军，固然是爱国主义的行为，精神可嘉，国家给你们适当优待以资鼓励，也是应当的；但是，如果以参加青年军为条件提出种种过分的要求，这就和出卖壮丁没有什么两样。"②

因坚持原则，没有满足几个"青年军"学生的无理要求，校内外的激进势力煽动不明真相的同学以"莫须有"的罪名围攻许杰，在校本部文庙上张贴"打倒教务长许杰、总务长盛叙功"等标语，造成了 1945 年初的"建阳风潮"。

① 马兴中主编：《暨南往事》，广州：暨南大学出版社，2006 年，第 503 页。

② 张晓辉、夏泉主编：《暨南大学史（1906—2016）》，广州：暨南大学出版社，2016 年，第 148 页。

为顾全大局以免事态扩大，许杰接受了校长“暂时走开”的劝告，与盛叙功一起离开建阳，避居于偏僻的山区崇安。

“建阳风潮”是许杰离开暨南大学的直接原因，也是他心中难以忘怀的痛楚。数十年过去后，许杰在88岁那年将他避居崇安时所作的两首七律、七绝刊登在了《暨南大学在建阳》纪念刊物中，这两首诗记载了他当年的心迹：

漆黑一团天地齐，更深鼠闹不闻鸡。
森森堂庙嘶骸骨，寂寂东南树战旗。
怒看小鬼装人样，忙举钝刀剥狗皮。
四壁阴寒风凛冽，荷戈立雪待晨曦。
——《七律·建阳暨南大学风潮》

狂风过后月赞云，寂寞寒灯对故人。
幸喜胸中留正气，滔滔流水不平鸣。[①]
——《七绝》

三、笔耕不辍，以文学力量推动革命

除了教育家的身份外，许杰亦是驰誉中国现代文学文坛的老一辈作家、革命家。他把全部才情和爱憎投入文学的天地中，毕生热爱祖国、热爱社会主义事业。

对许杰影响深远的《新青年》

早在“五四”时期，许杰就投身进步文艺事业。五四运动爆发后，许杰开始读宣传科学民主新思想的《新青年》《新潮》《民国日报》《时事新报》等报刊及文艺副刊；到海门（今浙江省台州市椒江区）码头搜查并当众烧毁商贩从大城市转移来的日货；到村镇集市宣传抵制日货、拒绝“二十一条”、反对卖国政府，惩办国贼等；并撰写、油印《告父老叔伯兄弟姐妹书》

① 张晓辉、夏泉主编：《暨南大学史（1906—2016）》，广州：暨南大学出版社，2016年，第150页。

在城乡各处张贴散发，得到进步教师的支持。①

1921 年，许杰在求学时，因办《微光》半月刊开始接触文学，从处女作《爸爸》起步，1924 年写出以浙东农村生活为题材的小说《惨雾》，深刻地反映了封建宗法社会下农村原始械斗的野蛮风俗，小说以其鲜明的乡土文学特色引起文坛注意，茅盾先生曾称誉这部小说“是那时候一篇杰出的作品”，许杰自己也从此下了“毕生从事文学创作的决心”。②

因为追求进步，不断揭发社会的黑暗面，许杰在国内无法立足，1928 年曾远涉重洋到马来亚吉隆坡谋生，他在担任当地《益群日报》总编辑时，以副刊《枯岛》为园地写了很多为华侨说话的政论，还集结大批华侨青年从事进步文艺活动，对南洋新文艺运动起了开拓作用，但正因为如此，他又多次被英国殖民当局传讯警告。③

许杰研究鲁迅的著作

1936 年鲁迅逝世之后，许杰开始了鲁迅及其文学的研究。20 世纪 40 年代，在暨南大学建阳校区授课时，许杰时常给学生们讲鲁迅，带领大家从鲁迅作品中去了解、领会鲁迅。他对鲁迅作品的讲解，深入浅出，细致入微，既点名其写作背景与政治意义，又剖析其艺术形象的所在。许杰特别强调学习鲁迅的社会批评精神，他认为鲁迅好比“一个辛勤工作着的农夫，他非但不断地种植着稻米和蔬菜，而且也在不断地铲除着田中的莠草”。他号召青年学习鲁迅精神，希望有更多的人来揭露弊端，剪除莠草。④

抗战后期，中国文化中心移向大西南，东南抗日文艺事业需要独立开展，许杰在东南山城一隅高举起“东南文艺运动”的旗帜，以身作则辛苦笔耕，1944 年发表《关于开展东南文艺运动》一文，号召广大文艺工作者联合起来为开展

① 蒋荷贞：《许杰生平年表（上）》，《杭州师范学院学报》1994 年第 1 期，第 38 – 45 页。

② 马兴中主编：《暨南往事》，广州：暨南大学出版社，2006 年，第 357 – 358 页。

③ 马兴中主编：《暨南往事》，广州：暨南大学出版社，2006 年，第 358 页。

④ 蒋荷贞、范平强：《鲁迅研究的先驱——许杰》，《杭州师范学院学报（社会科学版）》1991 年第 1 期，第 83 – 88 页。

东南文艺运动而努力。并在《前线日报》发表《论“再来一次白话文运动”与文艺运动》，抨击抗战后期重新复活的提倡读古书、写文言文的复古趋势。①

更令人动容的是，“五四”以来一直呼喊“德先生、赛先生和模拉尔姑娘”的许杰，在九十多岁的耄耋之年，仍撰文提倡在经济高速发展的同时要大力呼唤道德回归，孜孜不倦地追寻着延续了七八十年之久的民主、科学和道德的新社会。

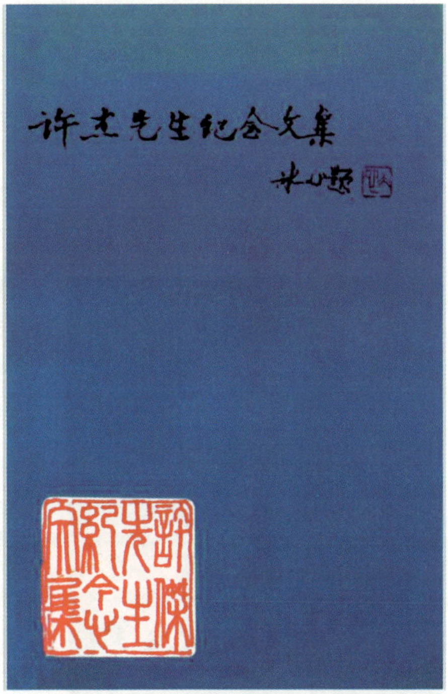

暨南大学建校九十周年，上海暨南大学校友会特编写《许杰先生纪念文集》

可以说，许杰七十余年始终以文艺为武器，为祖国的独立和社会主义事业而奋斗不息。他笔耕不辍，创作了大量的文艺作品，著作等身。他于二十世纪三四十年代在上海真如和福建建阳暨南大学先后两度任教，即使遭遇“建阳风潮”，却仍关心暨南大学的发展，晚年担任上海暨南大学校友会名誉会长，与海内外暨南校友保持着联系。

许杰晚年曾作诗一首赠予友人，也借此来形容自己的一生：

默默耕耘辛垦地，
殷殷切盼自有天。
晚来识得人生味，
归咏春风大有年。②

追忆许杰先生，其一生历经坎坷，却不忘文教初心，他的人品和文品值得我们永远铭记！

① 马兴中主编：《暨南往事》，广州：暨南大学出版社，2006年，第296页。
② 上海暨南大学校友会编：《许杰先生纪念文集》，上海市新闻出版局内部资料，1996年，第254页。

梁实秋

梁实秋（1903—1987），原名梁治华，字实秋，笔名子佳、秋郎、程淑等，出生于北京，中国现当代著名散文家、文学批评家、翻译家。他是国内研究莎士比亚、翻译莎士比亚著作的权威学者，译有《莎士比亚全集》。1927—1930年间，梁实秋曾在国立暨南大学担任外国语文学系（以下简称“外文系”）教授及系主任，其子梁文骐也在中华人民共和国成立后受聘于暨南大学，父子二人与暨南大学渊源深厚。

梁实秋一生笔耕不断，为中国文坛留下了2 000多万字的著作，其代表作有《雅舍小品》《雅舍谈吃》《英国文学史》等。他曾在中国高等学府——清华大学读书，也曾在远隔重洋的哈佛大学深造；他曾加入中国近代声名远播的新月社并成为其中翘楚，也曾与鲁迅所代表的中国左翼作家联盟笔战不断，深受困扰；他曾担任复旦大学、暨南大学、北京大学、中山大学等大陆高校的教授，也曾在台湾省立师范大学的讲台上大放异彩。他的一生，见证了中国历史的剧烈变迁和近代文学的重大论争。

一、家传敦厚，西学贯通

1903年1月6日，梁实秋出生在北京城内务部街20号一个普通的官员之家。梁家是典型的旧知识分子家庭，梁实秋回忆小时候的家庭情况是“衣食无忧、略有恒产”，这样的家庭背景为他提供了乱世下安定祥和的成长环境和扎实深厚的传统文学基础。

梁实秋在北京的故居①

梁实秋年幼时最早在离家很近的“五福学堂”读书，也读过家庭私塾。之后他又去了清朝大臣端方创立的陶氏学堂，因为端方号陶斋，所以他创办的学堂又称为“陶氏书院”。巧合的是，端方就是最早牵头创立暨南学堂的清朝官员。他创办的小学堂培养了梁实秋，多年后梁实秋从国外学成归来成为文坛大家，并执教于国立暨南大学。

辛亥革命之后，梁实秋又转学去公立第三小学读书，在那里他学习国文、历史、地理、英文等学问，受到真正的西学启蒙。三年后，他以优异的成绩毕业，踏上了求学清华的道路。1915 年，梁实秋考入清华大学。在清华就读期间，他不仅更加深入地学习了西方文化知识，而且对于中国传统文化也有了更深层次的理解。梁实秋在回忆清华老师徐镜澄先生时，提到徐镜澄不仅亲自选择国文教材进行讲解，还介绍风格、题材各异的文章书籍，极大地开阔了他的眼界。另外，徐镜澄在教授写作时主张简洁清明的风格，这在很大程度上影响了梁实秋后期的写作风格。梁实秋与朋友闻一多、孙大雨等人创立了清华文学社，担负起《清华周刊》的编辑、撰稿任务，以文学批评为开端展开了他的文学创作之路。

① 朱寿桐、刘聪：《梁实秋图传》，广州：广东教育出版社，2007 年，第 4 页。

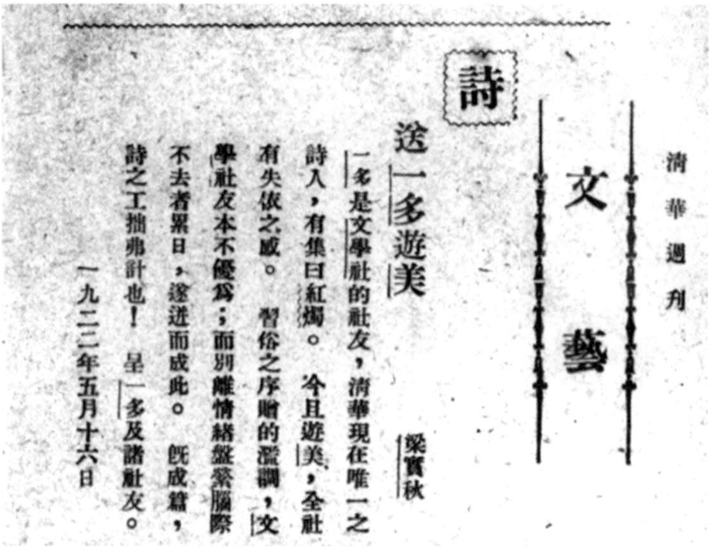
清華週刊

文藝

詩

送一多遊美

梁實秋

一多是文學社的社友，清華現在唯一之詩人，有集曰紅燭。今且遊美，全社有失依之感。習俗之序贈的濫調，文學社友本不屑爲；而別離情緒盤縈腦際不去者累日，遂迸而成此。既成篇，詩之工拙弗計也！呈一多及諸社友。

一九二二年五月十六日

1922 年《清华周刊》刊登梁实秋作品《送一多游美》

在这段时间里，梁实秋结识了自己的挚爱——彼时正在北京女子高等师范学校读书的程季淑。两人由程季淑的好友黄淑贞介绍认识，双方在家人、朋友的支持下很快坠入了爱河。

梁实秋与妻子程季淑

1923 年 8 月，梁实秋从清华毕业，前往美国哈佛大学深造，主攻西方文学和文学理论。在这里他遇到了对自己影响极深的白璧德教授。他接纳了老师白璧德提出的新人文主义的思想，并且重新产生了对中国儒教文化的深深敬畏。在此之后可以看出，梁实秋散文中那种寻求宇宙万物井然有序的人性法则的精神就源于白璧德的新人文主义。[①]

这段异国学习的经历，使得梁实秋不论是能力还是认知都逐渐具备了成为一位成熟的文学家的潜质。他很好地完成了传统文化与西方学术在自身精神中的融会贯通，成为一名具有扎实中国传统文学根底和先进思维的新时代文人，并且在中国思想大变革时代回归祖国的怀抱，为中国文学发展注入了一股新鲜的力量。

① 张黎顺：《梁实秋与中国传统文化》，河北师范大学硕士学位论文，2018 年，第 9 页。

二、 投身“新月”， 情结暨南

1926 年梁实秋从美国学成归来，随即收到了一份南京国立东南大学的聘书，也很快与他思念多年的女友程季淑举行了婚礼。可是好景不长，两人还未度完蜜月，国民革命军就已逼近南京，引起了全国政局的震动。现实环境迫使梁实秋带着新婚妻子前往上海。

时局动荡使得梁实秋与闻一多、徐志摩、潘光旦、孙大雨、饶孟侃等新知旧友都聚集在了上海。在徐志摩的牵头下，停滞几年的新月社又重新办了起来，并在 1928 年开始发行《新月》月刊。叶公超曾评论说：“梁实秋对新月杂志来说，是重要时期的重要人物，他主张文人的生活要有纪律，要先有文人的德行。”[①]《新月》月刊作为新月社的舆论阵地，以政论、文艺理论诗歌、戏剧等宣传超阶级的人性观念，新月派与当时左翼社会科学家和中国左翼作家联盟形成了尖锐的争锋局面，是中国近代文学史上十分重要的一支文学流派。

胡适（左）与梁实秋（右）

这段时间，梁实秋除了积极参与新月社、《新月》月刊的创立及各种活动之外，也有许多作品问世，例如文学评论《浪漫的与古典的》《文学的纪律》，翻

① 傅国涌：《叶公超传》，郑州：河南人民出版社，2004 年，第 259 页。

译作品有《阿伯拉与哀绿绮思的情书》《潘彼得》《织工马南传》以及《白璧德与人文主义》等。这段时期是梁实秋个人文学创作风格形成的关键时期。也正是在新月社的带领之下，胡适牵头制订翻译莎士比亚全集的计划，梁实秋积极且热情地拟订了具体计划，自此展开了他人生中一项十分重要的工作。往后四十余年，很多当初一起参与这项工作的朋友都逐渐放弃了，但他却一直坚持着。梁实秋一生共翻译37部莎士比亚戏剧、3卷莎士比亚诗歌，共计400余万字，为后人留下了丰厚的文学遗产。①

二十世纪二三十年代，对暨南大学来说是一段十分重要的时期。这一时期暨南从南京搬迁到上海，由一所学校发展为大学。当时的校长郑洪年本着“任事之初，以集中人才为先图”的指导思想，十分重视师资水平，聘请了不少学术名流来学校任教、开讲座。当时新月社在上海风头正盛，暨南大学聘请的名流中有不少是新月社的成员，如叶公超、罗基隆、孙大雨、沈从文等，当然也少不了梁实秋。② 短时间内，暨南大学拥有了一批“固皆为海内知名之士，而蜚声教坛者也”③ 的优秀教师团队。

1927年梁实秋到达上海之后，经龚业光介绍接受了暨南大学外文系的聘任，担任教授一职。他在暨南大学主要讲授文艺批评类的课程，每星期到暨南大学上3次课。到暨南大学任教前，梁实秋已是名噪一时的文学大家，教授的课程也是很“前卫”的外文、文学批评等。但是，据梁实秋的小女儿梁文蔷回忆，梁实秋在课堂上的穿衣打扮和讲课风格一贯以朴素为主，说着北京话，穿手纳的千层底布鞋，中式长袍，叠裆裤子还要绑上腿带子，很土，常常惹得时髦男女窃笑，他也不以为意。④ 梁实秋在那时戴着眼镜，微微有些发福，时常面带笑容，讲课时旁征博引，言语清晰简练，

淺烈的「廻音集」
梁實秋

1927 年第一期《秋野》刊登梁实秋文章

① 鲁西奇：《梁实秋传》，北京：中央民族大学出版社，1996年，第121页。
② 胡安泰：《暨南往事》，引领杂志社内部印发，2007年，第42页。
③ 郑洪年：《一年来之经过并今后之计划》，上海档案馆：国立暨南大学档案全宗，档案号：Y8－1－925。
④ 梁文蔷口述、李菁记录：《我的父亲梁实秋》，《全国新书目》2009年第9期，第47－49页。

有时略带幽默。梁实秋讲课有自己独特的方法，他讲英国文学史是用中文讲授的，其目的可能是使学生对于英国文学有清晰明确的认识，并便于外系学生修习。使用中文讲英国文学史比用英文更难，不是功力深厚的通人，不容易优为之。① 据梁实秋的学生温梓川回忆："上梁实秋的功课，真使得人如坐春风，满身舒畅之感……说起话来，造成的句子，就是绝妙的散文。他的话自然而幽默、风趣，人情味浓厚……他是一个肯帮助学生的前辈，常为暨南大学学生办的《秋野》月刊撰述。"② 当时暨南大学自己创办的文学社——被称为"中国第一个南洋文学社团"的秋野社也受到了梁实秋及一众新月派学人的提携帮助，梁实秋就常常为《秋野》撰稿。这段时期的梁实秋经常活跃在上海的文坛和讲台之上。

梁实秋在暨南大学上课之余也很喜欢去学校图书馆读书，或者与当时的暨南大学图书馆馆长叶公超闲聊，两人关系甚好。一次他在图书馆借了一本《潘彼得》，读后将这本书翻译成中文，还请叶公超写了序言。③ 二人曾经共同促成顾仲彝受聘于暨南大学，当时已经任暨南大学外文系主任的梁实秋甚至以辞职要挟学校聘用顾仲彝，才最终达成目的。④ 梁实秋在叶公超逝世之后写了《叶公超二三事》等文章缅怀他，回忆记述了当时各位友人在暨南执教时的一些趣事。这段执教经历对于暨南大学和梁实秋来说，都十分有意义。暨南大学也因为一大批优秀文人的加入而取得了更好的发展，在二十世纪二三十年代成了当时中国较为著名的国立大学之一，有"东南文艺，集于暨南"之誉。

三、 战时漂泊， 雅舍暂居

在上海生活一段时间之后，1930 年，梁实秋被邀请去当时正在筹办的青岛大学（后改称山东大学）任教。但是在青岛的安稳生活并没有持续多久，"九一八"事变爆发，杨振声、梁实秋和闻一多等教师基于现实情况考虑未积极支持学生南下请愿抗日，遭到了学生们的声讨和抵制，在纷争结束之后相继离开了青岛大学。

1934 年，梁实秋携妻儿回到了自己的故乡北京。在胡适的介绍下，他在北大谋得了外文系主任和研究教授的职位。梁实秋在授课时以自己渊博的知识和独

---

① 吴奚真：《悼念实秋先生》，载陈子善编：《回忆梁实秋》，长春：吉林文史出版社，1992 年版，第 50 页。

② 胡安泰：《暨南名师的故事》，人文荆州杂志社内部印发，2016 年，第 36 页。

③ 蒋超、夏泉：《民国学人的学术生态——以"新月派学人群"与上海国立暨南大学为视角》，《社会科学论坛》2016 年第 10 期，第 47 页。

④ 傅国涌：《叶公超传》，郑州：河南人民出版社，2004 年，第 256 页。

特的风采赢得了许多北大学子的爱戴，成为当时北大最受欢迎的教授之一。[①] 1937 年，北京陷落，梁实秋在奔波一年后被邀请参加教育部“中小学教科用书编辑委员会”的工作。他如愿以偿做了一些发挥自己才智，为国效力的工作。

正在梁实秋打算安顿下来为抗战做一些事情的时候，一场声势浩大的文学论战又因他所写的一篇《与抗战无关论》的文章展开了。中国左翼作家联盟的成员对这篇文章中的观点展开了激烈的批判，他与鲁迅之间的论争也成为许多国人熟知他的原因。直到现在，围绕着那场论战，学界依然有着许多不同的观点，这也成为抗战时期文化界记忆深刻的一件大事。

1938 年夏天，梁实秋几经周折终于在重庆北碚定居下来，住在北碚一座向阳山坡的茅屋中。他与朋友龚业雅、吴景超夫妇一起居住，并将茅屋命名为“雅舍”。尽管“雅舍”的生活环境十分艰苦，进屋要先爬坡，居住环境也恶劣肮脏，但是梁实秋依旧十分喜欢这里恬淡雅致的生活，闲时与友人在“雅舍”聊天、写写文章。带给他无数声名的《雅舍小品》就是在这段时期逐渐创作出来的。他的散文所体现出的超脱淡然和随意精妙之处，至今仍被世人所津津乐道，陈漱谕评价梁实秋的散文“机智闪烁，谐趣迭生，严肃中见幽默，幽默中见文采，而丝毫不堕俗趣”[②]，可以说十分准确地描述了梁实秋散文创作的独特之处。

随着这一时期“雅舍”系列的诞生，梁实秋个人的写作风格也逐步固定。早期梁实秋专注于文学批评，坚持将描写与表达抽象的、永恒不变的人性作为文学艺术的文学观。他曾委婉地斥责过冰心的散文，批评过鲁迅翻译外国作品的“硬译”。他主张“文学无阶级”，不同意鲁迅翻译和主张的苏俄“文艺政策”，不主张把文学当作政治的工具。发展到抗战时期，其文学风格更加注重追寻深刻的文化视角，博采中西之长，形成了洒脱独到的文风。

四、跨越海峡，望断故乡

1949 年是中国历史上极其重要的一年，对于梁实秋的人生来说也是一个重要的转折点。这一年他决定接受邀请到台湾“国立”编译馆工作。就这样，梁实秋带着妻子和小女儿梁文蔷于 1949 年去了台北。自此，他再也未能踏足大陆，回到故乡。

梁实秋到台湾担任了一段时间“国立”编译馆馆长的职务后便辞去这份工

---

① 鲁西奇：《梁实秋传》，北京：中央民族大学出版社，1996 年，第 135 页。

② 陈漱谕：《〈雅舍小品〉现象——我观梁实秋的散文》，《齐齐哈尔师范学院学报》（哲学社会科学版）1989 年第 5 期，第 57－60 页。

作，到台湾省立师范大学专心做起了教书匠。在此后的几十年里，他远离了家乡，也远离了政治、学界的纠纷，将全部身心都投入写作和教书中。他在这段时期集中创作了许多回忆录作品，例如《清华八年》《放风筝》《北平的零食小贩》等。这段时期，他也开始了《雅舍小品》续集的创作，一共出版了《雅舍小品》（续集、三集、四集），还出版了《雅舍散文》《雅舍散文二集》以及脍炙人口的《雅舍谈吃》，形成了“雅舍文集家族”。除了散文的创作之外，他在专业学术方面也丝毫没有松懈，晚年时开始了《英国文学史》的撰写以及《英国文学选》的选编，完成了二百多万字的工作量，怎能不让人感叹他的认真与勤勉！[①]

工作中的梁实秋

晚年的梁实秋与妻子程季淑

1974 年 4 月 30 日，梁实秋与程季淑在美国西雅图探望小女儿梁文蔷期间，二人在街上散步时，程季淑被一架突然倒下的梯子砸中，抢救无效去世。梁实秋怀着巨大的哀痛将爱妻安葬在了西雅图近郊的槐园墓地，从此与相伴半生的爱人阴阳两隔。

梁实秋晚年思乡心切，曾经给暨南大学副校长（也是他 1948 年在中山大学执教时的好友王越）手书了一封杜甫的五律，表达回乡的意愿。值得一提的是，梁实秋的儿子梁文骐在 20 世纪 60 年代受聘于暨南大学数学系。[②] 梁文骐在暨南大学主讲的课程是“概率论与数理统计”，他的学生程剑秋描述：“梁教授上课语言精辟、推理严谨、幽默风趣，听他讲课对我是极大的享受，最烦的是听到下课的铃声。（梁教授）中等身材，一

① 鲁西奇：《梁实秋传》，北京：中央民族大学出版社，1996 年，第 157 页。
② 林旭娜：《王越：两次复办暨南大学》，《南方日报》，2013 年 5 月 22 日第 A20 版。

派学者风度，说一口带北京口音的普通话，脸含微笑，平易近人，和蔼可亲。”① 梁文骐与梁实秋在外貌性格等各方面颇有相似之处，二人在不同时期、不同地点担任了暨南大学的教授——一位是在民国上海的国立暨南大学最为鼎盛时期，为学校的文学院发展做出贡献，一位是在1958年暨南大学于广州复建之后，为学校的数学系建设添砖加瓦。暨南大学同梁氏父子二人之间有着绵延三十多年的情缘，二人也为暨南大学的发展贡献了自己的力量。

梁实秋（左）与梁文骐（右）②

1987年，台湾当局宣布从当年11月2日开始，解除民众赴大陆探亲的禁令。梁实秋当年已经84岁，在人生迟暮之年得到这样的消息令他欣喜万分。但是在日复一日的期盼中，梁实秋慢慢耗尽了生命最后一点光华，就在1987年11月3日，这样一个充满希望的日子里，他走向了生命的终点。一代文坛巨星就此陨落，但是他留给世人的宝藏很多，除了等身的著作、翻译作品之外，还有他一生不阿世媚俗的品格和钢钉一样坚定勤勉的工作精神。这位跨时代的伟大的文学家、翻译家，一直指引着暨南学子们的前行之路。

① 程剑秋：《梁实秋独子梁文骐》，大公网，http://news.takungpao.com/paper/q/2015/0126/2901210.html，2015年1月26日。

② 朱寿桐、刘聪：《梁实秋图传》，广州：广东教育出版社，2007年，第208页。

叶公超

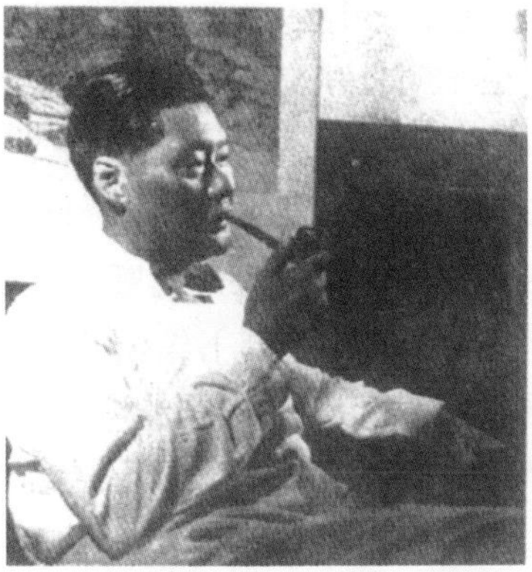

叶公超（1904—1981），民国时期著名的文学批评家、新月派学人、外交家。时人评述他“前半生是文人，后半生是政客”。个人命运与时代际遇交叠，谱就了叶公超跌宕传奇的一生。

作为学者，他出身书香门第，少时留洋，先后辗转美国爱默思、英国剑桥两所古典名校求学，专于英美现代文学，在文学批评与理论等领域颇有建树，是著论介绍艾略特至中国的第一人，著有《叶公超散文集》《新月怀旧：叶公超文艺杂谈》等。

作为文人，他两度办刊，在《新月》《学文》两方天地中，集聚知己，以笔写志，发掘文学新秀，荐引西方文学，秉承自由主义文学观，在革命豪情的年代创建了纯文学的伊甸园。

作为教师，他以亦师亦友的作风、张扬潇洒的才情风度、自由平等的教学理念闻名教坛。他次第站上北京大学、清华大学、国立暨南大学、国立西南联合大学的讲席，钱锺书、梁遇春、废名、季羡林等名家都曾负笈门下。

作为外交家，他弃文从政，成为台湾当局中流砥石。十余年的宦海沉浮，未能灭其文人风骨。

岁月剧变，风流云散，叶公超仅在暨南大学执教短短三年，但他与鼎盛暨南因缘际会，在最辉煌的真如时期，留下了浓墨重彩的一笔。暨南人永远带着亲切的心情，怀念这位曾经的外文系主任，怀念这位方面大耳、西装革履、口衔栗色大烟斗、一派绅士风度的暨南名师。

一、倡导自由教育的青年教师

青年时期的叶公超

1927年，上海文教昌盛，四所名校比肩而立，国立暨南大学位列其一。6月，郑洪年再度出任暨南校长，锐意建设，延揽名师俊彦，务使弦歌不辍。同年，北方时局发生重大变化，八所国立大学的教授们纷纷南下，另谋出路。时年23岁的北大最年轻的教授叶公超也来到上海，接受郑洪年的聘请，在暨南大学任外文系教授、系主任，兼学校图书馆馆长。[①] 或许是自小受西式教育方式的影响，刚从学生遽升为老师的叶公超也自然而然地将自由放松的授课理念移植到了自己的课堂，并打磨出一套充满叶氏风格的教学法。

在授课时，叶公超从不照本宣科，逐字讲解，而是简介大意，点到为止。学生李赋宁曾回忆道："他先在黑板上用英文写下简明扼要的讲授要点，然后提纲挈领地加以解释说明，接着就是先生的自由发挥和当机立断的评论。"这种教学法，既保证了基本理论与知识的传授，又启发了学生的独立思考和探索，还培养了学生高雅的趣味和准确可靠的鉴赏力。

叶公超讲课没有预案和大纲，他往往兴之所至，随意发挥，犹如天马行空，极能引人入胜；也能旁征博引，滔滔不绝，把每个学派、作家的时代背景、文学含义及特点，详尽而流畅地传授给学生。遇到课文中较难的地方，他仍会反复解说，指导学生融会贯通为止。他最注重的是提高学生的理解能力。

此外，叶公超对学生的苦衷深表"同情之理解"，当碰到学生逃课时，叶公超也只是半开玩笑说："因为懂得，所以慈悲。"因为这种事并不违背叶公超的教学原则，他认为讲课只是交换意见，学生要来便来，无须勉强，相比到课率，他更注重自由、自主的学习精神。

他的课自由而放松，但不随意，在对课堂主旨的把握上要求严谨，重视文学考据与英文发音。他明确指出当时的国立大学不重视语音教学的弊端，并在自己

① 傅国涌：《叶公超传》，郑州：河南人民出版社，2004年，第33页。

的课堂上加以规避。“他最注意发音……即使是女同学，如发音恶劣，亦不稍假以辞色，直言斥讽，入木三分……”[①]

这种教授讲课和学生听课的绝对自由，背后蕴含的是对学海无涯的理解，对个体选择的尊重，以及对独立思考的推崇。这种独特自我的授课方式，需要建立在强大的个人魅力与授课实力之上，在当时的教坛并不多见。

二、 恣意张扬的“斜杠”青年

叶公超一生兴趣爱好广泛。他在书卷气未脱的青年时代与暨南相遇，除了教书育人的本职，还将如火热情投入交游、读书、论诗、足球、编辑诸事之中，在暨南园留下了恣意张扬的身影。

真如时代的暨南足球队，曾横扫大江南北及全国各旅，在国内外都颇有名气。暨南足球队的建立、成长以致驰名，叶公超功不可没。在美国读书时代，叶公超就是大学足球名将。他在暨南大学当教授时作风亲切，每天清早便到球场踢球，与学生打成一片，切磋有关战略战术，传授一些“绝招”，并作种种之示范指点。球员既经过正规严格训练，复有异人从旁加以掖进，自然加速了技巧之进步，相得益彰。[②]

叶公超爱书成癖，又兼任图书馆馆长一职，自然如鱼得水，更是名正言顺地大量购书。当时他孑然一身，就住在图书馆楼下一小室，床上、椅上全是书，“坐拥书城，引以为荣”。在当时他谈得来的诗人朋友中，饶孟侃也在暨南教书，常与其为伴。有一天，二人谈起一位英国诗人，叶公超就取出其诗集，翻出几首代表作，要饶孟侃读，读过之后再讨论。那天饶孟侃十分疲倦，竟抛卷而眠，叶公超大怒，顺手捡起一本大书投掷过去，虽未使他头破血流，却使他大惊，二人从此有了芥蒂。[③] 梁实秋记载下的这件逸事，也能够反映叶公超率直的文人心性。

叶公超有着中西结合的教育经历与文学修养。他锋芒毕露，但并不拒人千里，反而喜欢与学生们天南海北地聊天，形成了亦师亦友的师生关系。这种关系不仅影响着学术的传承交流，学生的品位修养，也改变着师生的人生际遇。1926年，他在北大任教时结识了梁遇春，两人年龄相仿又志趣相投，虽为师生，更似知己。

---

① ［马来西亚］温梓川著，钦鸿编：《文人的另一面》，桂林：广西师范大学出版社，2004 年，第 27 页。

② 马兴中主编：《暨南往事》，广州：暨南大学出版社，2006 年，第 53 页。

③ 傅国涌：《叶公超传》，郑州：河南人民出版社，2004 年，第 34－35 页。

三、“新月派”学人的领军人物

1926 年，北方时局动荡，中国文化格局出现了新文化运动阵营向上海集结的现象，上海一时名士云集，在上海集结的新月派就是其中怀抱文学梦的一群人组成的文学流派。他们中的部分学人，一边在暨南大学等高校担任教职，一边在课后运营新月书店、筹办《新月》杂志，构筑文学理想的大观园。暨南大学一度成为新月派全盛时期的大本营。①

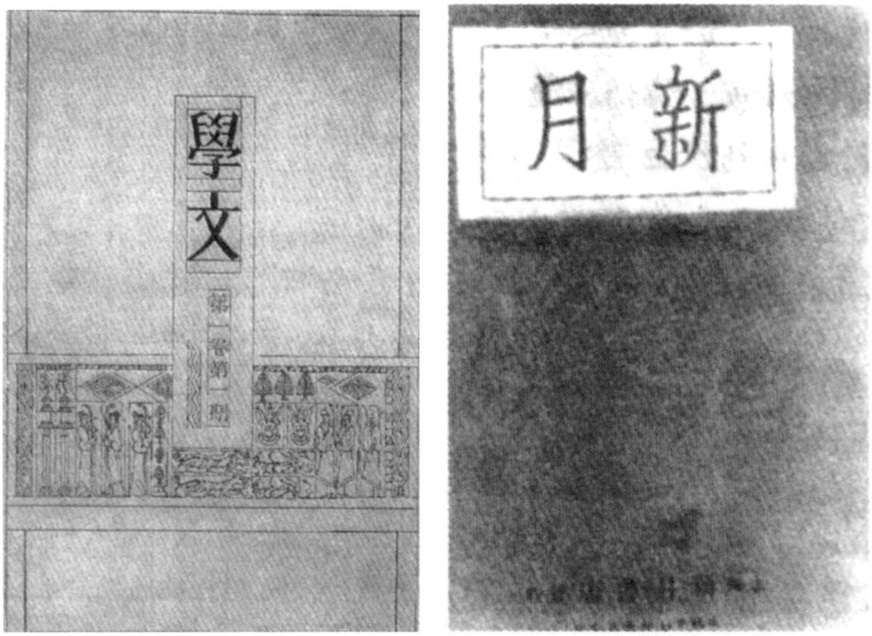

叶公超参与筹办的两份期刊

叶公超回忆，1928 年至 1929 年，《新月》编辑部几乎每星期都有一次饭局，每次两桌，参与者有在上海光华大学任教的徐志摩，在中国公学担任校长的胡适，在暨南大学任教的梁实秋、饶孟侃、余上沅、叶公超、梁遇春等人。他们在聚会上从泰戈尔、雪莱聊到《新月》的封面与选题，豪情激扬，彻夜欢谈。②

---

① 蒋超、夏泉：《民国学人的学术生态——以“新月派学人群”与上海国立暨南大学为视角》，《社会科学论坛》2016 年第 10 期，第 43 – 51 页。

② 傅国涌：《叶公超传》，郑州：河南人民出版社，2004 年，第 155 页。

当时的文艺形势受时局影响，“革命文学”高唱入云，据叶公超回忆，“苏联文学势力的进入中国，南方上海的左派力量扩大，‘新月’同仁感到需要加以抵制，因此计划办杂志，开书店，设茶馆（供大家谈问题）”[①]。同仁们意图把《新月》打造成“纯文艺”的一方乐土，坚持自由主义立场和文学的非功利性，避谈时政与论争，维护文学的“健康与尊严”。鉴于此，叶公超的编辑方针也基本坚持一种“纯文学”的立场。

20 世纪 30 年代部分新月学人

《新月》的编务采用“轮流坐庄”制度，叶公超与梁实秋等五人合编了《新月》第二卷的第 2—5 期。1931 年，新月派的灵魂人物徐志摩去世，杂志休刊达半年之久。叶公超临危受命，毅然挺身而出，独立主编了第四卷的第 2、3 期，使《新月》绝处逢生。《新月》从第四卷起由叶公超独立主编，很少再发表政治论文，重新焕发出鲜明的文学风貌。

作为编辑，叶公超提出设想并主持“海外出版界”专栏，及时关注世界文坛动态，带来了西方很多优秀的文学作品和文化珍品，从诗歌、小说、散文到哲学不一而足，令读者一览异域文化的旖旎风光，也让国内学人有机会从世界文学中汲取营养，不至于坐井观天、闭门造车。《红楼梦》英译本、《〈苏东坡集〉选译》就表露出一种将中国传统文学与世界文学联结的意图。因此，“海外出版界”专栏的推出是叶公超送给彼时国内读者与作家们的一份礼物。

作为刊物主编，叶公超的审稿眼光是一流的；而从提携文学新人的角度说，他又是“慧眼识英才”的。1927 年，暨南大学的一批南洋侨生创办《秋野》杂

① 叶公超述，周锦记录：《关于新月》，台湾《联合报》，1980 年 8 月 6 日。

志，邀请叶公超担任指导老师，叶公超将自己多年的办刊经验倾囊相授，给予诸多提点指引。

叶公超也是《新月》的作者，陆续在《新月》上发表了《写实小说的命运》《牛津字典的贡献》等二十余篇书评和文学批评，迎来了他学术生涯的黄金时期，他的学术思想驳杂包容，“述而不作”，更注重方法论的引导与理论的建设，对中国现代文学的影响颇深。

四、 折冲樽俎的名士外交家

1929 年，叶公超结束在暨南的教职，尔后在兵戈抢攘中，颠沛于清华、北大、西南联大等校任教。1940 年，一次意外的上海之行彻底改变了叶公超的人生轨迹。

全面抗战爆发后，叶公超受叔父叶恭绰之委托，只身到上海保护他收藏的国宝“毛公鼎”，不幸被日本宪兵以间谍罪为借口拘捕，入狱 39 天，受尽酷刑折磨，但誓死不屈，后被其兄保释，护鼎至香港。叶公超施计护宝成为世人美谈。此后，叶公超的朋友、时任国民党中宣部副部长的董显光，趁机动员他弃文从政。集家仇国恨于一身的叶公超，最终选择答应。

这是他生命的分界线，一位学贯中西的教授在抗日洪流中告别了学术生涯，步入职业外交家的仕途。叶公超颇有外交才能，其深厚的英文造诣、卓越的学识谈吐与独特的名士气度，在中国外交史上实属罕见。在 20 世纪 40 年代民族危亡之际，他参与战时国际宣传，与美国交涉台湾问题。

叶公超在批阅文件

陆铿评价叶公超“生性旷达、鄙视流俗、喜怒形于颜色，绝不惺惺作态，是一个可爱的性情中人”，即使居庙堂之高，他待人接物，依然不失书生本色。①台湾彼时的政治生态风波诡谲，这位恃才傲物的外交瑰宝在盛年突遭罢官。赋闲之后的叶公超郁郁寡欢，只能寄情于书画，怒而写竹，喜而绘兰，感而赋诗，用空谷幽兰、淋漓墨竹浇胸中之块垒。

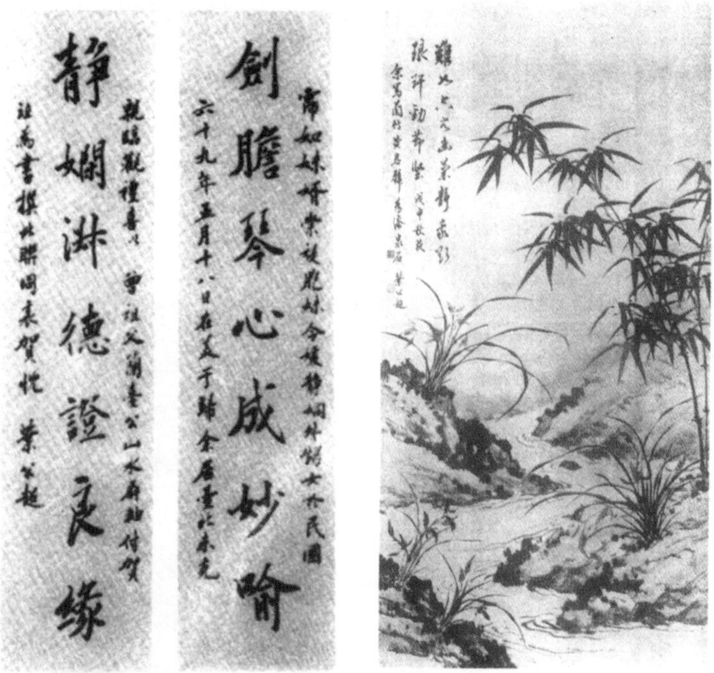

叶公超书画

暨南大学学生雷博平与叶公超经年后偶有一聚，他回忆起老师在晚年心态之超脱平和，注重养生之道：“人到中年以后，是非恩怨特别多。第一要了解自己的生理卫生情况，哪些东西可吃，哪些东西不可吃，健康第一；第二要有听而不轻信的辨别力，才能避免一切是非恩怨的烦恼。”②

叶公超从政十余年，但为官清廉，生活上有时还捉襟见肘，在七秩荣寿时将收到的贺仪全部捐给台湾“中华针灸科学研究基金会”，作为该会基金之一部分，定名为“叶氏基金”，以奖助中西医师从事于针灸科学化之专题研究。③

---

① 傅国涌:《叶公超传》，郑州：河南人民出版社，2004 年，第 139 页。

② 马兴中主编:《暨南往事》，广州：暨南大学出版社，2006 年，第 315 页。

③ 马兴中主编:《暨南往事》，广州：暨南大学出版社，2006 年，第 316 页。

叶公超晚年做书画讲座①

1981 年 11 月 20 日，叶公超病逝于台北，终年 77 岁。

叶公超晚年凝视自己的铜像③

汤晏把叶公超的一生分成“艾略特世界”（文学）与“杜勒斯世界”（外交），这两个“世界”象征了叶公超的前半生与后半生。叶公超在暮年回忆时曾言：“若没有抗战，我是不会进外交界的。现在我后悔没有继续从事文学事业。”②

后人也许会猜想，如叶公超未改行，赓续学术会有何种成就？但没有疑问的是，叶公超在两个“世界”里的得意与失意，都在历史上铸下了永恒的印迹，书写了独属于他的风流篇章。

① 傅国涌：《叶公超传》，郑州：河南人民出版社，2004 年，第 119 页。

② 关培凤：《叶公超：从“新月”作家到“末路”外交家》，《世界知识》2013 年第 1 期，第 64－65 页。

③ 傅国涌：《叶公超传》，郑州：河南人民出版社，2004 年，第 280 页。

钱锺书

钱锺书（1910—1998），字默存，号槐聚，曾用笔名中书君，是我国现代著名作家、文学研究家、翻译家。1946 年抗战胜利，暨南大学回迁至上海，钱锺书进入暨南大学，担任外文系主任，主讲外国文学和文学批评，一直任职到 1949 年中华人民共和国成立，暨南大学改组停办。钱锺书在暨南大学的这段时期，是暨南学子心中的"明星"教授，极受学生追捧。

钱锺书早年就读于清华大学，之后在牛津大学、巴黎大学研究院学习外国文学，他一生创作了《写在人生边上》《人·兽·鬼》《围城》等许多脍炙人口的文学作品。除此之外，他还专注于文学研究、翻译工作，主要作品有《谈艺录》《宋诗选注》《管锥编》《毛泽东诗词（英译本）》等。

钱锺书自清华大学毕业之后就站上讲台传道授业，他曾先后在上海光华大学、西南联合大学、震旦女子文理学院、国立暨南大学、清华大学等学校任教，引导无数青年体悟文学、学习文学、研究文学，是中国近代文学学术发展的重要推手之一。他被称为"中国古典文化里面最后一个风雅之士，是一个纯净的读书人"，亦被学界誉为"博学鸿儒""文化昆仑"。

一、天资聪颖，在文坛崭露头角

1910 年 11 月 21 日，钱锺书出生于江苏无锡的一个文人家庭，在周岁抓周时，钱锺书抓到了一本书，家中长辈按照"锺"字辈排下来取名为"锺书"，这个名字极为符合钱锺书之后人生的特点：钟情于书本、文学。

钱锺书由伯父教养长大，但他的父亲钱基博对儿子的教育也极为上心，在钱锺书回无锡老家以及其伯父病逝之后，一有机会便教导他功课。钱锺书的父亲钱基博是一位旧学大儒，他对儿子的影响极大。钱基博曾经作《中国舆地大势论》刊登在梁启超主编的《新民丛报》上，深得梁启超首肯。在钱基博 22 岁时，江西提法使陶大均看到钱基博的文章后大为赞赏，惊为龚自珍再世。①

钱锺书 11 岁时考入东林小学读书，在这里他开始接触到许多文学作品，例如传统的中国古典小说《水浒传》《西游记》，还有林纾翻译的《林译小说丛书》、梁启超翻译的《十五小豪杰》等外国文学译作。这些文学作品，引起了钱锺书了对文学以及外国语的极大兴趣。

1932 年钱锺书在清华

1929 年，钱锺书因为“中英文特优”，被当时的清华大学校长罗家伦看中，破格录取进入清华大学外文系读书。在清华读书的四年，钱锺书受到了叶公超、吴宓、王文显等众多名师的悉心教导。这些著名教授传授了钱锺书更为系统、全面的外国文学知识，且对钱锺书评价极高，如吴宓就曾说过：“当今文史方面的杰出人才，在老一辈中要推陈寅恪先生，在年轻一辈人中要推钱锺书，他们是人中之龙，其余如你我，不过尔尔！”② 因为欣赏他的才华，诸位教授主办的杂志纷纷向他约稿，例如《清华周刊》、叶公超主编的《新月》、吴宓主编的《大公报》文学副刊、《学衡》等，这些邀约也让钱锺书有了历练和成长的机会，使他在文坛初露头角。

1935 年从清华毕业两年后，钱锺书与爱妻杨绛一同前往欧洲读书。1938 年国内战争态势严峻，钱锺书带着妻子和女儿回国。回国之后，母校清华聘请钱锺书为外文系教授，当时北京大学、清华大学、南开大学三所大学已组成国立西南联合大学前往昆明办学。钱锺书打破了刚刚回国的学者不可直接担任教授的惯例，入校即为教授。但钱锺书在西南联大只工作了半年，就因为父亲在湘办学需要帮助而离开了。

---

① 汤晏：《一代才子钱锺书》，上海：上海人民出版社，2005 年，第 30 页。
② 汤晏：《一代才子钱锺书》，上海：上海人民出版社，2005 年，第 76 页。

在前半生求学经历中，钱锺书的天资展露无遗。这段时期他个人的研究方向逐渐确立，并且在文坛声名鹊起。这时的钱锺书，尽管还没有较为出名的代表作见诸学界，但是经年的学习与积累，让他在接下来的一段时期步入了新的高度。

二、任职暨南，学校的“明星”教授

钱锺书于1946年进入暨南大学任教，这时抗战刚取得胜利，暨南大学从福建建阳回迁至上海。

实际上，早在1938年暨南大学在上海租界办学时，钱锺书就有机会任教暨南。当时暨南大学的外文系主任陈麟瑞（柳亚子的女婿）想聘请钱锺书到暨南大学任教，可是租界内一职难求，暨南大学并没职位空缺，所以陈麟瑞想先辞去孙大雨，再由钱锺书接替他的位置。钱锺书得知之后，表示他宁愿失业也坚决不接受聘书。

虽然在抗战时期钱锺书没能赴暨南大学任教，但是1946年暨南大学回迁上海之后，钱锺书应好友刘大杰之邀任教暨南，主讲“欧美名著选读”和“文学批评”两门课。钱锺书在暨南大学教书时已经有了很大的名气，慕名来听课的学生很多。他英俊潇洒的外表和流利的英语给暨南学子留下了深刻的印象。当时的暨南学子在经年后回忆起初见钱锺书的场景，都觉得十分惊艳。文学院院长刘大杰向学生们介绍钱锺书时说，“我给你们请到了这样一位先生，你们真幸运”。据当时暨南大学大四学生林子清的回忆：“钱先生身穿一套紫红色西装，戴了眼镜，表情颇严肃。待他开口讲课时，清脆流利的英语立刻把我们吸引住了，至今事隔40多年，我还能回忆他读‘阿伽们侬’这个名字的音调。钱先生把‘伊利亚德’里的英雄人物讲活了。”[①] 在后来的“西洋文艺批评”课上，学生任明耀对钱锺书第一眼的印象便是“一位戴着眼镜、西装革履颇具绅士风度的年轻人，这位看上去只有30多岁的年轻人是谁呢？上课铃响过后，这位年轻的先生就走进教室来了——原来他就是钱锺书先生。他用流利的英语开始给我们讲课了。我们目睹着这位风度翩翩的先生，心中都十分赞叹”[②]。

但钱锺书真正让学生折服的是他精彩的课堂内容和严谨的治学理念。钱先生的课堂上是没有讲稿的，他嘴里滔滔不绝地讲，手拿粉笔在黑板上只写几个字。他上课时很讲究方式方法，在谈到文学与音乐的关系时，先引用了蒲伯和丁尼生

① 林子清：《钱锺书先生在暨大》，载罗思编：《写在钱锺书边上》，上海：文汇出版社，1996年，第111页。

② 任明耀：《钱锺书二三事》，《民主》1999年第2期，第33－35页。

的诗句，然后引用苏东坡的“塔上一铃独自语，明日颠风当断渡”，“颠”和“当断渡”很像铃声“叮……当当当”，以此来讲外国诗中“象声”这个修辞手法，让学生记忆深刻。钱锺书在上课时，尽管所授内容全都是外国文学，但是他却巧妙运用学生熟悉的中国古典文学和常识，让学生对课堂内容的理解更为清晰、容易。他这种引人入胜的上课模式，让学生敬佩不已，也更喜欢他的课堂。国务院原副总理吴学谦在当时也是暨南大学的学生，他在 1996 年回忆，“就我个人来说，由于革命工作的需要没有能花很多时间在学习上，由于青年的求知欲，我还是尽量抽出时间去听那些我感兴趣的课，例如已故郑振铎先生，现在还健在的周谷城、钱锺书先生以及其他一些教授的课，受益匪浅”①。

钱锺书的课堂内容虽然丰富多彩，但是需要有一定外国文学基础的学生才能很好地跟上课堂节奏学习。有当时的学生回忆道：“他（钱锺书）在黑板上有时写几句英文，有时写上几个德文，使我们目不暇接。我们十分喜欢听钱先生讲课。他语多精辟，简洁新颖。我们又十分怕钱先生的课，因为我们知识浅薄，有的内容难以听懂，有的内容难以理解、消化。”② 钱锺书为暨南大学带来了较高层次的外国文学课程，学生对钱锺书课堂的“爱与怕”也促使他们更努力地学习，提升自己的能力，以期可以紧跟钱锺书的课堂进度。

除了引人入胜的课堂，钱锺书教导学生时耐心勤勉的态度也为人所称道。据林子清回忆：“有一次他（钱锺书）把维克多·雨果的诗句用法文写在黑板上，然后用英文解释。我没有听清，不能笔记，他便在课后给我在空白的地方补写上。”③ 当时有很多学生在课堂上没有听懂，课下为了弄清楚问题跑去钱锺书家中请教，他也会牺牲自己的休息时间耐心辅导。钱锺书对待学生的真诚态度，使他和许多学生建立了亦师亦友的关系，在分开很多年之后，和许多昔日的学生依旧保持着密切的联系。

在暨南大学执教的三年中，钱锺书从来没有迟到。他一有机会便读书，连课间休息的十分钟也不肯放过。学生们总能看到他一个人独坐在学校东楼大教室走廊北面的木窗台上，手里捧着厚厚的、重重的原版书，有时旁边还放一大摞，大概是刚从图书室借来的书，孜孜不倦、旁若无人，看得十分入神。④ 他的勤勉也在悄无声息中感染着暨南学子，成为学生们敬仰、学习的榜样。

钱锺书在暨南大学教书的这段时期也是他个人文学创作的鼎盛时期，不仅写

---

① 胡安泰：《暨南往事》，引领杂志社内部印发，2007 年，第 40 页。

② 任明耀：《怀念恩师钱锺书》，《世纪》1999 年第 5 期，第 40－43 页。

③ 林子清：《钱锺书先生在暨大》，载罗思编：《写在钱锺书边上》，上海：文汇出版社，1996 年，第 111 页。

④ 胡安泰：《暨南往事》，引领杂志社内部印发，2007 年，第 37 页。

出了传世的作品《围城》，而且他在暨南大学的许多讲稿，后来也成为其学术研究的重要底稿和素材。

三、爱妻支持，暨大任职期间出版《围城》

钱锺书在暨南大学教书的三年中，写出了他人生中最脍炙人口的作品——《围城》，暨南学子有幸成为《围城》的第一批读者，甚至与钱锺书一起对《围城》中的一些内容进行探讨。钱锺书写成《围城》，离不开其同样是作家的妻子——杨绛的支持与帮助。

杨绛与钱锺书相识于清华园，二人在钱锺书从清华毕业之后就订婚，1935年结婚并且一同前往英国留学，在欧洲留学期间，他们迎来唯一的女儿钱瑗，小名阿圆。

杨绛也是十分有才气的作家，她创作的剧本《称心如意》曾在上海金都大戏院上演，李健吾饰演剧中的老翁，林彬饰演小孤女。公演之后受到极大关注和赞扬，“此剧刻画人情世故入微，非女性写不出，而又写得那样细腻周至”①。钱锺书在观看完妻子所写的话剧公演之后，回家便决定写一部长篇小说。这个想法后来付诸实践，便成就了名扬中外的《围城》。

当时钱锺书和妻子在上海租界的生活十分艰辛。1941 年钱锺书从湘西回到上海与妻女会合，本来准备过了暑假之后重回西南联大教书，可是珍珠港事件突然爆发，钱锺书被困在了上海。这段时间他们住在法租界的拉菲德路上，生活并不宽裕。杨绛暂当家庭教师，又在小学代课，业余创作话剧。而钱锺书完全没有工作，杨绛的父亲把自己在震旦女子文理学校上课的钟点工工作让给钱锺书，让他们能多一些收入。这样的生活随着战争形势的吃紧和租界封锁时间的延长，越过越难。到最后二人也不再聘用女佣，杨绛自己去做劈柴、生火、做饭等她原先并不在行的事情，② 为钱锺书创造更好的生活环境，支持他的创作。

钱锺书创作《围城》时，每天晚上把他写成的稿子拿给杨绛看，急切地等待她的反应，杨绛看完以后，二人往往相视大笑，彼此心灵相通用不着多加解释了。③ 书中的许多内容都有着二人生活的投影，例如小说中苏小姐的婚礼原型，就是钱锺书与杨绛的婚礼。

《围城》自 1944 年动笔，于 1946 年初完成，在《文艺复兴》月刊上连载，

---

① 赵景深：《钱锺书杨绛夫妇》，载罗思编：《写在钱锺书边上》，上海：文汇出版社，1996 年，第 6 页。

② 杨绛：《记钱锺书与〈围城〉》，载《将饮茶》，北京：生活·读书·新知三联书店，1987 年，第 107 页。

③ 任明耀：《怀念恩师钱锺书》，《世纪》1999 年第 5 期，第 40－43 页。

直至1947年1月连载完毕。《围城》的初版、二版、三版和刊载均在钱锺书任教暨南大学这段时间内完成。这必然引起了暨南师生的极大兴趣，并且可以“近水楼台先得月”地同钱锺书先生进行实时探讨。

钱锺书与杨绛

林子清当时是钱锺书的学生，之后成为他的助教，他回忆，有一次和钱锺书聊起这部小说，当他问起这本书的社会背景，钱锺书便正色道：“不好讲。”林子清还就《围城》中“女人把装在镜框里的大学文凭和学士帽毕业照当作嫁妆里代表文化”这部分文章，赞叹钱锺书高超的文字功底，可以把讽刺的情节写得这么隐晦生动。此外，钱锺书曾经对林子清说“你的老乡真凶”，因为他1939年取道江西去湖南，路经林子清的老家鹰潭，而在《围城》中有一段描写人物在鹰潭的饭馆中和伙计吵架的情节，可见这是根据钱锺书的真实经历写出来的。①

钱锺书在暨南大学任职的三年中，生活较为平稳安定，安宁的环境为钱锺书进行创作提供了最基础的物质保障，也让他在精神上更加放松，到达了自己文学、学术创作的鼎盛期。这段时期他不仅写成了《围城》，还完成了散文集《猫》《人·兽·鬼》，以及学术作品《谈艺录》的创作，使他在学界名声日隆，成了一名家喻户晓的作家、学者。

四、人生尾声，历经磨难不舍学术研究

1948年，国内解放战争到了最后的阶段，大批知识分子纷纷出走。此时香港大学借机网罗人才，钱锺书的母校英国牛津大学也向他抛出了橄榄枝，但是钱锺书不为所动，他不愿离开自己的国家，也不希望中断暨南大学的课程。即使前途未卜，他仍旧愿意留在这里做好自己的事情。

中华人民共和国成立之后，暨南大学改组停办，钱锺书夫妇应邀任教清华大

① 林子清：《钱锺书先生在暨大》，载罗思编：《写在钱锺书边上》，上海：文汇出版社，1996年，第112页。

学外文系，1952 年因为院系调整，钱锺书夫妇调入文学研究所外国文学研究组。这段时期，钱锺书开始了《宋诗选注》的编撰工作。

钱锺书夫妇生命长河中最为困难的一段时期也在这时到来。当时“文化大革命”的影响迅速蔓延，1966 年 8 月，杨绛、钱锺书就先后被“揪出来”了，钱锺书的罪名是“资产阶级学术权威”，杨绛的罪名是“资产阶级学者”，二人在“文革”期间遭受了很多不公的待遇。但即使在困苦的环境中，钱锺书依旧没有放弃对学术的坚持。1978 年“四人帮”倒台，钱锺书跟随中国代表团访问欧洲、美国和日本。这期间他的巨著《管锥编》在国内出版，《围城》再版也十分受欢迎，国内一时掀起了一阵“钱锺书热”，钱锺书也在历经磨难之后成为享誉全国、名扬世界的中国现代文学家。

1997 年 3 月 4 日，钱锺书爱女钱瑗因为肺癌去世，此时钱锺书也缠于病榻。杨绛当时并没有将女儿去世的消息告诉钱锺书，害怕这件事会刺激到他。钱锺书对女儿极为疼爱，他曾对杨绛说：“假如我们再生一个孩子，说不定比阿圆好，我们就要喜欢那个孩子了，那我们怎么对得起阿圆呢?”① 在逐渐得知女儿离世的消息之后，钱锺书悲痛欲绝，本就羸弱的身体更支撑不住，情况急转直下。1998 年 12 月 19 日清晨，钱锺书也从病魔手中解脱，告别世界，追随爱女脚步而去。

钱锺书去世的消息震动了文艺界，他生前的亲友纷纷著文哀悼，法国《世界报》评价钱锺书“是本世纪（20 世纪）最后一位伟大的中国文学家”，法国《解放日报》更是将钱锺书的逝世定义为“一个时代的结束”。

钱锺书一生从事中国文学、外国文学的研究与写作，著作等身却能一直保持谦卑的人生态度。他的一生历经各种磨难，但他都能从磨难中坚持走出来，实现更大的人生意义。钱锺书在暨南大学任教的三年中，是他人生最为鼎盛灿烂的中年阶段。他给予暨南大学以及暨南学子无数的学术财富与精神财富，为暨南学子传播不息。直到今天，仍有暨南学子孜孜不倦地研究“钱学”。

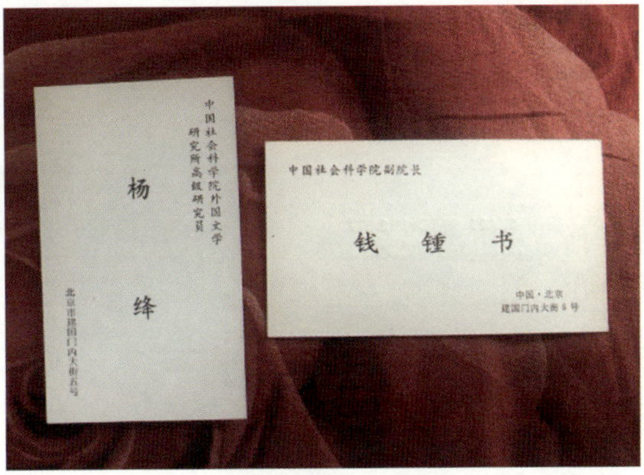

钱锺书和杨绛在中国社科院的名片

① 杨绛：《记钱锺书与〈围城〉》，载《将饮茶》，北京：生活·读书·新知三联书店，1987 年，第 135 页。

暨南群星闪耀时

第二章

历史名师

陈守实

陈守实（1893—1974），历史学家，别名漱石。1927 年毕业于清华国学研究院。曾先后执教于南开中学、上海大夏大学、广州勷勤大学、国立暨南大学、之江大学。中华人民共和国成立之后，他任复旦大学历史系教授、中国古代史教研室主任、《学术月刊》编委。著有《〈明史稿〉考证》《史学与地学》《论曹魏屯田》等。①

作为中华人民共和国成立前国内著名的马克思主义学者，陈守实曾为《文汇报》《前线日报》写过社论和编审短评，在抗战胜利之后还为粤北翁源游击队的报刊撰写文章，是一位与共产主义联系密切的学者。他在各个大学执教的时候，也为中国的青年点亮了马克思主义的明灯。

1943—1944 年，陈守实来到迁至福建建阳的暨南大学，为抗战中仍坚持学习的暨南学子教授历史学课程，也为暨南学子带来了马克思主义的理论和坚定抗日的信念，许多暨南学子对此印象深刻。

一、家传新学，奠定史学基础

陈守实原籍常州武进，他的父亲是一名村中私塾的先生，他是家中长子，在他之后还有四个妹妹。父亲虽是当地小有名气的文化人，却因家境贫寒，负债累累。陈守实从小在父亲任教的私塾中读书，读书之余，还要从事农业劳动。他的父亲是一位十分传统的读书人，据陈守实回忆："我父亲是书呆子，封建宗法观念很浓厚。对于聚族而居的陈姓祠堂很尊敬。中年以后，祠堂公产因管理不善，索性把所有田产分了。我父亲分得远祖坟地好多亩。他以为祖宗虽然是共同的，

① 王乃庄、王德树主编：《中华人民共和国人物辞典（1949—1989）》，北京：中国经济出版社，1989 年，第 311 页。

饮水思源，我应该保护他的坟地，所以别人争田，他却不要田而要坟，就这样地增多了，有三十多亩。坟地是丛生杂树，竹筱毛草的，只能作牧场用，不是耕地，而田赋差徭却和可耕地一样，因此更增加了负担。”[①] 父亲这样豁达敦厚的处世性格，也对陈守实产生了很大的影响，在他之后的人生中，也始终以这种通透直率的性格处世。从小在父亲的私塾中熟读儒家经典、史学经典，也为陈守实日后的学习打下了坚实的基础。

十六岁时，陈守实由父亲的私塾转入小学，十七岁时考入了常州府中学堂，因为家境贫困，仅仅读了一年书之后就停学去做小学教师，之后又多次停学复学。一直帮助他读书的就是他的史学启蒙恩师，清朝翰林屠寄。屠寄本身便是一位卓有成就的史学家，著有《蒙兀儿史记》《国朝常州骈体文录》，他的大儿子屠宽就是当时陈守实就读的常州府中学堂的监督[②]，所以能在很多地方，尤其是经济方面为陈守实提供许多帮助。

陈守实跟随屠寄学习历史，追随屠寄的研究方向，主要研究辽、金、元三代的历史。“屠寄比较喜欢吸收新东西，但限于他的历史条件，他所谓新东西，只不过是资产阶级所崇尚的历史考证之学。我受他的指导，依然是旧的一套。应该看些什么书，由他指定，有问题，请求他指示，此外也帮他钞录一些蒙古史资料”[③]。在屠寄的指导之下，陈守实不仅学习传统的史学知识，也在逐渐触及新式的知识，并且投考清华国学研究院，以继续深入地学习历史。

屠　寄

在清华读书期间，也是陈守实史学研究方向真正奠定的一段时期，在这里，梁启超、陈寅恪、王国维、赵元任、李济等担任研究院导师。“除梁启超而外，其余都是标榜纯学术的所谓学者专家。

① 陈守实：《陈守实先生自传》，载《中国古代土地关系史稿　中国土地制度史》，上海：复旦大学出版社，2015 年，第 473 页。

② 当时的校长称监督，教务长称监学。

③ 陈守实：《陈守实先生自传》，载《中国古代土地关系史稿　中国土地制度史》，上海：复旦大学出版社，2015 年，第 474 页。

每一位导师都担任一种专门课程”[①]。这些导师在当时，甚至于直到当今，都是极为有名的大师级人物，他们每一个人都有自己的研究方向和方法，这在各方面对陈守实都有着极大的启发。陈守实回忆：“陈寅恪的《佛经翻译与原本的比较研究》，参考文字就有好多种。他在中国古代的佛经翻译方面发现了许多问题。他的历史考证之学与传统的考据截然不同。每一个结论都能提出新的认识，提高了一般史料的估价……他研究资料和马克思、恩格斯差同，必须追求原文原本，这一点我因为外文基础差，是一个缺憾。”[②] 在这里，他也接受了马克思主义最初的熏陶。

二、走上讲台，传播马克思主义史学

1928 年，陈守实自清华国学研究院毕业，经梁启超安排去天津南开中学任教，[③] 正式开启他站上讲台教书育人的人生阶段。在这段时间，陈守实也在思想、知识方面不断地充实自己，使自己逐渐成为一名真正的马克思主义史学家。

陈守实最初接触到马克思主义，是在无锡第三师范任教时，“原三师出身的北大教授陈翰笙，常到校中讲演。有一次讲马克思的《政治经济学批判》，由教务长王寅生主持，引起国家主义派的反对，因而发生风潮。王寅生离校”[④]。那时他与马克思主义的接触并不深，之后他又前往广州在中山大学任教，“第一次到南中国，接触面比较广。时中大居然开有‘马克思主义讲座’这一课程。主讲者为何思敬。我开始注意经典著作的学习，但苦于好的译本不多”[⑤]。这一时期的中国，马克思主义逐渐生根发芽，这种理论深深吸引着陈守实进行探索。他在之后辗转各地任教时，也不断抓住机会汲取马克思主义的内容和精神，希望可以在历史考证之学方面打开一个新局面，解决之前史学研究对于实践问题不重视的弊端。

在之后的任教过程中陈守实开始逐渐设置唯物论相关的历史学课程，将马克

① 陈守实：《陈守实先生自传》，载《中国古代土地关系史稿　中国土地制度史》，上海：复旦大学出版社，2015 年，第 474 页。

② 陈守实：《陈守实先生自传》，载《中国古代土地关系史稿　中国土地制度史》，上海：复旦大学出版社，2015 年，第 474 页。

③ 王春瑜：《卖糖时节忆吹箫》，北京：生活 · 读书 · 新知三联书店，2014 年，第 125 页。

④ 陈守实：《陈守实先生自传》，载《中国古代土地关系史稿　中国土地制度史》，上海：复旦大学出版社，2015 年，第 477 页。

⑤ 陈守实：《陈守实先生自传》，载《中国古代土地关系史稿　中国土地制度史》，上海：复旦大学出版社，2015 年，第 478 页。

思主义的思想融入历史学的研究中，将“旧史学”的研究路径逐渐转向近代中国“新史学”的研究方向之上。在这期间，他结识了郭大力①，曾多次和王亚南、郭大力等学者研究《资本论》中关于地租部分的内容，② 良师益友相伴，也让他对于唯物主义史学、马克思主义有了更深的理解。

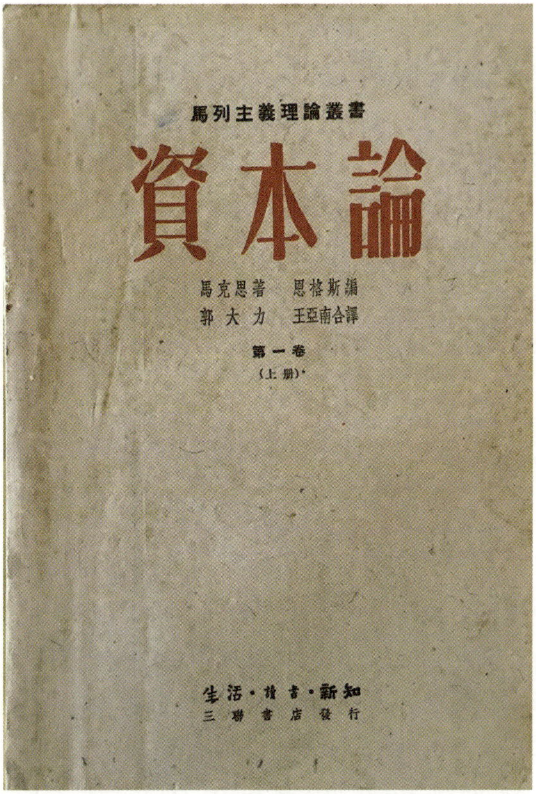

郭大力、王亚南翻译的《资本论》

1943 年，陈守实前往在建阳临时办学的暨南大学任教，为暨南学子传播他业已成熟的唯物主义新史学观。暨南大学是一所兼容并包、自由开放的大学，不同思想、立场的教授纷纷再次开课授业，尽管处于紧张的战时状态，暨南大学的校园内仍然有着浓浓的学术氛围。

当时暨南大学为了让陈守实可以安心授课，将他的儿子和外甥女也接到他身边读书并提供照顾，“他们在常山临中读书，日寇进攻浙赣线被冲散，他们历尽

① 《资本论》《剩余价值学说史》译者。

② 麦若鹏：《回忆陈守实先生》，载中国人民政治协商会议江苏省武进县委员会文史资料研究委员会编：《武进文史资料（第 10 辑）》，政协武进县文史资料研究委员会内部印发，1988 年，第 29 页。

一切艰辛，从死里逃生，辗转流亡在福建顺昌。在建阳暨南大学把他们接到自己身边”[①]，然而，也是在这一年，陈守实21岁的女儿陈次青牺牲。她是一名中共党员，在东江纵队从事抗日工作，陈守实因此痛苦万分，更加坚定了对日寇的仇恨和对马克思主义的坚定支持。在暨南大学的讲台上，陈守实教导学生，从事学术研究要抱着实事求是的科学态度，在学术问题上，既要虚心采纳别人的意见，又要善于独立思考，哪怕是权威专家的话，也不要迷信。他自己就以这样的治学原则处世，成为学子们尊重的历史名师。

1944年陈守实辞去教职，到苏浙皖边区抗日根据地参加抗日斗争，被委任为抗日民主政府苏南第二行政分区文教科长。[②] 不久前还站在讲台上讲述历史学课程的教授毅然参加了抗日活动，无疑给暨南学子树立了一个鲜活的榜样。如果平日敦厚温和的教授都能舍去教职以一己之力为国家献身，作为国家未来希望的暨南青年，又怎能在象牙塔中安稳度日呢？在陈守实的影响之下，不少暨南学子加入了当时抗日救亡的斗争之中，将暨南的民主革命精神发扬光大。

三、著书立说，完成等身著作

陈守实治学涉猎甚广，除明史外，他还研究哲学史、史学史、文献史、佛学、逻辑学、元蒙史学、边疆史地。从学术成果来看，陈守实主要著有《〈明史稿〉考证》《国学论丛》；主编《中国农民战争史研究集刊》（第1辑）；发表论文数十篇，其中影响较大的有《中国农民战争史散论》（《中国农民战争史研究集刊》第1辑，1979年）、《曹操与天师道》（《中国史研究》1979年第3期）、《关于秘密会社的一些问题——在历史进程中一种运动形态的考察》（《学术月刊》1979年第3期）。[③]

陈守实最早在学界引起关注的就是写成《〈明史稿〉考证》，他从博览清初人文集入手，钩沉抉微，写成《〈明史稿〉考证》，考辨了《明史稿》的来龙去脉，以大量确凿的证据，证明此书是万斯同的心血之作，而为王鸿绪剽窃、改窜。梁启超在审读了这篇文章之后，给予了高度评价，在文稿下写下这样的评语：“此公案前贤虽已略发其覆，然率皆微词，未究全谳。得此文发奸擿伏，贞

---

① 陈守实：《陈守实先生自传》，载《中国古代土地关系史稿　中国土地制度史》，上海：复旦大学出版社，2015年，第479页。

② 陈叔方、王春瑜：《现代史学家陈守实》，载中国人民政治协商会议江苏省武进县委员会文史资料研究委员会编：《武进文史资料（第10辑）》，政协武进县文史资料研究委员会内部印发，1988年，第26页。

③ 张玉春主编：《百年暨南人物志》，广州：暨南大学出版社，2006年，第33页。

文先生可瞑于九原矣。然因此益令人切齿于原稿之淹没，其罪与杀人灭尸者同科也。十五年十二月廿一日启超阅竟记。”① 不久之后，《〈明史稿〉考证》就在《国学论丛》发表，引起学界震动，陈守实也在史学研究领域逐渐深入发展。

中华人民共和国成立之后，国务院按照周恩来总理的指示，组织一批老史学家点校二十四史，陈守实先生接受了点校《旧唐书》的任务，在进行点校工作的时候，他依旧坚持着自己细致严谨的治学习惯，很注意钩稽旧闻，博采众说。“如清末民初唐景崇撰《新旧唐书注》很多人不大注意。陈先生读黄遵宪《人境庐诗草》，于《岁暮怀人诗》中关于唐注的记述，写下了签条：‘唐景崇有新旧唐书注，人境庐赠诗有“不知新旧《唐书》注，红烛增修得几篇?”怀唐春卿侍讲’，并准备访寻这些资料作参考”②，可见陈守实作为历史学家的细致与严谨。后来这部凝聚着陈守实辛劳的古籍经过整理和重新出版，让更多的史学研究者都能看到更为完整客观的史学著作，也为我国的史学研究注入更多的优秀史料。

点校本《旧唐书》

陈守实还是我国土地关系史研究的重要学者。他在江苏省无锡中学教书的时候，当时的教务长是后来主编《中国农村》杂志的王寅生，北大教授陈翰笙也经常来校演讲，曾专门讲授马克思的《政治经济学批判》，在他们的影响之下，陈守实逐渐开始对于中国的农村经济问题产生了浓厚的兴趣。中华人民共和国成立之后，陈守实在复旦大学任教时转向了土地关系史和农民战争史等学术课题的研究。

从 20 世纪 40 年代后期开始，陈守实对中国土地关系史的研究持续了近 30 年。他围绕土地制度与封建生产关系进行了深入的探索，并形成其学术研究的一条主线，相继发表了《论曹魏屯田》《土地问题检论：史料与结论的再考核》等一系列论文，这些论文与他的讲义一起收入《中国古代土地关系

① 王春瑜：《卖糖时节忆吹箫》，北京：生活·读书·新知三联书店，2014 年，第 125 页。
② 麦若鹏：《回忆陈守实先生》，载中国人民政治协商会议江苏省武进县委员会文史资料研究委员会编：《武进文史资料（第 10 辑）》，政协武进县文史资料研究委员会内部印发，1988 年，第 29 页。

史稿》一书中。[①] 陈守实在农民战争史研究上也取得了卓越成就，他先后发表了《中国农民战争的组织形态》《关于秘密会社的一些问题——在历史进程中一种运动形态的考察》《中国农民战争史散论》《农民运动与宗教》等文章。在他的研究中，农奴与领主，农民与地主，是以土地为主要生产资料时形成的基本关系。秦汉以来，在土地上从事直接生产的农民，他们的生产生活状况，他们发起的各种运动，成为陈守实研究的重点。虽然农民运动的研究仅是他学术研究的一小部分，却在他的学术思想中占有重要地位，体现了他对农民命运的持续关注与深刻理解。

20世纪无疑是近代中国史学研究发展中非常重要的一个时期，在这个时期马克思主义历史学逐渐走向本土化并深入发展。陈守实努力将马克思主义理论与历史学的研究理论结合在一起，不同于陈寅恪、郭沫若、梁启超等学者，陈守实十分重视马克思主义理论与中国史学研究的结合，他在这二者之间细微调停，将二者结合的优势发挥到最大，也将中国近代的史学研究往前推动了一大步。在他的影响下，暨南大学也在战时培养了许多优秀的唯物史观学者，而陈守实先生严谨治学、勤勉负责的学术态度也被暨南学子代代传承。

---

① 李娜娜：《试论陈守实的学术贡献》，《枣庄学院学报》2017年第3期，第87－93页。

周予同

周予同（1898—1981），原名周毓懋，又名周豫桐，浙江瑞安人，我国著名经史学家、教育家。

他是理想主义的教育学人。作为主编，他以《教育杂志》为阵地，广泛联合教育学界同仁，针砭国内教育弊端，讨论学制改革与教育方法。作为教育研究者，他发表《对于普通中学国文课程与教材的建议》一文，大力推动了我国语文教学工作的改革；结合历史视角，撰写《中国学校制度》《中国现代教育史》两部著作，探讨中国教育的纵贯与变迁。

他是经世致用的经史专家。作为学者，他承继老师钱玄同的“疑古但不好古”的道路，一生出版了六种有关经学史的著作，集大成于其学生朱维铮编选的《周予同经学史论著选集》，是中国经学史的奠基人；作为师者，他苦心孤诣地编撰《中国经学史讲义》《中国历史文选》两本教材，成就后世历史学子心中的经典。

1935年5月，国立暨南大学学潮迭起，乏人主持。国民政府教育部部长王世杰力邀何炳松出任国立暨南大学校长一职，何炳松在商务编译所的同事周予同一行人力促他出任此职，最终，何炳松决意赴任。何炳松在改革暨南、广聘俊彦之时，也将老同事周予同招入麾下。周予同于1935—1941年在暨南大学任教，担任历史地理系（以下简称“史地系”）教授，兼任史地系主任、南洋研究馆主任与教务长，见证了暨南大学欣欣向荣的真如时期与艰苦屹立的“孤岛”时期。

一、专注教育研究：以《教育杂志》为阵地，倡导改革

周予同与教育结缘，始于大学求学时期的编辑生涯。1916 年，周予同以第一名的成绩考取北京高等师范学校国文部，读书期间即和同学发起平民教育社，创办《北京高师教育丛刊》，积极参与该刊的编辑工作。1921 年秋毕业后，周予同任职于商务印书馆，后调至《教育杂志》担任主编。①

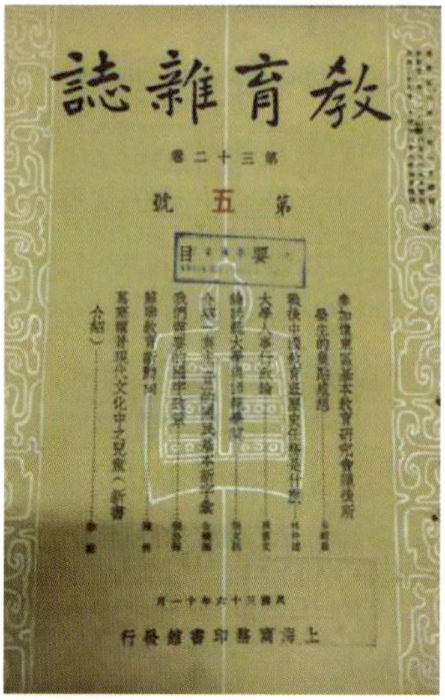

《教育杂志》

周予同受命主编《教育杂志》之时，正值该刊处于发展困境的关键时刻。1920 年前后，随着新文化运动的蓬勃开展，整个文化出版界受到各种新思潮的猛烈冲击。一向以传统保守形象示人的商务印书馆的各类杂志面临着来自各类新式刊物的批评，《教育杂志》首当其冲。为避免被社会新潮遗弃，商务印书馆开始“趋新”，对旗下的杂志进行改革，代表举措便是在 1922 年调任周予同为《教育杂志》的主编。②

在接任主编之后，一方面，周予同对《教育杂志》展开系统改革。他将办刊宗旨定为“以提高教育学术之程度，扩大教育学术之范围”，语言文体上使用白话文，注重介绍现代西方、日本及苏俄的教育思潮和教育改革进展，针砭国内教育弊端，讨论学制改革与教育方法等。周予同主编《教育杂志》期间，积极奔走，广泛联合教育学界同仁，大大扩展了《教育杂志》的作者群体。一大批教育学家和著名学者纷纷递稿，包括蔡元培、胡适、钱玄同、郑振铎、顾颉刚、梁漱溟等。为扩大杂志在青年知识分子和社会各界中的影响，周予同主张在杂志上连载小说，并约“有点教育界的经历、感受”的叶圣陶写作。叶圣陶所创作的唯一一部长篇小说《倪焕之》，在 1928 年完成后直接在《教育杂志》的“教育文艺”专栏连载 12 期。《倪焕之》的问世，可视为真正意义上的现代长篇小说的出现，在中国现代文坛产生了重大影响。经过努力，《教育杂志》的影响力

① 杨家福：《周予同：平民教育的先驱》，《教育与职业》2013 年第 25 期，第 106－107 页。

② 石攀峰：《周予同与〈教育杂志〉——一位编辑学人的教育理想与现实苦闷》，《编辑之友》2013 年第 1 期，第 120－122 页。

得以提升，周予同在当时教育学界和出版编辑界也赢得了相当的地位和声誉。①

另一方面，周予同在《教育杂志》上发表大量著述，阐述教育思想，其教育主张带有明显的社会革新色彩，其中以语文教改思想最具代表性。他于1922年在《教育杂志》发表了《对于普通中学国文课程与教材的建议》，主张“国文教材的选择，注重艺术，却不可忘了思想”。在国文教材选文标准上，周予同提出了著名的“一概不录”的选材建议，即“凡思想学说带有神权或君权的色彩，不适合于现代生活，或不足为将来生活的指导的，一概不录；凡违反人道或激起兽欲的文章，一概不录；凡卑鄙龌龊的应酬文章和干禄文章，一概不录；凡虚诞夸浮的记传碑志及哀祭文章，一概不录；凡陈义过高、措辞过艰……一概不录”②。他提出的语文教学的指导建议，对当时教育体制下语文教学改革具有重要的借鉴意义，其关于教材选择的观点和主张，也对后世产生了较大影响。1946年，周予同将其选文标准运用于实践，与叶圣陶、郭绍虞、覃必陶联手编写了《开明新编国文读本》。③

叶圣陶所著《倪焕之》

此外，史学出身的周予同，结合历史学的时空视野研究教育问题，撰写了《中国学校制度》《中国现代教育史》两部著作。周予同审视教育时有自己独特的视野与方法，用他的话说，就是“历史的纵贯的观察与社会横铺的检讨”。首先，作为历史学家的周予同十分重视教育与社会的关系，他认为教育之道不应停留在仅从教育本身入手，而应先革新教育赖以生存的社会、经济、政治土壤，在大的社会变革中追求实现教育改革和进步。其次，在“历史的纵贯的观察”方面，周予同在《中国学校制度》一书中梳理了中国学制的古今沿革，给读者以相当的助力。④ 周予同将他近似于社会革命理论的教育主张寄托在了这两本教育史的著述中。

① 石攀峰：《周予同与〈教育杂志〉——一位编辑学人的教育理想与现实苦闷》，《编辑之友》2013年第1期，第120－122页。

② 周予同：《对于普通中学国文课程与教材的建议》，载饶杰腾编著：《民国国文教学研究文丛·论争卷：1912—1949》，北京：语文出版社，2015年，第7－8页。

③ 杨家福：《周予同：平民教育的先驱》，《教育与职业》2013年第25期，第106－107页。

④ 石攀峰：《周予同与〈教育杂志〉——一位编辑学人的教育理想与现实苦闷》，《编辑之友》2013年第1期，第120－122页。

二、任教“孤岛”暨南：远近闻名的“三光三亮”老师

何炳松担任暨南大学校长后，锐意改革建制，历史社会学系被改为历史地理系，聘周予同任教授兼系主任。

周予同的教学形象和风格极富个人特色。他的衣着打扮很讲究，有“三光”之誉称，即头光（头发梳得光亮），脚光（皮鞋擦得亮），肤光（肤色白皙）。他在课堂上要求严格，有“三亮”之说，即周予同板书写得非常漂亮，讲课的声音很响亮，学术观点清晰明亮。为了吸引同学们听课的兴趣和注意力，他常常会说些俏皮话，把古人的生活与当今的生活做类比，引得同学哄堂大笑。[①]

周予同来到暨南大学不久，恰逢学校转入租界办学的“孤岛”时期，他时常与一批进步教授一起在讲坛上宣传爱国主义思想。周予同教授的是中国史，他不提倡在“故纸堆里翻筋斗”，而常在课堂上联系当时的时局，以古喻今，唤醒人们爱国抗日，反对逆历史而行的反动派。他的进步观点也潜移默化地影响着学生，王兴华曾在他的指导下，在《正言报》上以鲁奋笔名发表了题为《马阮二三事》的以古讽今的文章，批判国民党顽固派不积极抗战，却到处镇压人民。[②]王兴华回忆周予同时说：“我永远也忘不了史地系专业老师周予同教授，他是一位对史学很有造诣的进步历史学家，他的讲课引导我学习了不少进步史学界的论点。他们能在沦陷了的上海“孤岛”坚持抗日和坚持进步，是十分难能可贵的，他们的精神也教育了我。”[③] 此外，周予同作为系主任，聘请了一批进步教授，如知名地理学教授盛叙功，他所讲人文地理学反对文化派的机械唯物的地理决定论，而讲辩证唯物论的人地相关之理，具有科学进步

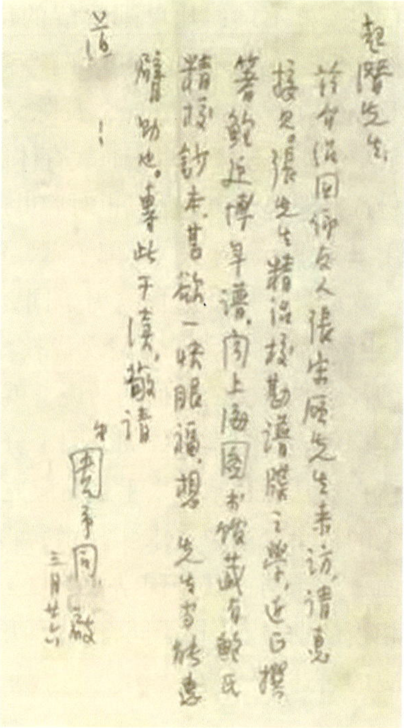
起潛先生：
茲介紹同鄉友人張宗厚先生來訪，請惠
接見。張先生精治校勘譜牒之學，近正撰
著錢近傳年譜，聞上海圖書館藏有錢氏
精校鈔本書，欲一快眼福，想先生當能惠
賜助也。專此介紹，敬請
道安！
弟 周予同 敬 三月廿六

周予同信札

① 郭志坤：《三访晚年周予同》，《世纪》2017 年第 4 期，第 18－24 页。
② 马兴中主编：《暨南往事》，广州：暨南大学出版社，2006 年，第 57 页。
③ 马兴中主编：《暨南往事》，广州：暨南大学出版社，2006 年，第 55 页。

意义。[1]

抗日战争前期，周予同局促于号称“孤岛”的上海，尽管环境极端困难，无法自如发表学术研究，他仍然笔耕不辍，写了一篇导言性的《五十年来中国之新史学》，以便初学者入门学习。他在自传中曾回忆到写作缘起：“我知道学生研究中国史的困难，不在于史迹的记忆，而在于史迹背景与关系的了解，更在于中国史学发展的现阶段的把握。”[2] 他考察了近代史学脱离经学的羁绊而独立分化，因接受与拒绝唯物史观展开斗争的过程，并认为史学总因社会的急变而起反应，抗战的烽火必将促使各派爱国的史学家互相撷取优点。在这篇抗战期间唯一发表的著作中，周予同寄托着强烈的爱国主义思想与民族解放信念。

周予同刚正耿直，交友广泛，是许多学者的良师益友。在朋友眼里，他事事与人为善，非常容易相处。大革命失败后，周谷城从武汉来到上海，他对周予同说：“没有饭吃。”周予同则回答说：“不要紧！不要紧！大家来想办法，先到《教育杂志》去写社论文章，并且可以预支稿费。”随即他便从口袋里拿出十元钱给了周谷城，虽然是个小数目，但在当时对周谷城是很大的支持。

三、 投身经史研究：“火烧赵家楼”的疑古派经学史家

周予同幼年就读于清代经学名家孙诒让开办的启蒙学堂，少年时进入瑞安中学读书，在史学家陈介石的一位门人的教育下，养成对文史的爱好。1916 年，他以第一名成绩考入北京高等师范学校国文部学习。“五四”期间，周予同受科学和民主思潮的影响，积极参与筹建平民教育社、工学会等进步组织，投身救亡图存运动，被推为校代表，参加过“火烧赵家楼”的斗争。[3]

这样一位拥护民主进步思潮的青年，是如何走上经学研究的道路呢？新文化运动后，文史界对于经学的态度褒贬不一，学派林立。周予同便萌生了如此想法：使青年学人超脱传统的学派偏见，从历史入手，由了解经学而否定经学，不致总是陷在“落后的”泥沼里。于是，周予同便树立了研究经学史的学术目标，以进行时代需要的学术思想工作。与此同时，北洋军阀政府一再强迫学校添设“读经”，经学成了袁世凯之流利用和提倡的学问。周予同立即写了一篇《僵尸的出祟》，揭露“‘经’只是穿戴着古衣冠的僵尸，它每次出现，总要给徒有招

---

① 马兴中主编：《暨南往事》，广州：暨南大学出版社，2006 年，第 51 页。

② 周予同：《五十年来中国之新史学》，周予同著，朱维铮编校：《经学和经史学》，上海：上海人民出版社，2012 年，第 169 页。

③ 杨家福：《周予同：平民教育的先驱》，《教育与职业》2013 年第 25 期，第 106 – 107 页。

爱国学生“火烧赵家楼”

牌的民国一点祸患……只有捉着这僵尸，剥掉它的古衣冠，用照妖镜似的眼光看它究竟是一个什么东西变成的”[①]。

周予同继承了老师钱玄同“疑古”的学术道路，他认为“经可以让国内最少数的学者去研究，好像医学者检查粪便化学者化验尿一样，但是绝对不可以让国内大多数的民众与学生去盲目崇拜”[②]。譬如，他否定孔子和六经的关系，认为孔子没有作《易》，《春秋》是否是他的著作也很可疑，孔子既没有删定《诗》《书》，也没有订定《礼》《乐》。[③] 他对于经学的考据研究，有助于拨开当时学界与群众对经学的盲从，打击统治阶级的有心利用，有经世致用的意义。

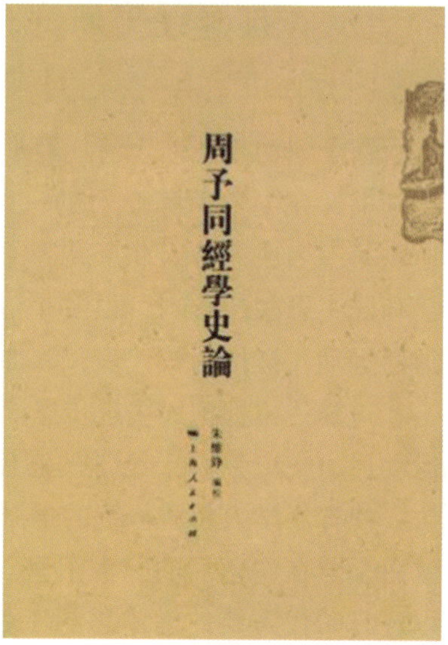

《周予同经学史论》书影

周予同在中国史、经学史领域硕果累累。在经学史的研究上，他共出版了六部有关经学史的著作：《经文古今学》、《经学历史》（注

① 周予同：《周予同自传》，《晋阳学刊》1981 年第 1 期，第 88 – 91 页。

② 周予同：《周予同自传》，《晋阳学刊》1981 年第 1 期，第 88 – 91 页。

③ 周大川：《周予同先生传略》，《温州师范学院学报》（哲学社会科学版）1995 年第 5 期，第 85 – 86 页。

释本）、《朱熹》、《群经概论》、《孔子》、《汉学师承记选注》。1981 年他委托他的学生、复旦大学朱维铮教授编选《周予同经学史论》，将其经学史著作集大成出版。自 1959 年起，他还担任《辞海》的经学哲学分科主编，对经学史每条释文都亲自写定。在中国史的教学上，他担任了大学历史专业《中国历史文选》的主编，成就了一部颇有影响的大学教科书。①

1981 年 7 月 15 日，周予同在上海病逝。他的《经学通史》未能付梓，又因手稿资料在“十年动乱”中被全数焚毁，他的学生也无法代为完成。这是我国学术界的巨大损失，殊堪痛惜。

在社会思潮交替混乱、教育改革方兴未艾的年代，周予同怀抱着忧国忧民的治世精神，踏入教育和经史两大领域并砺砺一生，这位学者的身影值得暨南学子铭记。

周予同正在篆刻

① 周大川：《周予同先生传略》，《温州师范学院学报》（哲学社会科学版）1995 年第 5 期，第 85－86 页。

周谷城

周谷城（1898—1996），湖南人，我国著名历史学家、教育家、社会活动家。

1898 年，周谷城出生于湖南益阳长湖口的一户农民家庭，早年毕业于北京高等师范学校英语部，1921 年任湖南省立第一师范学校英语教师，并结识了同事毛泽东，积极参加农民运动，担任湖南省农民协会顾问兼农民讲习所讲师，全国农民协会宣传干事。1927 年后，在上海从事翻译工作、著述并执教于中国公学。1930 年，任中山大学社会系主任。1932 年秋天，周谷城离开中山大学，前往国立暨南大学任职，在暨南大学任职期间，撰写出《中国通史》专著，提出“历史完形论”史学理论体系。20 世纪 40 年代初，周谷城在复旦大学教授“世界通史”，再次撰写出《世界通史》专著，打破了史学上“欧洲中心论”的世界观。中华人民共和国成立后，他长期从事学术研究的组织领导工作，担任中国科学院历史一所学术委员会委员，创建上海市历史学会，曾任全国人大常委会副委员长兼教育科学文化卫生委员会主任委员。1996 年在上海逝世。

作为我国当代著名学者和教育家，周谷城在教学和研究上纵述古今，横论中外，一生著述甚丰；作为杰出的爱国民主战士和政治活动家，周谷城亲身参与了中国近代史上许多重大历史事件，目睹了国家的衰敝与兴盛。周谷城的一生，不断追求真理、追求进步，其在学术上的精深造诣和杰出成就，蜚声海内外。

一、 革命中构建唯物史观， 治学暨南大学历史系

周谷城诞生于灾难深重的旧中国，20 世纪以后，社会兴起“破旧立新”潮流，著名学者之间的自由辩论此起彼伏，当影响现代中国历史进程的五四运动爆发时，周谷城毅然决然地投身到这场轰轰烈烈的运动中，成为颇有知名度的学生领袖。①

1921 年春，周谷城到湖南省立第一师范学校，任师范部英语兼理科教员。在湖南省立第一师范学校工作时，周谷城一边授课，一边根据自己的心得，编写讲义，从而正式开始了著书立说的治学生涯。此时，毛泽东任一师附小主事兼师范部的国文教员，正是周谷城的同事，因此两人来往频繁，课余饭后，互相造访，或漫步于校园，或并肩于田野，从学术到农民问题，从学校到天下大事，知无不谈，谈无不尽。毛泽东还曾送给周谷城一些“康民尼斯特”（共产主义者）方面的书，在革命形势和毛泽东的影响下，周谷城逐渐投身于大革命时期的农民运动。

湖南省立第一师范学校旧景

1927 年，蒋介石发动“四一二”反革命政变，一时间白色恐怖笼罩中华大地。湖南反动势力以周谷城曾发表《论谷租》和《中国农村社会之新观察》等

① 朱江：《历史学家周谷城》，《贵阳文史》2008 年第 1 期，第 47－55 页。

文为“罪证”，搜捕周谷城。周谷城在朋友的帮助下逃往上海，在上海度过了靠译书卖文谋生的三年艰苦生活。①

1930 年，周谷城前往广州任中山大学教授兼社会学系主任。时值国民政府推行“党化教育”，欲以“三民主义统一思想”。对国民政府的教育方针和教育内容，周谷城感到十分不满。他在社会学系开设了许多宣传革命理论与进步思想的课程，其间甚至开设了马克思列宁主义课程。

周谷城和杨冬莼等几位进步教授公开讲授革命理论课，与当时国民政府的教育政策大相径庭，因此他们受到当局的猜疑与仇视。加之 1932 年上海“一·二八”事变后，国民政府取缔上海抗日救亡活动，在暨南大学宣布戒严，一批在上海无容身之所的进步学生便逃来广州。周谷城以中山大学社会学系主任的身份接纳了这批暨南学生，使其在社会学系借读。他的这番爱国行动引起了校方的不满，学校当局声称周谷城引进社会主义搞破坏，他们组织护校委员会，并向周谷城写恐吓信，声称要以子弹对付周谷城。②

自知无法继续留在广州的周谷城于 1932 年秋天离开中山大学，前往上海任暨南大学教授兼史地系主任直至 1941 年。周谷城在暨南大学的十年，是他学术生涯的关键时刻。虽然他在学生时代就酷爱历史，早期也写过关于中国思想史的专题论文，但实现以历史为专业的愿望，则是他在暨南大学的十年。③

真如时期的国立暨南大学

① 莫志斌：《周谷城传》，长沙：湖南师范大学出版社，1997 年，第 51 页。
② 莫志斌：《周谷城传》，长沙：湖南师范大学出版社，1997 年，第 131 页。
③ 莫志斌：《周谷城传》，长沙：湖南师范大学出版社，1997 年，第 134 页。

在暨南大学任教期间，周谷城主要讲授“中国通史”“西洋史学史”“西洋通史”等课程。他的课堂每次都是听众如潮，座无虚席。周谷城在史学研究方面颇有心得，在一次暨南大学的史地讲座上，周谷城分享了“关于历史哲学”的问题，其中谈到了历史的本质、历史的解释、历史学家等问题。他认为：“在阶级社会中的历史是阶级斗争的历史，指出历史的解释问题是历史学家的任务……要做一个好的历史学家，就要了解历史的实践，实践的历史是历史学家研究的对象。了解历史就是要了解历史发展的必然性，把握现实，创造将来。”① 1933 年 11 月，周谷城复将演讲内容发表在《史地丛刊》上。可以洞见，周谷城在治学过程中试图以马克思主义的唯物史观来指导史学研究，并在这个过程中逐渐形成自己的史学观点。

面对国民政府当局的“党化教育”政策，周谷城应对的策略是把教学与科研相结合。比如，在暨南大学主讲“中国通史”课时，每周有十二个课时，周谷城只采用自己的教学大纲，讲自己的观点，坚持在教学过程中把理论贯通于史实当中，既无以论代史之弊，又无为考证而考证的问题；既可免当局政府的挑剔，又可以满足进步学生的要求。②

在暨南大学任教的过程中，周谷城给学生们剖析了一个又一个历史问题，传递了马克思主义唯物史观。但对于周谷城而言，暨南大学除了是其治学立说的场所外，还是一个充满浪漫回忆的地方。在执教暨南的时候，周谷城认识了一个对他而言终身称得上特殊的学生——李冰伯，在后来相处的过程中，师生二人相慕结合。周谷城曾说过：“人生幸福，就是有一个好老婆，几个好朋友。”与其相濡以沫的夫人李冰伯，正是他最重要的人生伴侣。③

二、维护“历史自身之完整”，著就自成体系的两部通史

在暨南大学任职时，除了日常的教学任务外，周谷城亦开始了他的通史撰著工作。其中，《中国通史》与《世界通史》是周谷城的代表作，他曾说：“曾以一人之力，在十分困难的条件下，写出《中国通史》上下两册和《世界通史》三册，成为当代史学家中仅有的两部通史一个人写的前例。这两部书，自成体

---

① 莫志斌：《周谷城传》，长沙：湖南师范大学出版社，1997 年，第 135 页。
② 莫志斌：《周谷城传》，长沙：湖南师范大学出版社，1997 年，第 134 页。
③ 朱江：《历史学家周谷城》，《贵阳文史》2008 年第 1 期，第 47－55 页。

系，具有自己的独特风格。”① 这两部史学著作以特殊的著作形态在学术界产生深远影响，奠定了周谷城在中国史坛的地位。

20 世纪初，梁启超、章太炎等积极倡导以进化史观为指导重新撰写中国历史，并提出了新型中国通史的写作框架。二十世纪三四十年代，中国通史编纂步入高潮，学界出版了不少的中国通史著作。周谷城的《中国通史》以其独创的通史编纂理论和严密的体系，成为这一时期中国通史代表作之一。②

在回忆《中国通史》的撰写过程时，周谷城说：“1932 年秋，我到暨南大学教书，担任教授兼史地系主任。因为当时文、理、法各学院都要教中国通史，课多教师少，所以我被正式安排教中国通史，两个班，共六个小时。这时，听讲的人多，但讲授有三小时的重复，加上我已写过《中国社会之结构》《中国社会之变化》和《中国社会之现实》，虽然每周仍须教十二小时课，还是觉得轻松，于是有了编写《中国通史》的念头，并开始撰写。”③ 那时，暨南大学文学院对历史教材建设也十分重视，历史学科便组织《中国通史》编纂委员会，何炳松、郑振铎、周谷城等人担任学术委员，并由周谷城编著成书。④

周谷城著作《中国通史》

周谷城精心撰写的《中国通史》上下册，约 65 万字，1939 年由开明书店出版，出版之后受到文化界的褒评。开明书店曾在重印这部书的广告中介绍如下：“本书为国立暨南大学周谷城教授所著……汇合最新的史学理论，形成自己的一套系统，用来说明中国数千年往事，轻松自快，头头是道，书中有任何其他中国通史著作未曾运用过的史学理论，未曾采录过的新鲜材料，未曾使用过的编制方法。文字诚朴，动人感情。”⑤ 开明书店的三个“未曾”道尽了这部著作的价值，亦指出了其精华所在。

---

① 邹理：《“湖南益阳，我的家乡”——益阳走出的历史学家周谷城》，《新湘评论》2012 年第 9 期，第 36－38 页。

② 赵梅春：《周谷城〈中国通史〉在历史编纂学上的成就》，《华中科技大学学报》（社会科学版）2005 年第 6 期，第 104－109 页。

③ 朱江：《历史学家周谷城》，《贵阳文史》2008 年第 1 期，第 47－55 页。

④ 张晓辉、夏泉主编：《暨南大学史（1906—2016）》，广州：暨南大学出版社，2016 年，第 71 页。

⑤ 莫志斌：《周谷城传》，长沙：湖南师范大学出版社，1997 年，第 136 页。

然而，《中国通史》编著完成之时，国内局势依旧动荡。当时暨南大学社会学系新上任的系主任认为《中国通史》有宣扬马克思主义嫌疑，责令周谷城停止教“中国通史”，改教“世界史”。对于周谷城来说，这正好成就了他另一番事业。几年工夫，他的又一部代表作《世界通史》面世，得到了史学界同仁的敬佩，赢得“学贯中西”的美誉。①

1941 年 12 月，太平洋战争爆发，上海“孤岛”即将沦陷，爱国民主人士受到当局的监视，处境十分艰难。周谷城的岳父岳母竭力劝其尽快离开上海，尔后，在岳父岳母的资助下，周谷城夫妇向内地转移，遂告别了暨南大学，受聘于迁址重庆北碚的复旦大学。

到了复旦大学后，周谷城继续世界历史的研究。虽然转而讲授世界通史，固然为当时形势所迫，但周谷城主观上认为研究中国史而不研究世界史是行不通的。通过研究当时流行的世界史著作，周谷城发现，以往的世界历史书的共同点几乎无一例外都从埃及写起，继而是希腊、罗马，再后是基督教，形成一种“欧洲中心论”。

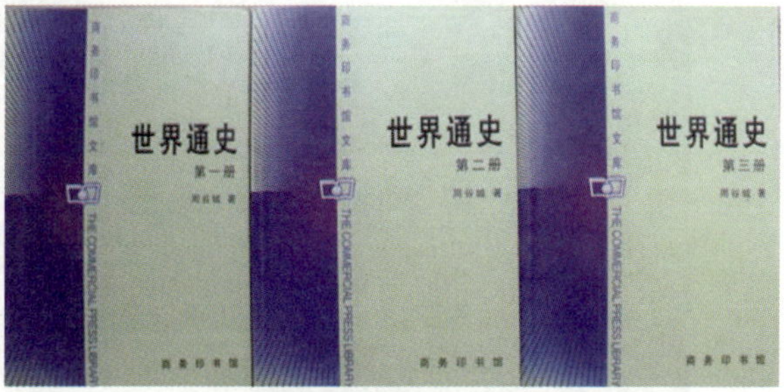

周谷城著作《世界通史》

周谷城对这类轻视亚洲、非洲和美洲古老文明的“欧洲中心论”提出了批判，提出要诸区并立，同时着手编写具有新格局的《世界通史》。周谷城曾这样评价自己的世界通史教学与撰述：“我所著的《世界通史》，虽谈不上高瞻远瞩，得出了统一整体，但在寻找有机组织、希望得出统一整体方面，我是花了工夫的。”② 1949 年，周谷城编修的三卷本《世界通史》正式出版，书中改变了以欧洲为中心的世界史的传统写法，打破了“欧洲中心论”，而以埃及、巴比伦、波斯、印度、中国和墨西哥六大文化中心的相互关联、日渐融合为主旨，描绘了世界文化彼此交流的宏伟历史。

① 邹理：《“湖南益阳，我的家乡”——益阳走出的历史学家周谷城》，《新湘评论》2012 年第 9 期，第 36 – 38 页。

② 朱江：《历史学家周谷城》，《贵阳文史》2008 年第 1 期，第 47 – 55 页。

三、“孤岛”接来鸿，与革命领袖情深谊长

周谷城在上海暨南大学任教时，住在上海老靶子路一个犹太人的公寓里。一天，他突然接到邮局寄来的一卷报纸，拆开一看，内有用复写纸写的一封信，信封上写着“致师友”，信封下角署名毛泽东。信中所写内容正是关于中国的危机局势，国家正处于民族危亡的关键时刻，希望爱国人士奋起共同对敌。①

收到这封来信并非偶然。早在 20 世纪 20 年代初，周谷城便与毛泽东建立了深厚的革命友谊。两人曾经多次探讨农民问题和国内局势。1926 年 5 月 3 日，毛泽东接办第六届农民运动讲习所，在广州开学。周谷城来广州观光时，毛泽东曾两次前去看望他，畅叙分别后的各自见闻与观感。

毛泽东主持的第六届农民运动讲习所旧址

20 世纪 30 年代，面对日本对中国的猛烈入侵，蒋介石执行“攘外必先安内”的政策，在民族危机空前严重之际，1935 年 12 月，毛泽东主持召开了瓦窑堡会议，提出建立广泛的抗日民族统一战线，以便更加有效地动员和团结一切赞成民主、拥护抗战的阶级、阶层和个人参加抗日统一战线，从而有力地抗击日本

① 莫志斌：《周谷城传》，长沙：湖南师范大学出版社，1997 年，第 171 页。

的入侵。

1936 年 11 月，周谷城在《新世界》杂志上征答关于对中日问题意见时发表文章，强调在中华民族危亡之际，“各党各派，为图整个民族的生存，应立刻自觉地停止内战，放弃内战的企图，一致团结，进行对外的实力抗争”①，积极回应毛泽东的爱国动员倡议。

革命持续了十余年，直到上海解放后，周谷城梦寐以求且长期为之奋斗的人民解放事业终于实现了。他自然感到无比兴奋和激动，从而挥毫向毛泽东写信致意。毛泽东接到周谷城的信后，在 1949 年 6 月 28 日“致周谷城”的复信说：“得书甚慰，如见故人。革命高涨，大家都是高兴的。前途尚多困难，唯有团结最大多数民众，方能战胜帝国主义的反抗，相期共同努力！敬颂教祺！”②

周谷城正在发言

1949 年 6 月 15 日，新政治协商会议筹备会议在北京召开。上海《文汇报》就此邀请了上海各界人士座谈，征询对召开新政协会议的意见，周谷城对此进行了谈话，他表示：“务使残余势力迅速消灭，不能成为建设的障碍。”③ 经过艰苦的奋斗后，建设人民民主共和国是全国人民翘首以待的国家大事，刻不容缓。对周谷城而言，革命胜利的这一天，他已经等了太久。

同年 9 月，中国人民政治协商会议第一次会议在北京召开，周谷城受毛泽东邀请前来参会，被安排在郭沫若任组长的无党派民主人士组。10 月 1 日，中华人民共和国开国大典在天安门广场举行，周谷城出席了此次盛典，亲耳听到了“中国人民从此站起来了”的宣言。至此，周谷城自“五四”时期便萌生的革命追求终于得以实现。

亲眼看见“三座大山”的推翻，在继往开来的大转变中，周谷城热忱地关注着中国的社会主义建设。作为历史学家，他将史学研究与社会主义建设紧密联系起来，提出中国的史学工作者绝不能停滞不前，要把工作转移到社会主义建设

① 莫志斌：《周谷城传》，长沙：湖南师范大学出版社，1997 年，第 172 页。
② 莫志斌：《周谷城传》，长沙：湖南师范大学出版社，1997 年，第 224 页。
③ 莫志斌：《周谷城传》，长沙：湖南师范大学出版社，1997 年，第 225 页。

上来。他一再呼吁，历史要联系现实，要为现实服务；史学工作者的任务是“首先须替学生或读者讲明历史发展的必然趋势，使能知道今日中国或今日世界的由来，从而更容易了解今日应走的道路——社会主义的道路。”① 对周谷城而言，历史学家一定要有社会责任感。

晚年周谷城

回顾周谷城的一生，他出生于封建的旧社会，却能够打破时代的桎梏，在治学路上博古通今，以史为鉴，方知未来。他曾为中国的革命事业奔走疾呼，也曾为追求真理而顽强刚烈，一生都在关注、思考中国的昨天、今天和明天。他生前在上海的家中挂有其亲笔题写的条幅“横渠四句”，即北宋张载在《横渠语录》里写的四句话：“为天地立心，为生民立命，为往圣继绝学，为万世开太平。”这是周谷城做人做学问的根基，也是他毕生的信念。

周谷城墨宝

① 周均美：《一个史学老人的心愿——记祖父周谷城》，《世界历史》1998 年第 4 期，第 116－122 页。

陈高傭

陈高傭（1902—1976），山西平遥人，著名历史学家、中国新闻专科学校创办人，曾参与创办《世界与中国》杂志，主办《中国新闻》《新文化》等刊物，著有《中国的伦理思想》、《古代“天”的观念之发展》、《中国历代天灾人祸表》（合著）等著作。

1902 年，陈高傭出生于山西平遥一个中农兼手工业者家庭。[①] 这座有着 2 700 多年历史的中国古城，积淀了深厚的文化底蕴，孕育了不少文化名人，陈高傭便是其中一位。

一、读书、逃亡与教学，辗转中成长

少年时，陈高傭就非常喜爱读书，被亲族称为“书呆子”。陈高傭得一位族伯厚爱，在其指引下习作古文，听讲十三经、宋明理学、中外历史地理，开启了国学之门。但是，家中至亲却并不支持陈高傭读书，只希望他多赚钱。陈高傭高小毕业时，为了读书，和家里闹了一个多月，后成功地继续学业。当时五四运动正轰动，陈高傭颇受影响，也大概听说了社会主义学说。毕业后，他向友人借钱，考入国立北京师范大学。进入国立北京师范大学的陈高傭因不得家中支持，无经济来源，只好半工半读。他生活虽艰，但刻苦勤奋，为人忠实，在大学二年级时（1925 年）经江西同学黄道与湖南同学游宇介绍，加入了 C. Y.（共青团），不久后转为 C. P.（共产党）。[②]

1927 年秋从国立北京师范大学毕业后，陈高傭在一所教会学校代课。次年，因北平党组织遭到破坏，陈高傭失去了与组织的关系。夏天，阎锡山势力到达北京，陈高傭被发现行踪，只好逃亡天津，两个月后逃亡日本东京。在那里，他与同学吴羹梅组织成立了“人社”东京分社，专门研究社会科学；又和吴羹梅及

---

① 臧振：《〈陈高傭先生遗稿〉后记》，载《古史考论：西雝集》，北京：商务印书馆，2016 年，第446 页。

② 臧振：《〈陈高傭先生遗稿〉后记》，载《古史考论：西雝集》，北京：商务印书馆，2016 年，第454 页。

部分华侨创办“东京华侨学校”，教导华侨子弟中文。①

当时，为反对张学良从苏联手中收回中东路，中国留日学生在“左”倾路线指挥下举行了一次示威活动，日本警察大肆逮捕，陈高傭被拘禁，后因“罪证”不足被释放。但一个月后，日警查得“罪证”，又来逮捕。他听闻后仓皇逃往上海。初到上海的陈高傭人生地不熟，在上海劳动大学中学部谋得一教职。②时值 1930 年，陈高傭五年前撰写的《名理通论》由开明书店出版。“九一八”事变前，他还与李南芗等创办了《世界与中国》杂志，后来担任主编，杂志专门刊登宣传抗日思想与讲述社会科学理论的文章，他自己也常在上面发表令当局不快的文字。

1932 年 7 月，因《世界与中国》言论激进，遭到租界当局封禁，陈高傭再次被逮捕入狱，饱受囹圄之苦。关押三月后，陈高傭因无任何党派关系得以保释，去往南京，后因陈立夫的关系前往暨南大学任教。

《世界与中国》杂志 1931 年第二卷第一号封面

1933 年夏，陈高傭任国立暨南大学史地系教授（1933—1942 年；1939 年开始任文学院史地系主任，又任南洋文化研究馆主任），兼任复旦大学（1934—1946 年）、大夏大学（1939—1942 年）、上海政法学院（1937—1941 年）、沪江大学（1937—1941 年）等校教授，讲授的课程以中国历史为主，包括中国通史、中国文化史、中国经济史、中国社会史、中国民族史、中国风俗史、中国政治史、中国民族海外发展史、中国宗教史、中日外交史、中国近代史、中国现代史等。③ 所教课程之多，可见陈高傭知识面之广。他在暨南大学任教的这 9 年，凭借着自己渊博的学识，给学生带来了极好的学术训练。

---

① 臧振：《〈陈高傭先生遗稿〉后记》，载《古史考论：西雝集》，北京：商务印书馆，2016 年，第455 页。
② 臧振：《〈陈高傭先生遗稿〉后记》，载《古史考论：西雝集》，北京：商务印书馆，2016 年，第456 页。
③ 臧振：《〈陈高傭先生遗稿〉后记》，载《古史考论：西雝集》，北京：商务印书馆，2016 年，第456 页。

二、“十教授宣言”，爱国之心可鉴

自“九一八”事变以来，日寇侵华步伐加快，中华民族亡国灭种的危机空前严重，抗日救国运动在举国上下风起云涌。但是，由于南京国民政府统治集团大力鼓吹尊孔复古，因此在中国的文化思想领域弥漫着一股“尊孔读经”的复古逆流。

正是在此历史背景之下，1935 年 1 月 10 日，陈高傭与陶希圣、萨孟武、樊仲云、何炳松、王新命、武堉干、孙寒冰、黄文山、章益共十位教授，联名在《文化建设》月刊第 1 卷第 4 期上发表了《中国本位的文化建设宣言》（以下简称“十教授宣言”）一文。

中國本位的文化建設宣言　1

中國本位的文化建設宣言

一　沒有了中國

在文化的領域中，我們看不見現在的中國了。中國在對面不見人形的濃霧中，在萬象蟄伏的嚴寒中；沒有光，也沒有熱。為着尋覓光與熱，中國人正在苦悶，正在摸索，正在掙扎。有的雖拚命鑽進古人的墳墓，想向骷髏分一點餘光，乞一點餘熱；有的抱着歐美傳教師的腳，希望傳教師放下一根超度衆生的繩，把他們吊上光明溫暖的天堂；但骷髏是把他們從黑暗的邊緣帶到黑暗的深淵，從蕭瑟的晚秋導入凜烈的寒冬；傳教師是把他們懸在半空中，使他們在上不着天下不着地的虛無境界中漂泊流浪，憧憬摸索，結果是同一的失望。

中國在文化的領域中是消失了；中國政治的形態、社會的組織、和思想的內容與形式，已經失去它的特徵。由這沒有特徵的政治、社會、和思想所化育的人民，也漸漸的不能算得中國人。所以我們可以肯定的說：從文化的領域去展望，現代世界裏面固然已經沒有了中國，中國的領土裏面也幾乎已經沒有了中國人。

要使中國能在文化的領域中抬頭，要使中國的政治、社會、和思想都具有中國的特徵，必須從事於中國本位的文化建設。日本的畫家常常說：『西洋人雖嫌日本畫的色彩過於強烈，但若日本畫沒有那

《中国本位的文化建设宣言》

文章在开头即指出当下中国文化领域的现状："在文化的领域中，我们看不见现在的中国了。中国在对面不见人形的浓雾中，在万象蜷伏的严寒中；没有光，也没有热。为着寻觅光与热，中国人正在苦闷，正在摸索，正在挣扎。"①面对此情况，"十教授宣言"提出了自己的主张，即要有中国本位的文化建设："必须把过去的一切，加以检讨，存其所当存，去其所当去……吸收欧美的文化是必需而且应该的。但须吸收其所当吸收，而不应以全盘承受的态度……不守旧，不盲从；根据中国本位，采取批评态度，应用科学方法来检讨过去，把握现在，创造将来。"②

"十教授宣言"发表后，迅速引起了文化界的极大轰动，展开了关于文化问题的论争，不少学者对"十教授宣言"提出了批评，如胡适在《试评所谓"中国本位的文化建设"》一文中痛斥"中国本位的文化建设"是主张"复古"。③面对胡适等人的批评，陈高傭等十位教授在1935年5月10日发表了《我们的总答复》一文，指出："中国本位文化建设，在纵的方面不主张复古，在横的方面反对全盘西化，在时间上重视此时的动向，在空间上重视此地的环境，热切希望我们的文化建设能和此时此地的需要相吻合。"④陈高傭还单独撰写文章《怎样了解中国本位的文化建设》，明确中国本位的文化建设要用"把握现实"的方法才可以了解。它是中华民族在帝国主义重压之下争取独立自由的一种自觉意识，不是要恢复中国固有的旧文化，也不是要把中国与世界隔绝，而是要把中国看作世界各民族中的一个民族单位，就现实问题上从事实上来解决。⑤

88　怎樣瞭解中國本位的文化建設　1

怎樣瞭解中國本位的文化建設

陳高傭

一

現在，中國本位的文化建設問題已經引起國內學術界的熱烈討論，人們對於我們的『中國本位的文化建設宣言』，有各種各樣的看法，有各種各樣的見解，並且發揮了各種各樣的批評，我個人覺着要瞭解中國本位的文化建設運動，惟有拿一箇『把握現實』的方法才可以瞭解。

二

凡一種運動雖然都是由人力造成，然必須客觀的時勢上有其要求然後可有。十八世紀封建勢力對市民階級之壓迫，然後能有民主革命之運動；有今日資產階級對無產階級之壓迫，然後能有社會主義之運動；同樣有帝國主義對弱小民族之侵略與束縛，然後能有殖民地與半殖民地之民族解放運動。我們以爲中國本位的文化建設運動正是中華民族在帝國主義重重壓迫之下，爭求獨立自由的一種自覺意識。其背景很明顯，其動機很簡單，凡過人類，沒有不願意生活獨立自由的，凡屬中國今日的人民亦沒有不感覺帝國壓迫之痛苦的，所以在國人爭求獨立自由之時而有中國本位的文化建設運動，亦正爲時勢之必然產物。

原來中國自從鴉片之戰以後，門戶洞開，帝國主義的經濟與武力洶湧而來，中國民族的生活與地位日流於殖民地化的狀況，時至今日，國家政治不能集中統一，人民生活極其顛沛流離，內憂外患，永無寧息，推其原因固有多種，而帝國主義之束縛壓迫實據握關鍵，更爲一大原因。數十年來中國人在列強勢力的束縛之下，亦曾有過幾次救亡圖存的努力，如曾李的『洋務』運動，康梁的維新運動，孫中山的革命運動，及五四的文化運動，以及十六年的國民革命，這些都曾盡過他們的歷史的使命，亦都有相當的成績表現，尤其是辛亥革命與國民革命的兩次巨潮，不僅把人民的思想改變了許多，並把數千年來的政治制度改變成一箇新的局面。所以從數十年來的歷史上看，中國人民固未嘗一日不想從困苦艱難之中，爭求生存之路，所可惜者曾經經過幾次激烈的或和緩的運動，直至今日對於帝國主義的束縛並沒有絲毫解除，而中華

《怎样了解中国本位的文化建设》

① 王新命、陈高傭等：《中国本位的文化建设宣言》，《文化建设》1935年第1卷第4期。
② 王新命、陈高傭等：《中国本位的文化建设宣言》，《文化建设》1935年第1卷第4期。
③ 魏宏运主编：《民国史纪事本末》第4册，沈阳：辽宁人民出版社，1999年，第304页。
④ 王新命、陈高傭等：《我们的总答复》，《文化建设》1935年第1卷第8期。
⑤ 陈高傭：《怎样了解中国本位的文化建设》，《文化建设》1935年第1卷第8期。

20 世纪 30 年代中期的这场关于“本位文化”的大讨论，是继五四运动后期“东西文化”论战之后的又一场文化大论战。[①] 心系祖国，未敢忘焉，陈高傭与学者们在学术上的论战，正体现出他对中国文化前途的担忧与关心。到了 1935 年下半年，华北局势日渐恶化，群众抗日救亡的呼声也随之高涨。在救国热潮的冲击之下，这场文化论战落下了帷幕。

陈高傭是名副其实的爱国进步社会活动家，除了发表“十教授宣言”外，他还参加过不少爱国活动。1935 年，陈高傭与上海文化界知名人士共同发表《上海文化界救国宣言》。抗日战争初期，陈高傭还担任国民党中宣部驻沪办事处的编审组组长，主持编译出版地下“抗日反汪”宣传品，主办《世界文化》杂志。1938 年，他与李南芗等在暨南大学创办新闻专修科，聘请主张抗日的进步文化人士阿英、柯灵、胡道静等为教员，为新闻界培养人才。1945 年日本投降后，他以国民党中宣部专员的名义参与接受日伪文化设施。1945 年秋，陈高傭在上海创办中国新闻专科学校，主办《中国新闻》《新文化》等刊物，并当选为上海市政参议员。

三、 治学严谨，硕果累累

陈高傭是我国著名历史学家，在历史学领域有着不可忽视的地位。他一生阅历丰富，著作等身，在历史学与中国文化典籍的研究上做出了重要贡献。

民国时期，陈高傭先后在商务印书馆出版了《中国历代天灾人祸表》《伦理学》《名理通论》《逻辑学概论》等著作，曾得到周谷城、郑振铎、周予同等学者的鼓励和支持。[②] 此外，陈高傭还在《文化建设》《暨南学报》《申报月刊》等许多刊物上发表了《中国的伦理思想》《古代“天”的观念之发展》等学术含量较高的论文。

陈高傭在暨南大学任教时期，在忙碌的课程之余抽时间与几位文学院的教授商量，并在史地系多名学生长期的帮助下，主持编纂了十卷本的《中国历代天灾人祸表》。这部学术性工具书收集整理了秦王政元年（公元前 246 年）至清宣统三年（1911 年）共 2 157 年在中国发生的各种天灾人祸，书中资料翔实、篇幅繁重、凡例缜密、编制新颖，对中国社会史、经济史、民族史、政治史的研究起到了促进作用。据何炳松回忆：“自从‘八一三’事变爆发，本校黉舍毁于炮火，

---

① 盛邦和：《亚洲认识：中国与日本近现代思想史学研究》，上海：上海人民出版社，2019 年，第 303 页。

② 张岂之：《张岂之序》，载陈高傭：《墨辩今解》，北京：商务印书馆，2016 年，第 1 页。

图书化为灰烬，学校局促于上海租界的一角，可谓艰苦万状；但全校师生竟能继续着‘弦歌之声’。而高傭先生和文学院几位教授以及史地系多位学生，仍然计划搜讨，编述校印，埋头努力于本位的文化工作，不问辛苦，真使我百感交集！”①

《中国历代天灾人祸表》书影

上海解放后，陈高傭在《大公报》声明脱离国民党，拒绝前往台湾，还放弃了香港英国皇家学院等大学的聘请。1951 年，他应西北大学侯外庐校长之聘前往西安，任历史系教授。次年，调往西安师范学院（陕西师范大学前身）先后任教育系、史地系教授。1957 年，他被划成“资产阶级右派”送进监狱，至 20 世纪 60 年代初才得以释放。“书是不能教了，学校图书馆拒绝接待，连校园也不让回，只好在学校对面的吴家坟租住一间农家小屋……然而很快地，陈高傭先生找到了自己的精神家园——诠释中国哲学原典。”② 在艰苦的条件下，他仍坚持日夜伏案笔耕劳作，陆续完成了《老子今解》《墨辩今解》《公孙龙子今解》《尹文子今解》《邓析子今解》。1967 年 11 月，他在撰写《晏子春秋译解评》时突然中断，直到 1973 年才再次恢复工作。1976 年，他最终完成了《论语译注评》《盐铁论评注》以及通俗版的《邓析子译注》等共约 50 万字的著作，为我国史学研究留下了一大笔宝贵的资料。不久，陈高傭逝世，享年 74 岁。③ 这些写作于 20 世纪 60—70 年代的文字，可以说代表了那个

陈高傭著作《老子今解》《墨辩今解》

① 何炳松：《〈中国历代天灾人祸表〉序》，载刘寅生等编：《何炳松纪念文集》，上海：华东师范大学出版社，1990 年，第 47 页。

② 臧振：《〈陈高傭先生遗稿〉后记》，载《古史考论：西雝集》，北京：商务印书馆，2016 年，第 461 页。

③ 臧振：《〈陈高傭先生遗稿〉后记》，载《古史考论：西雝集》，北京：商务印书馆，2016 年，第 461 页。

年代还在潜心著述的老一辈学者最高层次的水平，十分珍贵。① 独具学术慧眼的陈高傭选取先秦诸子及秦汉典籍进行研究，有其特别用心。这部分典籍承载着传统的中华文化和民族精神，其围绕天道与人道相互关系而展开叙述，是我国古代"和而不同"学术系统的典型代表，对中华民族的理论思维产生了巨大的影响。陈高傭对这部分古代文化典籍的特别关注，与其年轻时所推崇的"中国本位的文化建设"的理念是一脉相承的。

陈高傭对祖国的历史典籍始终有着特别的关怀，也有着自己的独特见解。关于"如何读经"，他曾这样给出过自己的意见：

> （一）拿历史家的态度可以读经，用宗教家的眼光不可读经，即拿"六经皆史"的态度可以读经，用"经学即理学"的眼光不可以读经。
>
> （二）受过科学洗礼的人可以读经，未脱玄学气味的人不可以读经。
>
> （三）把握住现实问题，自己能用思想解决问题的人可以读经；不认识现实环境，盲目崇拜古人的人不可以读经。
>
> （四）学者为学术的研究可以自由读经，普通人为求得生活上的实用知识不必读经。
>
> （五）大学生可以自由读经，中学生小学生绝不应勉强读经。
>
> （六）了解现代思想、懂得科学方法的学者可以指导人读经，权利（力）熏心、头脑腐旧的官僚武人以及文化骗子无资格提倡读经。②

陈高傭一生治学严谨，学养丰富，在历史学领域默默耕耘，其著成的《中国历代天灾人祸表》《老子今解》《墨辩今解》等，是史学研究领域的一笔宝贵财富。同时，这些研究成果也为我们提供了了解中国传统文化经典的渠道，对今天传承中华优秀传统文化和民族精神、实现中华民族的伟大复兴仍有着重要的意义。

回顾陈高傭的一生，他兢兢业业，所编著的书籍资料在历史学史上留下了不可磨灭的印记。他热血爱国，"十教授宣言"中的拳拳爱国之心至今仍历历在目。20 世纪 30 年代，在暨南大学任教的那段时光，陈高傭正当年华，与在校教授、学生合作编撰的十卷本《中国历代天灾人祸表》凝聚了他的心血。他以严谨治学的学术精神深深地影响着暨南学子，值得暨南学子永远传承。

---

① 臧振：《〈陈高傭先生遗稿〉后记》，载《古史考论：西雝集》，北京：商务印书馆，2016 年，第 461 页。

② 陈高傭：《陈高傭先生的意见》，载教育杂志社编辑部编：《全国专家对于读经问题的意见》，福州：福建教育出版社，2016 年，第 185 页。

谭其骧

谭其骧（1911—1992），字季龙，笔名禾子，浙江嘉善人，中国著名历史学家、中国科学院院士、中国历史地理学科主要奠基人和开拓者。谭其骧的一生，见证了中国近代的发展历史，他主持编绘的《中国历史地图集》，囊括原始社会至清末历代疆域政区图，堪称迄今最权威的中国历史政区地图集，为中国史地学科的后续发展奠定了坚实的基础。

1926年，十六岁的谭其骧入读上海大学，次年经历"四一二"反革命政变，上海大学被封，他转入暨南大学读书。1947—1949年，谭其骧在暨南大学任历史系教授，开设"中国沿革地理"课。1986年，暨南大学举行80周年校庆活动，谭其骧特委托学长谢天沙将其主编的《中国历史地图集》1套8册带到广州，捐赠给母校暨南大学的图书馆。1990年，暨南大学校报刊登了谭其骧撰写的《我与暨南》回忆文章。同年10月，谭其骧参加了华东师范大学、暨南大学和暨南大学上海校友会在上海联合举办的"何炳松100周年诞辰纪念大会暨学术讨论会"，在会上发表讲话并将发言稿整理成文，交给《暨南学报》发表。1992年，谭其骧去世，同年，他被美国传记研究所评为"过去25年对世界最有影响的500位名人"之一。

一、三易专业，暨南名师指路史地学科

1926年，谭其骧考入了上海大学社会系，但开学不足一年，上海局势便发生了动荡。谭其骧在上海大学参加了上海第三次武装起义。"四一二"事变后，

上海大学被封，谭其骧也因为受到嫌疑而被拘捕，直到一周后才由其兄保释出来。1927 年暑假，谭其骧决定重新报考大学，考入国立暨南大学中文系。

谭其骧在暨南大学度过了自己的青春岁月，他之所以选择暨南大学，是“考虑到了自己高中少读了一年多，大学一年级又没有上过多少课，要考取名牌大学把握不大，而暨南大学虽是国立，却以招收归国华侨子弟为主，录取要求相对较低”①。就这样，谭其骧开启了与暨南大学几十年的情缘。

在暨南大学的学习岁月中，谭其骧先后选过三个不同专业，最终才确定了历史地理学的方向。1927 年秋，谭其骧入读暨南大学文哲学院中文系，第一学期时，教他国文的是中文系主任夏丏尊。夏丏尊一贯提倡新文艺，在课上讲的也是新文学，贴合谭其骧的喜好，所以谭其骧很乐意和夏丏尊交流，时常在课后向他请教一些问题。夏丏尊先生还曾带领谭其骧及其他同学到市区一家餐馆谒见鲁迅先生，一起聚餐。但是到了第二学期，夏丏尊因故辞职，中文系系主任换成了陈中凡。陈中凡崇尚旧学，擅写古文，上课讲的自然也是旧文学，这深为谭其骧所厌恶。因此，谭其骧决定不在中文系读下去了，转入外文系。②

但没想到在外文系才读了两个星期，谭其骧又申请转专业了。原来学校新成立了历史社会学系，谭其骧得知后动了换专业的想法。这次很多人劝他慎重考虑，但是谭其骧还是决定转入历史社会学系。谭其骧第三次选专业是经过深思熟虑的，因为经过一年的学习，他发现自己形象思维的能力有限，却长于逻辑推理，搞文学创作未必会有成绩，研究历史倒相当合适，因此他作出了决定自己未来的关键选择。③ 此时，谭其骧治学的严谨已表现出来，对于专业的选择并不是所谓的见异思迁，而是基于一个严肃的思考：所从事的专业，必须与自己的兴趣、爱好、天赋、性格等相符，这样才能锲而不舍，终身以之。

潘光旦

在谭其骧就读暨南大学期间，有两位老师给他带来了十分重要的影响。第一位是我国著名的人类学和社会学家——潘光旦。他当时在暨南大学开设了两门课——“社会学基础”和

① 葛剑雄：《悠悠长水：谭其骧前传》，上海：华东师范大学出版社，1997 年，第 16 页。
② 葛剑雄：《悠悠长水：谭其骧传（选载之一）》，《史学理论研究》1996 年第 1 期，第 9 – 19、159 页。
③ 谭其骧：《谭其骧自传》，《文献》1982 年第 4 期，第 164 – 178 页。

学生时代的谭其骧（中）

“种族问题”，谭其骧都选了。除了日常上课外，谭其骧还经常在课下和潘光旦讨论移民问题、血统与人口素质的关系、汉族与少数民族交流等问题，这些互动给谭其骧留下了深刻的印象，以后谭其骧的一些重要论文观点就是在这些讨论的启发下产生的。在潘光旦的指导下，谭其骧完成了七八万字的毕业论文《中国移民史要》，论文阐述了中国自上古时期到清代的国境内各族迁移大势。①

另一位给谭其骧带来重要影响的老师是陈憬，其当时在暨南大学教授中国古代史。陈憬在给学生上课时，讲授的主要是以顾颉刚为代表的疑古学派观点，这使得谭其骧感到很新鲜，对顾颉刚十分向往。此外，陈憬还经常邀请谭其骧到家中，谈疑古学派和做学问的方法。在陈憬的鼓励下，谭其骧开始翻阅线装书，并且常去福州路选购史学书籍。1930 年，谭其骧修满了学分。毕业之际，陈憬将谭其骧推荐到了燕京大学研究院，谭其骧得以师从仰慕已久的顾颉刚先生，开始了一段全新的学习生涯，亦确定了今后从事中国历史地理学研究的最终方向。在暨南大学，他写下了决定一生事业的铮铮誓言：“其骧十五以前浑浑噩噩，十六十七献身革命。十八而志于学，从今而后，矢志不移。”②

---

① 葛剑雄：《悠悠长水：谭其骧传（选载之一）》，《史学理论研究》1996 年第 1 期，第 9 – 19、159 页。

② 葛剑雄：《悠悠长水：谭其骧前传》，上海：华东师范大学出版社，1997 年，第 19 页。

二、毕业燕京，复回母校暨南大学兼课

1932 年，谭其骧从燕京大学研究院毕业，便开始了他的教书生涯，先后任教于辅仁大学、燕京大学、北京大学、广州学海书院、清华大学和浙江大学。1947 年，受时局影响，彼时中国法币贬值，物价飞涨，谭其骧靠一份教授的工资已经难以维持一家六口的开销了。生活困难之际，暨南大学在上海复办，历史系正好紧缺教师，便请谭其骧任暨南大学历史系教授，谭其骧因此重新回到了母校暨南大学任教，① 直到学校再次停办。谭其骧在校期间教授“中国历史地理”“魏晋南北朝史”“中国文化史”和“中国史学史”。据老校友回忆：“谭其骧把布包往讲台上一放，就滔滔不绝讲起课来……语言生动，又旁征博引，颇能引人入胜。”

彼时暨南大学多了一位叫“谭季龙”而非“谭其骧”的老师。原来，根据有关制度，兼任教授的工资是很低的，解决不了谭其骧的经济困难，只有担任专任教授才能拿到一份完整的工资。但聘专任教授得报南京教育部备案，因为怕被发现谭其骧在浙江大学、暨南大学两所大学同时任专任教授，谭其骧与校方商定，不用其名而用其字，以“谭季龙”上报，于是暨南师生也都称他为谭季龙。当时教育部规定专任教授每周需要上 3 门课共 9 小时，但由于谭其骧还在浙江大学授课，需要浙江、上海两地跑，于是暨南大学同意谭其骧每周只上 3 门课共 8 小时，并且把他的课程集中安排在每周四和周五两天，这样谭其骧只需在每周四的早上从杭州坐火车出发，上完课返回杭州即可。到了 1948 年秋季开学，校方更是同意谭其骧每隔一星期往返一趟，一次上完两星期的 16 节课，如此一来，谭其骧就不必每星期都坐火车奔波于沪杭之间了。此外，作为暨南大学的专任教授，学校给谭其骧配备了一套房子，地址位于青云路暨南大学宿舍区内，不过谭其骧居住的时间并不多。②

谭其骧对教学一丝不苟的态度，给当时的暨南学子留下了深刻的印象。上过谭其骧“中国沿革地理”课的学生刘保全就曾亲切地回忆道：“你给同学们在脑中刻下的印象，是多么美好而深刻！为了上我们的课，你在沪杭道上风尘仆仆。

---

① 夏泉、曾金莲：《探寻谭其骧先生早年的学术足迹——以暨南大学为中心的考察》，《东南亚研究》2008 年第 3 期，第 92 – 96 页。

② 葛剑雄：《悠悠长水：谭其骧传（选载之五）》，《史学理论研究》1997 年第 1 期，第 128 – 136 页。

你来不及吃饭，你的长衫在下公共汽车时给后面的人踏住，裂了一大块。”①

学生们也特别爱听谭其骧讲课，一个学生曾这样评价：“他一开口就滔滔不绝，边讲边板书，提纲挈领，自成系统，立即使人耳目一新。他边讲边画地图，快速、准确、美观、令人叫绝。我庆幸能听到这么内容丰富、系统、新颖的沿革地理课，拼命记笔记，一节课下来不觉记了三四页，一年记了四本。听谭先生的课，简直是种享受。”②

谭其骧自浙江大学来暨南大学兼课，开设“中国沿革地理”课，本来要教授四年课程，但因1950年中国局势变化，暨南大学历史系被并入复旦大学。之前听过谭其骧讲课的学生纷纷要求复旦大学历史系主任聘谭其骧任教，谭其骧最后转入复旦大学任职教授。

谭其骧在暨南大学的学生章群，是1947年入学的新生，他曾对此回忆道：“时谭师自浙大来兼课，开‘中国沿革地理’一科，本为四年课程，我由谭师特准选修。明年，再选其‘中国民族史’。学年尚未结束，时局已大变，暨大解体，我也离沪走了。”③

三、《我与暨南》，撰文赠书心系母校

谭其骧在晚年的时候，曾捐赠给暨南大学一套《中国历史地图集》，并亲手撰写了一篇回忆母校的文章——《我与暨南》。

1986年9月21—23日，暨南大学举行了80周年校庆活动。谭其骧因为工作繁忙，未能亲自前去参加庆典。但是他特地委托学长谢天沙将他主编的《中国历史地图集》1套8册带到广州，捐赠给母校图书馆。谢天沙当时已年届古稀，他不辞辛劳，千里迢迢地将8册巨著带到了暨南大学。这是谭其骧献给母校80周年校庆的一份极为珍贵的礼物，其中蕴含的正是暨南学子对母校的一片深情。④

1990年7月上旬，谢天沙又给暨南大学寄来了谭其骧教授撰写的《我与暨南》的手稿复印件。这篇文章回忆了谭其骧当年在暨南大学的学习生活和1947年回母校任教的情况，记录了暨南大学早年的不少人和事。暨南大学校方认为这是一份十分珍贵的校史资料，如果发表出来将能够使师生们更加了解暨南的优良

① 夏泉、曾金莲：《探寻谭其骧先生早年的学术足迹——以暨南大学为中心的考察》，《东南亚研究》2008年第3期，第92－96页。

② 葛剑雄：《悠悠长水：谭其骧传（选载之五）》，《史学理论研究》1997年第1期，第128－136页。

③ 葛剑雄：《悠悠长水：谭其骧传（选载之五）》，《史学理论研究》1997年第1期，第128－136页。

④ 马兴中主编：《暨南往事》，广州：暨南大学出版社，2006年，第357页。

传统，对师生起积极的激励作用，于是致信谭其骧，表示希望能将其文章《我与暨南》在校报上发表，征询他是否同意。信寄出不久后便收到谭其骧的复信。信中说："拙稿本为应上海校友会之约而作，今蒙收入校报，自无不可。年老记忆力衰退，当年多少值得记下的美好回忆，已记不起来，殊属憾事，所以只写了这么一点点。"在得到谭其骧教授同意后，暨南大学校报于1990年11月25日和12月10日分两期连载了《我与暨南》，广受师生和校友的欢迎和好评。①

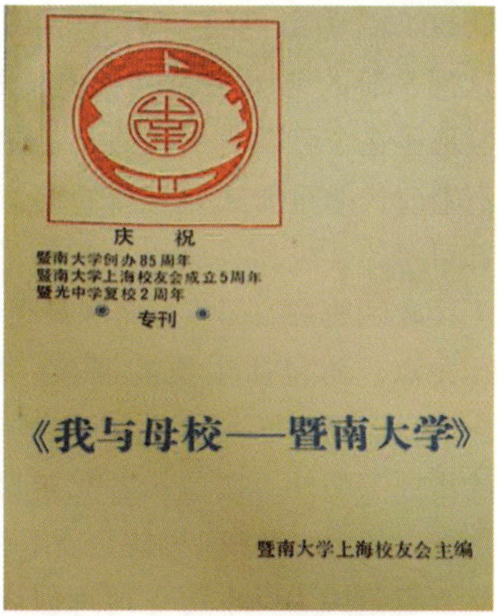

谭其骧的《我与暨南》收录于此刊

1990年10月，华东师范大学、暨南大学和暨南大学上海校友会在上海联合举行了"何炳松100周年诞辰纪念大会暨学术讨论会"。彼时谭其骧已步入耄耋之年，行动不便，但他十分重视这次会议，仍然坚持出席。10月8日上午，谭其骧坐着轮椅来到了纪念大会。在此之前，谭其骧因身体不便，对许多会议和社交活动，一般都是不参加的。但这次"何炳松100周年诞辰纪念大会暨学术讨论会"，谭其骧共出席了两次，而且在会上做了专题发言，这是极不寻常的。这说明，母校暨南大学在他心中占有十分重要的地位。讨论会结束后，谭其骧还把他的发言稿整理成文，特地给母校《暨南学报》发表。②

四、 经典传承， 奠定中国史地研究之根基

如果说谭其骧最为人熟知的身份是"史地大师"，那么他最为人熟知的著作一定是《中国历史地图集》。1954年秋，毛泽东与吴晗出席第一届全国人民代表大会期间在一次谈话时说起《资治通鉴》，又谈到读历史不能没有一部历史地图放在手边，以便随时检查历史地名的方位。吴晗推荐了清末民初杨守敬的《历代舆地图》，并建议对"杨图"重编改绘，以适应时代需要。于是，"重编改绘杨守敬《历代舆地图》委员会"在京成立，吴晗推荐谭其骧为主编。

谭其骧主编的《中国历史地图集》卷帙浩繁，共分为8册、20个图组，包

① 马兴中主编:《暨南往事》，广州：暨南大学出版社，2006年，第357－358页。
② 马兴中主编:《暨南往事》，广州：暨南大学出版社，2006年，第357－358页。

含304幅地图，所有地图全部采用古今对照。这部8册的地图集，以历史文献资料为主，吸取了迄今已发表的考古研究成果，收录了石器时代的重要文化遗址，自商周至清代全部可考的县级和县级以上的行政单位、边区不设政区地带的部族分布和其他各种地区名、居民点，还包括主要的河流、湖泊、山脉、山峰、运河、长城、关隘和海岸线岛屿等，除中原王朝外，还包括各兄弟民族在边疆地区建立的大小政权。[①] 如今，《中国历史地图集》已经成为一本历史地理研究学者必备的工具书。在北京大学教授唐晓峰看来："谭其骧先生主编的《中国历史地图集》完成了许久以来关于编纂古今对照地图的愿望，是一个划时代的巨大成果。作为一套具有科学性的基本底图，可以在它的基础上展开各类历史地理问题的研究，任何研究中国历史地理的人都离不开它。"

谭其骧主编的《中国历史地图集》

这项集全学科之力完成的编撰工作，对学科本身的发展也起到了不可估量的作用。比如，历史上的沿革地理图没有边疆地区，为了填补这块空白，谭其骧把全国研究边疆史的学者全部集结了起来；再比如，绘制地图的过程涉及许多自然地理要素如海陆变迁和水道变迁，这就把沿革地理的范围进一步扩大到了自然地理。有了这样的需求，北京大学、陕西师范大学、中国社科院历史研究所、武汉大学等国内一批研究历史地理的学科点陆续建成。在谭其骧的主持下，1959年，经教育部批准，复旦大学历史系成立中国历史地理研究室。1982年6月，中国历史地理研究所成立。1999年，教育部首批人文社会科学重点研究基地——复旦大学历史地理研究中心成立。

通过数十年孜孜不倦的求索，谭其骧将历史地理从传统沿革地理发展成一门现代学科，为中国历史地理学的科学化、体系化奠定了坚实的基础，也使更多人看到了这门新兴学科的深厚潜力和辉煌前途。斯人已矣，不复归兮，但史地大师谭其骧及其作品定将永远传承，暨南大学也为培养了这样一位杰出的学者而倍感光荣。

① 谭其骧：《谭其骧自传》，《文献》1982年第4期，第164－178页。

暨南群星闪耀时

第三章

艺术名师

黄宾虹

黄宾虹（1865—1955），初名懋质，后改名质，字朴存，号宾虹，别署予向。原籍安徽歙县，1865 年生于浙江金华。黄宾虹擅诗文、书法，兼长金石文字、篆刻等艺术，是中国近现代美术史上的开派巨匠，山水画一代宗师。他对于画论与画史均有研究，见解精辟，著有《黄山画家源流考》《中国画学史大纲》等，另与邓实合编有《美术丛书》。

中国近现代绘画史上有“南黄北齐”之说，“北齐”指的是齐白石，而“南黄”就是黄宾虹，足见黄宾虹的艺术功力和地位。其独具一格的画风与丰富多变的笔墨，蕴藏着深刻的民族文化精神和自然美的取向。随着时间的推移，黄宾虹绘画的艺术价值不断显现出来，可以看出，他是一位“不能仅以画史目之”的学者型艺术家。由于黄宾虹对美术史的突出贡献，在他 90 岁寿诞之时，被华东军政委员会文化部授予“中国人民优秀的画家”称号。

黄宾虹曾先后在北京、上海、杭州等地的美术院校任教，并担任书局编辑多年。1928—1932 年，黄宾虹任国立暨南大学中国艺术学系国画讲师。1933 年，他又被聘为暨南大学文学院中国画研究会山水画导师。

一、“白宾虹”三入暨南任教

纵观黄宾虹的一生，其绘画生涯以 80 岁为界。早年他受新安画派的影响，以干笔淡墨、疏淡清逸为特色作画，被称为“白宾虹”；80 岁以后，他又以黑密厚重、黑里透亮为特色作画，故称为“黑宾虹”。由此可知，黄宾虹在暨南大学任教之时，属于“白宾虹”晚期。正是那段战火纷飞的岁月，在暨南大学任教的他逐渐向“黑宾虹”蜕变。

黄宾虹（中）

1923 年，黄宾虹为避卢永祥、刘樊元军阀混战之祸，到皖北贵池购置物产欲安家，不料误购了约二百亩低畦场受涝灾的废弃田，让黄家陷入了困境。本来靠编辑撰稿艰难维持家庭生计的黄宾虹再连遭此不幸，更是雪上加霜。为此，黄宾虹着急谋求有固定收入的公职。徐悲鸿得知此消息后，便向准备开办中国画系的暨南大学推荐黄宾虹，系主任陶冷月遂聘他为国画理论教师。这是国画名家黄宾虹第一次进入暨南大学任教，直至暨南大学中国画系停办后，黄宾虹仍在暨南大学中国画研究会任职。

黄宾虹画稿

1933 年秋，黄宾虹被暨南大学聘为文学院中国画研究会山水画导师，这是他第二次进入暨南大学任教。在此期间，他还兼任美术专科学校的教授。1935 年，他三进暨南，任文学院教授兼中国画研究会导师，直至 1941 年太平洋战争爆发，暨南大学举校南迁至福建建阳。

黄宾虹教学认真负责，他不仅亲自撰写教学讲义，还多次修改，力求完善。对于后辈，黄宾虹也总是谆谆教导。他喜欢学生多问，认为学生多问是好学之举，若难住了老师，老师也能从中得到益处。他又认为学生年轻，知识积累不多，对有些问题，不能举一反三，所以老师要善于启发。黄宾虹平易近人，学生拿习作给他看，他看见画得好的地方就鼓励，但为了防止学生骄傲自满，他也说："学画如打铁，要趁火热的时候打，停不得，歇不得。"[①] 他还常常对学生讲苏秦刺股的故事，希望后辈可以勤奋努力，学得更好。

二、结缘暨南，同事师生情谊重

黄宾虹一生交友广泛，不但与同时期的画家交流频繁，还常常牵头组织和参加各类活动，是绘画界的活跃分子。当时的暨南大学中国艺术学系名师荟萃，著名画家齐聚一堂，黄宾虹在任教期间，与其他老师结下了珍贵的友谊，并时常保持着密切的联系，他们志同道合，渐成画坛佳话。

黄宾虹

在这些同事中，若论黄宾虹的人生知己，首先应提陶冷月。陶冷月和黄宾虹的相识，是经徐悲鸿介绍的。陶冷月曾在信中提到过他与黄宾虹的相识过程："宾老与月是从 1928 年夏我在筹办暨南大学艺术系时，由徐悲鸿先生介绍相识……宾老对国画史极熟，故商聘为国画理论讲师。"[②] 在暨南大学共事时，两人一见如故，异常投契，经常在一起读画论艺，四处同游。黄宾虹虽为一代国画名家，但早年并不得志。陶冷月乐于助人，曾推荐他去桂林、四川等地讲学，还向程潜等人极力推荐，帮助黄宾虹在上海成功举办画展。

陶冷月推崇黄宾虹能把元人小品扩为巨幅，苍莽浑厚，自具致趣，而且黄宾虹的记忆力极强，赏鉴旧画时常常能原原本本地举述来历。黄宾虹说自己"尝拟偕诸同志，遍历海岳奇险之区，携摄景器具，收其真相，远法古人，近师造物，图于楮素。足迹所经，渐有属稿，而人事卒卒，未能毕愿，深以为憾"[③]。而陶冷月身上则集中体现了他终身向往的"愿"，陶冷月不仅融通中西画艺，还是一位出色的摄影师，他的摄影作品饱含对现实主义的追求，与黄宾虹毕生所愿不谋

① 王伯敏：《黄宾虹》，上海：上海人民美术出版社，1979 年，第 9 页。

② 赵志钧编著：《画家黄宾虹年谱》，北京：人民美术出版社，1992 年，第 121 页。

③ 黄宾虹：《真相画报叙》，载岭南画派纪念馆编：《国画复活运动与广东中国画国际学术研讨会论文集》（上），广州：岭南美术出版社，2017 年，第 2 页。

1928 年，陶冷月（右一）与黄宾虹（左二）等在无锡梅园天心台

而合。除此之外，黄宾虹还亲自为陶冷月的《秋山图》作题，称其“天才焕发，学力深醇，不规规于元季诸家，而落墨极得神似”①，这份知己之情，如山一般厚重。

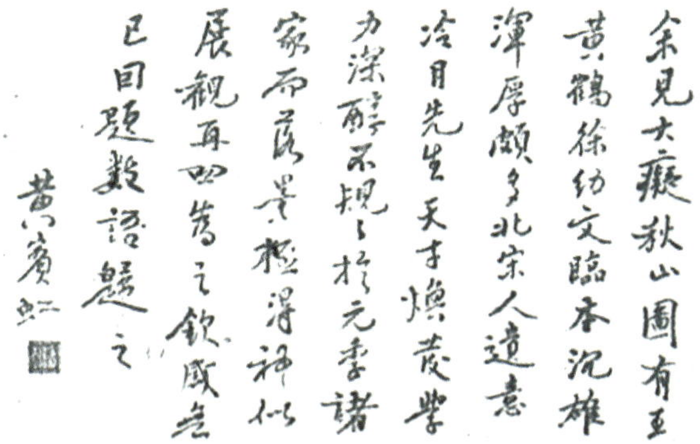

黄宾虹题陶冷月《秋山图》

为表对陶冷月的知己之情，黄宾虹曾以名家黄小松镌刻的“心迹双清”印和他画的《川江山水》相赠，还为陶冷月的一支竹杖镌“益友”二字。从桂林回来后，黄宾虹又将他亲绘的《漓江山色图》赠予陶冷月。两位国画宗师的情谊之深，也烙印在暨南的艺术史上，熠熠生辉。

黄宾虹在暨南大学任教期间，培养出了一大批优秀的学生，为暨南大学的艺

① 黄宾虹：《题冷月先生〈秋山图〉》，载陶为衍编著：《陶冷月》（下），上海：上海书画出版社，2005 年，第 467 页。

术传承延续了血脉。他的学生中不仅有投身画坛的画家、热心教育的老师，还有出色的银行家，他和学生们情谊深重，在学生毕业后，也大都能保持联系，交往频繁。

苏乾英就是黄宾虹当时的学生。他早年进入上海暨南大学文学院历史学系读书，1934 年毕业后，留校担任助教，从事南洋史籍的搜集和研究工作。他先后担任讲师、副教授、教授等职，主讲亚洲史、南洋概况等课程，主编《南洋研究》，还负责南洋及欧、美、大洋三洲华侨团体的联络工作，为暨南大学的侨务事业做出了突出贡献。

1934 年，苏乾英在暨南大学正式拜黄宾虹为师。他与黄宾虹有 20 多年的交往，情谊笃厚，在黄宾虹寓居上海之时，二人还曾同居一室。有一次，黄宾虹遗失了当月工资，二人便共用一份月薪生活。苏乾英回忆，当时黄宾虹的作品很多，但不受世人看重，是以索画时可以自由挑选。黄宾虹的得意之作《武彝山水》刊在《艺海拾萃·黄宾虹研究画集》（第 2 集），题款为“武彝山水以北宋人笔意写之，乾英吾兄有道清鉴，己丑八十六叟宾虹”[①]。苏乾英十分欣赏黄宾虹的画，在黄宾虹迁居杭州后还时常致函求索，现浙江省博物馆藏有苏乾英致黄宾虹的一百五十余封书信，成为研究黄宾虹生平的重要资料。

黄宾虹第二次入职暨南，就和他的学生苏乾英有关。1933 年秋，任国立暨南大学文学院助教的苏乾英，持函请黄宾虹回暨南大学担任中国画研究会山水画的导师。苏乾英在与汪聪的书信中曾提到此事：“因文学院长陈中凡之介，至萨坡赛路黄先生寓所邀请先生任该校国画研究会山水画导师，先生欣然应允。”[②]在这样的机缘巧合之下，黄宾虹受苏乾英之邀，重回暨南大学，每周授课一次。曾经精心培养的弟子，也成了同在暨南大学工作的同事。

黄宾虹和学生的暨南故事还有很多，其中最有代表性的是与陈景昭和刘作筹两位学生的故事。陈景昭出身金石书画世家，是岭东金石书画界耆宿、著名鉴藏家陈兆五先生的次子。他家学渊源深厚，自幼便对中国书画产生了浓厚的兴趣。1927 年，陈景昭考入暨南大学经济系，求学期间参加了校内的中国画研究会，当时的导师正是黄宾虹，国画大师陶冷月和谢公展也一同负责教学工作。

陈景昭受黄宾虹的影响很深。他的中国画绰约多姿，跌宕有致，以花鸟为主，尤以菊花见长。他一生都在竭力搜集黄宾虹的作品，数量众多，故其寓斋又称“三百画斋”，同时，因其书斋藏有百件以上黄宾虹的作品，故书斋名为“百虹楼”，可见他对老师黄宾虹的推崇。1949 年，陈景昭前往新加坡从事教育工

① 丘金峰：《艺海拾萃·黄宾虹研究画集》（第 2 集），香港：中国国际美术出版社，2004 年，第 1 页。
② 王中秀编著：《黄宾虹年谱》，上海：上海书画出版社，2005 年，第 307 页。

作，工作之暇，他还融情于书画，热心参与新加坡的艺术活动，曾担任华人基督青年会主办的“全新中小学书法比赛”评委、新加坡文化部及各美术团体联合主办的多项美展评委、《南洋商报》及南洋大学中国画研究会联办“全新大专中小学书法比赛”评委等。由此可见，黄宾虹培养出来的学生，没有辜负他的期望，为艺术界及社会都做出了极大的贡献。

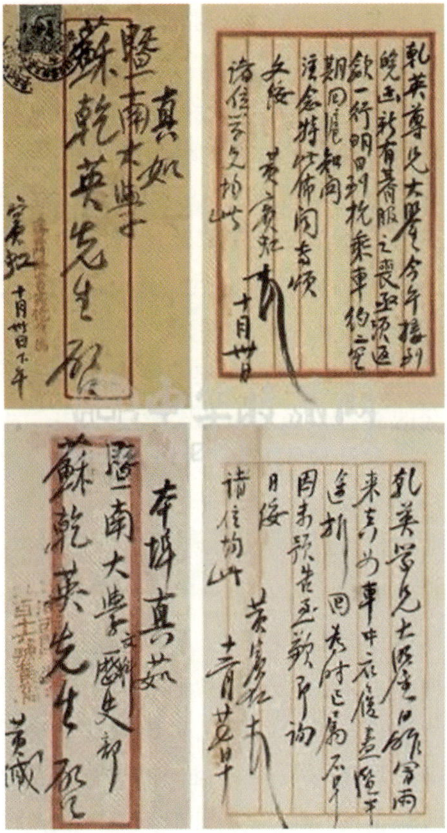

黄宾虹致苏乾英的书信

刘作筹也是黄宾虹执教暨南时培养出来的学生。刘作筹是潮州龙湖人，家境殷实，九岁时就赴新加坡接受教育，回国后就读于上海暨南大学附中和暨南大学经济系，同时跟随黄宾虹、谢公展习画，黄宾虹还亲自为他取字“君量”。在黄宾虹的指导下，刘作筹对书画鉴别有了初步的认识，开始收藏古代书画。之后，刘作筹也回到了暨南大学任职，担任国立暨南大学中国画研究会会长，为暨南艺术付出了自己的努力。

刘作筹在新加坡经商时，仍与黄宾虹交往不断。寓居香港后，他灵活运用自己在暨南大学经济系所学的知识，服务于香港银行界。在香港期间，刘作筹还做了一件相当了不起的事情：他节衣缩食，大量搜购流散的文物，晚年更是将所藏的700余件书画作品悉数捐予香港艺术馆，继承了老师黄宾虹的民族使命感与爱国之情，体现了暨南担当。

三、 一寸丹心图报国

回溯黄宾虹早年的生活经历，爱国就像一道不可磨灭的痕迹，深深地烙印在了他的骨子里。1895年甲午中日战争失败，黄宾虹目睹了腐败的政权和身处于水深火热中的劳苦大众后，一种责任感和使命感油然而生。康有为“公车上书”时，黄宾虹曾致函康有为、梁启超，并与“六君子”之一的谭嗣同结为好友，后来谭嗣同被清政府捕杀，他感到十分悲愤。

“戊戌变法”失败后，黄宾虹因不满清政府的压迫，毅然组织了“黄社”，配合同盟会宣传孙中山先生的民族、民权思想。他在家乡安徽歙县不仅读书习艺，还与武举人讲武论兵，跃马击剑；农闲时开场收徒，教练拳术，配合革命潮流；同时兴办义学，修渠垦荒。后来受同盟会的委托，黄宾虹开始铸造货币，扰乱了清王朝的币制，被人告密后，不得已出走上海。

黄宾虹作品

黄宾虹晚年有感于祖国的文化发展日益繁荣，在《九十自寿》一诗中，他尽情地歌颂了祖国，诗中写道：“和合乾坤春不老，平分昼夜日初长。写将浑厚华滋意，民物欣欣见阜康。”① 这是黄宾虹在晚年写下的对祖国的赞歌，到了这时，他的山水画亦更加成熟，更加浑厚华滋。对于祖国的文化艺术，他希望群策群力，立志奋发，创空前绝艺，并祝颂祖国的文化事业“永寿万年当不渝”②。

1955 年 3 月 25 日，黄宾虹因患胃癌，医治无效，溘然长逝。其家属秉承他的遗志，将所藏书籍、字画、金石、拓本以及自作书画、手稿等 10 100 余件，全部捐献给国家。这是一位国画宗师对国家最后的热忱，但这份浓浓的爱国之情，不会随着岁月的流动而消逝。

黄宾虹从事美术教育工作多年，桃李遍及大江南北，也在暨南大学留下了他的身影。近几十年来，黄宾虹的绘画开始受到美术界的广泛关注，并逐渐释放出

① 黄宾虹著述，王伯敏、钱学文编：《黄宾虹画语录图释》（第 2 版），杭州：西泠印社出版社，1997 年，第 130 页。

② 黄宾虹：《黄宾虹诗集》，桂林：漓江出版社，2012 年，第 81 页。

巨大的能量，当今中国的画坛，李可染、钱松喦、贺天健等画家莫不深受其影响。但对于黄宾虹，我们不应只关注他的绘画作品和成就，还应进一步探索他作为国画宗师背后的人性闪光点，在他“黑密厚重”的画风、浑厚华滋的笔墨中，蕴涵着厚德载物的美学取向和独一无二的处世价值，而这些精神养分，也会永远留在暨南人的心中。

李瑞清

李瑞清（1867—1920），江西临川（今抚州）人，字仲麟，号梅庵、梅痴、阿梅，晚号清道人。喜食蟹，戏号李百蟹。他是清末民初诗人、美术家、书法家、文物鉴赏家，也是中国近现代教育的奠基人和改革者，著有《左氏问难》《春秋大事表》《历代帝王年表》《和陶诗》及书画录多卷。他在诗、书、画等方面颇有造诣，其中尤工书法，名声显赫，自称“北宗”，与曾熙的“南宗”颉颃，以致世有“北李南曾”之说，又与吴昌硕、曾熙、黄宾虹并称“海上四妖”，名噪一时。

作为中国近现代美术教育的先驱，李瑞清铸就了百年艺术暨南的发端。1909年，李瑞清继任暨南学堂督导，清末暨南学堂共办学5年，李瑞清任督导便达3年之久，直至学堂因辛亥革命爆发而停办。尽管身处乱世，时局动荡，但李瑞清坚持“教育救国”的理念，以实干在暨南埋下艺术教育的火种，开暨南艺术长河之源流。此后暨南大学艺术系人才济济、成就斐然，都离不开李瑞清在前期的铺垫。

一、中国近现代教育的奠基人和改革者

李瑞清出身于官宦世家，报国是他从小的志向。成长于新旧思想碰撞的政治氛围中，时代的淘洗对他思想的形成产生了巨大影响，“教育救国”是他秉承奉行的人生信条。“是以王者之民知，伯者之民勇，弱国之民私，亡国之民无耻”①，见识过生民百态的李瑞清意识到教育对国家发展所起到的重要促进作用，

① （清）李瑞清：《清道人遗集·二卷》，《两江优级师范学堂同学录序》，载《清代诗文集汇编》编纂委员会编：《清代诗文集汇编》第791册，上海：上海古籍出版社，2010年，第785页。

决心以教育提高中国国民的素质。

1906—1911 年，李瑞清任两江师范学堂监督。他认为国家发展的强弱与教育有直接关系，国民素质的高低直接影响着国家的前途和命运，所以在上任后，大力改革。他主张融会中西之学，贯通古今，以造就中国之培根、笛卡尔；他视教育若生命，学校若家庭，学生若子弟，倡导勤俭、勤奋、诚笃的校风。在李瑞清的主持下，两江师范学堂名师汇集，声誉卓著，学生成绩为江南各高校之冠，成为名副其实的江南第一学府。

在任期间，李瑞清广延名师，提高师资水准；团结同仁，广建校舍；改革学制，添置设备，增设科目，开办“公共科”“分类科”；他针对东南地区急需师资的实际，在学堂增设选科、补习科，附设中小学校；他还创办短期的留学预备学堂，输送了一批青年学生去美国深造。此外，李瑞清十分注重生产教育，要求学生必须修习农科，并在学校设立农场，购置农田、耕牛等供学生实习所用，为学生提供实地操作的学习环境。

李瑞清亦十分提倡国学、科学和艺术，柳肇嘉称其“提倡科学、国学、美术不遗余力，中外教授及江南弟子千数百人服其诚悫，教育成绩评者推为东南冠冕”①。他不仅亲赴东瀛，聘请日本教习传授西方科学和近代工艺等知识，还大胆创设图画手工科，设立画室及相关工场，逐步影响、改变了人们对美术的态度，引发了中国近现代教育机构的连锁反应。他亲自讲授国画课，培养了中国近代最早一批美术师资和艺术人才，国画大师张大千，著名书法家胡小石、李仲乾、黄鸿图等皆出于其门下。除此之外，他还培养出了许多著名学者，如生物学家秉志、教育学家廖世承、历史学家陈中凡、艺术教育家吕凤子等。李瑞清的教育方法与我国传统私塾的教育方法不同，因此，两江师范学堂培养出来的学生也有别于传统学者——他们眼界开阔而富于革新。

1912 年，李瑞清辞去两江师范学堂监督一职。作为中国近现代高等师范教育的开拓者，他不慕钱财、甘于朴实，离校时，见有些学生生活贫困，心中悲痛不已，他旋即卖去自己的车马，将银钱分发给贫穷的学生，然后两袖清风，飘然而去。李瑞清用几十年的教学生涯，践行了他的人生宗旨——嚼得菜根，做得大事。

① 柳肇嘉：《清道人传》，载（清）李瑞清：《清道人遗集·佚稿》，载《清代诗文集汇编》编纂委员会编：《清代诗文集汇编》第 791 册，上海：上海古籍出版社，2010 年，第 805 页。

二、百年暨南艺术教育之发端

李瑞清创设了中国高等学校中的第一个图画手工科，是近现代美术专业教学体制的开始。他的远见卓识，使中国美术教育具有较高的起点，为中国培养出了第一批近代美术师资和艺术人才。

1909年，李瑞清继任暨南学堂督导。进入暨南后，他延续实施了这一教学举措，开启了暨南学堂的艺术教育先河。他提倡并重视艺术教育，专门设立画室，并聘请著名画师教学；设立手工艺室，方便学生实习。这些举措被认为是百年暨南艺术教育之发端，对后期的艺术教学发展有着重要的启蒙作用。李瑞清培养的暨南学子兼具高标准的文化水平和广阔的艺术视野，影响力不容小觑。

暨南学堂图画手工科的设立，不仅满足了社会需求，也成为当时人文学科建设的标杆，肩负着一种复兴文明的使命。手工艺室既是其拓展和实践，也是李瑞清在暨南打下的一块基石，无数后人在此将艺术教育发扬光大。回看一百多年前的艺术先声，我们发现，暨南一路的繁花似锦，并不是偶然，而是教育大家和艺坛名师用一砖一瓦亲手砌成的。细数暨南往事，翻阅如珍似宝的艺术画卷，重视暨南艺术的起点，我们会深深感慨李瑞清的伟大。

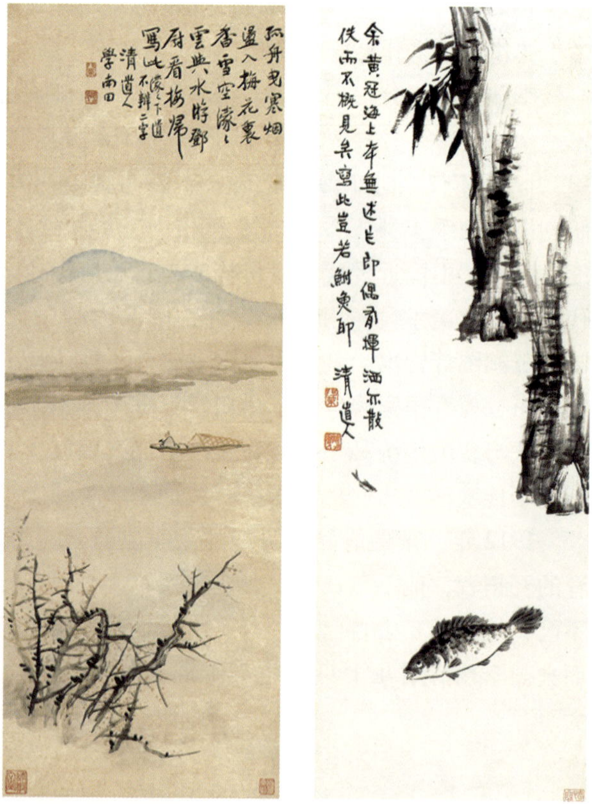

李瑞清书画

三、书画造诣影响深远，书坛美名百世流芳

李瑞清家学渊博,自幼就和书法结下了难解的情谊。据记载，临川李氏本就是清代颇具影响力的书香世家，而且相当重视对后辈的教育。这种家风对李瑞清的书画学习有着极为重要的启蒙作用，奠定了他书法学习的基础，再加上后天勤奋练习，刻苦钻研，李瑞清终成一代书画大家。日本书画会还曾慕名请他携作品赴日展览，展出后引起较大轰动，被誉为“中岳再世”“近五百年来第一人”，扬名海内外书画界。

世人评价李瑞清的书法：上追周秦，博宗汉魏，取法高古；潇洒俊逸，各具神态。秀者如妖娆美女，婀娜多姿；壮者如勇士挥槊，锐不可当。他的书法各体皆备，尤工篆隶，以篆作画，合画篆为一体；熔铸古今，不偏不倚，至博且精，勇开风气，所播深远直至当代，为薪火相传的金石书派，推动了碑学书风的发展。

李瑞清的书艺特色可概括为“以浓墨胶笔，务使坚结。临用之时，咬开分许，即以作字”①。其书法线条有血有肉，浑圆遒美，富于立体感与流动感；运笔自然流畅，寓直于曲，刚而非实，柔而非泥，涩笔顿挫，弹力丰富，意味悠长，效果往往出人意料。

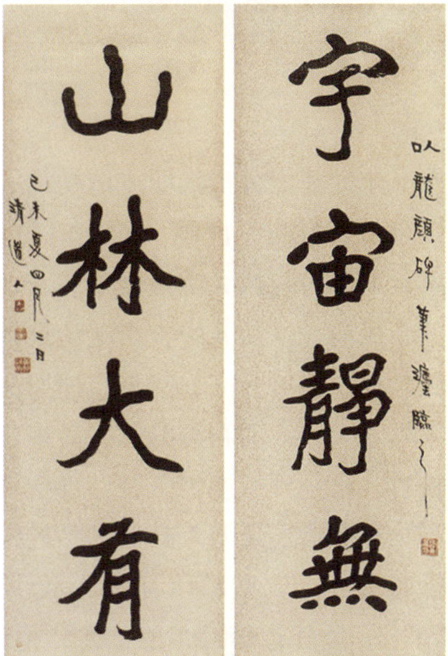

李瑞清书法

对于李瑞清而言，教育贯彻了他的一生。无论是办学校还是习书法，我们都能找到他在教育方面的巨大贡献。在南京大学鼓楼校园北园两江路畔，有校碑“两江师范学堂”六个字，这六字为李瑞清任监督时所写，属魏碑体，字体遒劲有力，笔画沉着厚重，是李瑞清投身中国教育事业的珍贵历史见证，其距今已一百多年。“桃李满园”是对李瑞清最准确的形容，著名书法家胡小石、李仲乾、黄鸿图皆出自他门下，著名画家张大千更是他的得意弟子之一，他形容李瑞清“身材魁伟，方面大耳，俨然伟男子大丈夫气概，

---

① 杨钧：《草堂之灵》，长沙：岳麓书社，1985 年，第 54 页。

他有兼人之量”①，对老师十分敬重。

李瑞清擅画文人画，这种重视文学修养、讲究神韵的画风，对张大千也产生了很大影响。张大千的《松梅芝石图》就是在学习了李瑞清的笔法之上绘成的，可见李瑞清的书画对他的影响之深。

李瑞清书校碑“两江师范学堂”

李瑞清十分推崇明末清初的石涛和八大山人（朱耷）。他和曾熙认为，清初以来一直影响后世画风的王时敏、王鉴等山水名家，虽然技巧高超，但缺乏新意，而石涛与八大山人则不然，他们独创一格，极有生气，代表了中国绘画史上的新风向。这两人中，李瑞清推崇八大山人，曾熙则喜好石涛，两人常常争得面红耳赤，不可开交，甚至忘掉斯文，口沫飞溅。张大千在好笑之余，也下决心要学好八大山人和石涛的画。后来，他用石涛笔法画山水树石，用八大山人笔法画松竹，已经到了惟妙惟肖、难辨真假的程度。

李瑞清还强调人品是书品的根本，他认为书品会反映书者的人品，强调“书学先贵立品。右军人品高，故书入神品。决非胸怀卑污而书能佳，此可断言者”②。此外，学问亦很重要，他说“学书尤贵多读书，读书多则下笔自雅。故自古来学问家虽不善书而其书有书卷气。故书以气味为第一，不然但成手技，不足贵矣”③。其意为书法反映的是内、外两个方面的内容，不但要看到表面，还

① 谢家孝：《张大千的世界》，台北：时报文化出版事业有限公司，1982 年，第 49 页。

② （清）李瑞清：《清道人遗集 · 佚稿 · 玉梅花庵书断》，载《清代诗文集汇编》编纂委员会编：《清代诗文集汇编》第 791 册，上海：上海古籍出版社，2010 年，第 827 页。

③ （清）李瑞清：《清道人遗集 · 佚稿 · 玉梅花庵书断》，载《清代诗文集汇编》编纂委员会编：《清代诗文集汇编》第 791 册，上海：上海古籍出版社，2010 年，第 827 页。

要看到内在涵养，会写只是书法能手而已，却难以达到更高的境地，学习书法还要学习字外功夫，要有深厚的文化修养，方能作出精品。

李瑞清的人品思想、书画艺道亦给张大千留下了深刻的印象。据说李瑞清、曾熙去世后，张大千的画室中始终挂着他们的书联墨迹，即便是侨居海外三十多年也不例外。张大千每次出远门开画展，临行时总要向两位老师的墨迹辞行，以示不忘师训。李瑞清去世后葬在南京牛首山，张大千寓居上海时，每年清明节都要去扫墓。也正由于李瑞清的品德、学问高尚，才成就了他书法作品中前不同于古人，后不同于来者的高洁之气。

李瑞清晚年为中国文化的发展做出了不可磨灭的贡献。他去世后，黄宾虹挽之曰“清史流芳，亦夷亦惠；黄冠高隐，不宦不农”①，以悼念这位出色的书画家、教育家。今日抚州市城区北面，仍有一绿树成荫、幽雅宁静的街道，原名府前街，李瑞清曾居住于此。1932 年，为纪念李瑞清在教育、书画上所作的贡献，此街扩宽后改名“梅庵路”。他的遗文和著述由其侄儿李健、弟子胡小石等人搜罗编集成《清道人遗集》四卷。

作为暨南人，我们不仅要在追溯历史中铭记过去，也要在未来的画册里寻觅前辈的先声。转眼间，暨南已从小小学堂演变为百年大学，论暨南艺术教育的源头，便应追溯到李瑞清任督导时所设立的手工艺室。在此之后，暨南艺术之河汹涌澎湃，从未断绝，李瑞清“海上四妖”之一的美名传播，在这百年间也从未停止。

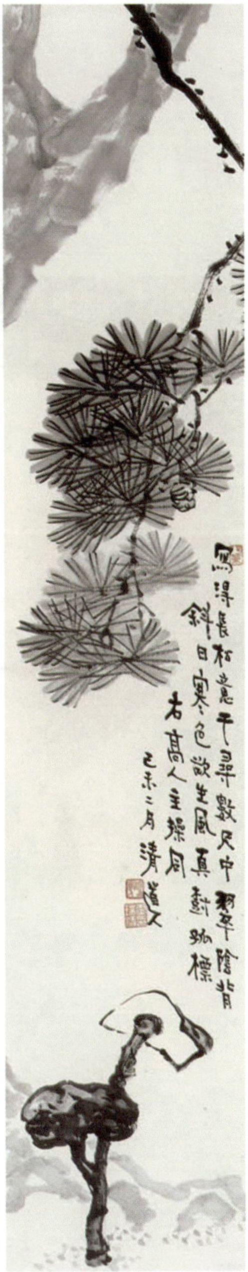

李瑞清诗画

① （清）冯煦编：《清道人遗集·附录》，载《清代诗文集汇编》编纂委员会编：《清代诗文集汇编》第 791 册，上海：上海古籍出版社，2010 年，第 856 页。

洪　深

洪深（1894—1955），原名洪达，字伯骏，号潜斋，别号浅哉，江苏武进人，中国电影戏剧理论家、剧作家、导演。他自中国话剧和电影草创伊始，就开始进行编剧、导演、表演等理论的实践和探索，是中国现代话剧和电影的奠基人之一。

他是创意无限的戏剧编导。1919 年，洪深考入了哈佛大学戏剧训练班，成为中国第一个专习戏剧的留学生。他一生共创作了 38 个电影剧本，并引进了有声电影技术，其编导的《歌女红牡丹》是中国电影史上的第一部有声电影。

他是因材施教的戏剧教育家。洪深曾先后在复旦大学、暨南大学、中山大学、厦门大学、北京师范大学、上海戏专等高校创办校园剧社，变剧场为教席，他慧眼识才，为学生指点迷津，指导中国现代话剧草创成形。

他是笔耕不辍的报刊编辑。洪深在求学期间曾担任校园刊物的编辑，后主编《清华周刊》《光明》《抗战戏剧》《戏剧时代》等重要期刊，变报刊为学堂，推动了二十世纪三四十年代中国戏剧运动与电影批评的发展。

他是热爱祖国的表演家。抗战时期，洪深参加了上海救亡演剧二队，并随之辗转徐州、开封、洛阳、郑州、武汉等城市，以唇为枪、以舌为剑，变舞台为战场，将抗战歌声传遍前线。

1922 年，洪深自哈佛大学戏剧训练班毕业归国。随后，暨南学校便向其抛去橄榄枝，预聘其为外文系教授，使之成为暨南的一员。就是这样一位热忱、洒脱的舞台艺术家，将赤子之心熔铸进戏剧事业，影响着后继者与一代代暨南学子。

一、重视实践的戏剧教育者：剧场是演员的生命

话剧《飞将军》剧照，洪深饰高鹏飞

初入暨南，洪深先担任中学部主任一职。暨南升格为大学后，他又担任文学院外文系主任，主讲《莎士比亚》《演说及实习》《西洋戏剧》等课程。为了提高学生的戏剧理论修养，他还特地开设了《学校戏剧论》一课，以便指导学生进行戏剧学习与创作。

暨南大学内学习氛围良好，思想活跃，学生们乐于参加演说、辩论等活动。洪深作为外文系主任，经常组织开展演说活动，并在演说会中担任指导老师，为暨南大学培养出了一批演说人才。1929 年秋，上海举行演说竞赛，其中中国语演说冠军，英语演说冠军、亚军分别由暨南大学教育系、外文系的学生获得，一时誉满上海。

真如时期，暨南大学的戏剧爱好者们还组织了暨南未名剧社，并请洪深担任社长、田汉任指导，他们排练演出了《怒吼吧中国》《油漆未干》《裙带风》，还用英语演出了莎士比亚喜剧《威尼斯商人》等进步、健康的话剧。在一次演出中，外文系的王莹和附中的舒绣文同台演出讽刺喜剧《油漆未干》，大受欢迎，后来她们也成为影剧明星，蜚声艺林。

洪深十分重视演员的面部表情管理。他在课上曾指出，演员的喜、怒、哀、乐是十分重要的，平时要多对镜刻苦练习，学会管理面部表情，才能不断放大舞台上的情绪感染力。洪深还引进了西方话剧的一些表现形式，建立了正规的导演制，严格排练，并实现男女合演；舞台布景也由原来的平面布景改为立体布景，这些做法在当时尚属首创，使正处于由文明戏剧向现代话剧过渡的中国话剧完成了历史性转变。

洪深不仅在上海创办剧社，为学生提供戏剧表演的舞台，他还在其主编的《大公报》“戏剧与电影”专栏中，鼓励学生进行文艺理论研究。据暨南学子任明耀回忆，他曾化名白衣人，写了一篇名为《平剧（京剧）台上一些容易改革的毛病》的文章，寄给洪深审处，不久后，这篇文章就刊出了。令他意想不到的是，洪深不仅寄来了稿费，还随寄了一封热情的信，鼓励他再写文章。这篇文章

的发表与洪深的鼓励，影响了任明耀的人生走向。后来，任明耀立志一生耕耘剧坛，出版了多部关于戏剧的专著。

洪深作为中国留学进修戏剧的第一人，不但在实践创作中提升编、导、演的经验，还在多所高校创建南国社、暨南未名剧社等戏剧社团，为中国戏剧界培养了一批人才，推动了中国现代话剧的形成与剧场艺术水平的进步。

二、创意无限的戏剧编导：中国“编故事”第一人

1919 年，袁世凯政府内务部一个名叫洪述祖的秘书因涉嫌宋教仁刺杀案，被处以绞刑。当时，他的儿子洪深正在美国俄亥俄州立大学攻读前途无限的化学烧磁专业。父亲的噩耗传到大洋彼岸，洪深的心情不得而知，只知道当年秋天，他转而投考了哈佛大学的戏剧文学专业，成为中国接受西方戏剧系统训练的第一人。

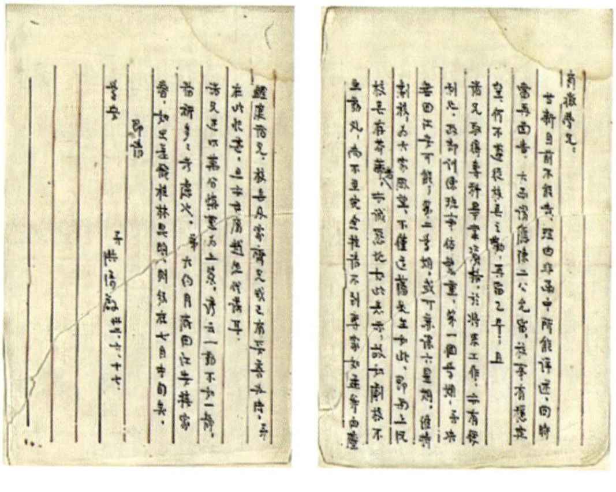

洪深的创作手稿

回国后，洪深开创了数个第一：最早确立了“话剧”这个名字；最早建立起话剧的专业导演职能和正规排演制度；最早在中国写出完整的电影剧本；编写了中国第一部有声电影的剧本。1925 年，他正式加入明星公司担任编剧。在当时，电影是比话剧等而下之的东西，洪深的选择被讥为“拿他的艺术卖淫了”①。但洪深始终秉持着最初的理想——做中国的易卜生，他希图通过话剧改造社会，而电影的社会接触面更广泛，因此被洪深视为一种实现“易卜生之梦”的有效工具。

加入明星公司之后，洪深创作了中国第一个电影剧本——《申屠氏》。尽管因为资金问题，该剧本最终没能投拍，但它的出现把中国电影推向一个新阶段。同年，洪深又被明星公司聘为导演，拍摄了《冯大少爷》《四月里底蔷薇处处开》《爱情与黄金》等影片。这些影片与他最初尝试的话剧《赵阎王》相比，虽

① 洪深：《我的打鼓时期已经过了么?》，载《洪深文集》第 4 卷，北京：中国戏剧出版社，1959 年，第 535 页。

然成绩平淡无奇，但是在具体的艺术处理上，仍然展现了自己的特色，从细小动作的运用、内心状态的刻画到情节结构和人物个性的处理，都得到了同时代影人的推崇。

20 世纪 30 年代初是洪深创作的巅峰期，他写出了自己的代表作——《劫后桃花》。这个剧本结合了洪深的童年记忆与抗战的时代背景，是中国电影史上最优秀的作品之一。1935 年，著名导演张石川率胡蝶、舒绣文等明星到青岛拍摄该片，洪深还帮助他们在沙子口附近选了一处外景地。后来，胡蝶在回忆录里谈及这部影片时称："洪深是美国留学生，中外文学造诣都很深。他丰富的生活阅历，熟练的创作技巧，使他对这部电影里的人物刻画入木三分。"①

《劫后桃花》剧照

洪深一生创作了 38 个戏剧、电影剧本，其中有 26 个被电影公司拍摄制成影片。他导演过 9 部电影，还撰写了大量关于电影理论的著作，如《现代戏剧导论》《洪深戏剧论文集》《编剧二十八问》《电影戏剧表演术》《电影术语词典》《电影戏剧的编剧方法》等，为我国现代电影事业做出了重大贡献。

三、 笔耕不辍的报刊编辑："用十二分的热诚倒竖著蜻蜓"

洪深一生笔耕不辍，著述丰硕，为中国现代文学史、电影史提供了诸多经典之作，同时也为西方戏剧、电影理论的引入以及话剧、电影的本土化做出了巨大贡献。然而洪深在影剧领域的闪耀光芒却遮蔽了他另外一个重要的身份——报刊编辑家。

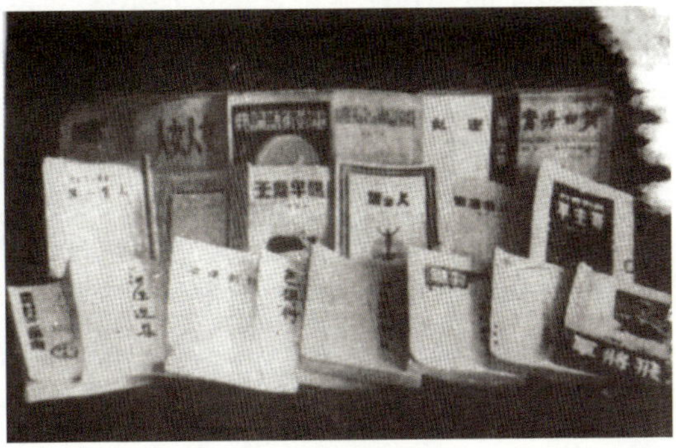

洪深部分著作

① 胡蝶口述、刘慧琴整理：《胡蝶回忆录》，北京：新华出版社，1987 年，第 208 页。

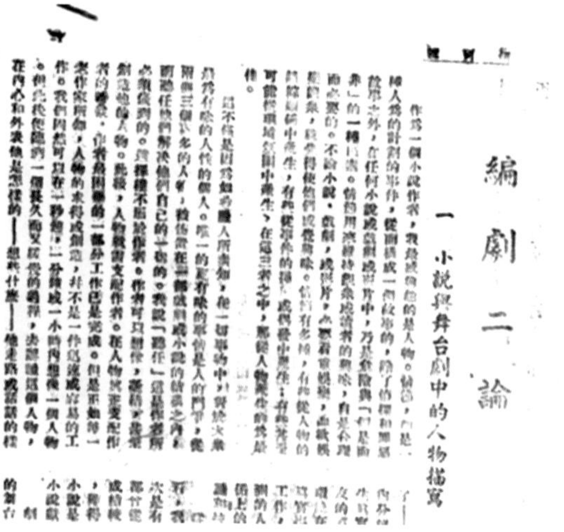
編劇二論

一 小說與舞台劇中的人物描寫

洪深在《戏剧时代》杂志上发表文章

洪深在编、导、演的戏剧生涯主轴之外，还担任多个编辑职务，其主编的报刊主题涉及电影、戏剧等多个领域。他在《戏剧运动》《戏剧周刊》等报刊中探研戏剧世界，推动了当时中国的戏剧发展；在《每日电影》《戏剧与电影》等刊物中阐发电影批评论谈，传播进步的电影思想。此外，他还在《避暑录话》《东南西北》《光明》等期刊中渗透抗战建国、启蒙民众的编辑理念。

求学清华期间，洪深便投身于《清华年报》《清华周刊》的经营与编辑工作。其主编的刊物分类清晰、特色鲜明，既有体现国学根底的“文苑”“小说”“课丛”等栏目，又有体现时代新声的“言论”“杂纂”栏目；同时，“译丛”“特别通讯”“纪录”等栏目更是直接体现了清华作为留美预备学校的特色，注重勾连中西文化、译介西方思想。

此外，洪深亦参与了多篇稿件的撰写，除《美国大学毕业仪式述略》等文外，他还开设了“课余漫笔”专栏，撰有《秦桧与金圣叹》《重作青岛之游》《小说之害》等杂论，与同为编辑的吴宓所开设的“余生随笔”专栏相呼应，极大地提升了民国初年校园刊物的质量。总之，洪深对散文、杂文、小说、诗歌、通讯等各类文体的尝试及办刊实践，以及对栏目设定的思考、专栏写作的尝试等，都为日后的编辑工作奠定了基础。

在多年的办刊经验中，洪深形成了一套自己的编辑理念：第一，组织当时戏剧界的精英担任副刊的撰稿人。洪深凭借其早年留洋、参与上海戏剧协社等经历，召集了包括田汉、汪仲贤、谷剑尘、欧阳予倩等一大批南国剧社、辛酉剧社、上海戏剧协社的成员，积累了当时戏剧界的重要资源，从而使刊物内容呈现出极大的社会关注度与思想深度。第二，明确刊物定位，致力于推动国内戏剧运动。洪深在办刊之初即带有浓厚的理想主义色彩，他将这项工作比喻为“我们也同玩把戏的‘巴那比’一样，只是有十二分的热诚，用十二分的气力，愿意倒竖著蜻蜓，去踢弄几个铜丸子”①。第三，丰富充实栏目版块，使之兼具学理性

① 鲁毅：《洪深的报刊编辑生涯与编辑思想述论》，《西南交通大学学报》（社会科学版）2020 年第 2 期，第 16 页。

与可读性。栏目内容主要包括戏剧理论、剧本批评、表演批评、外国剧本、舞台艺术、剧作家介绍、有关戏剧消息等，为读者提供翔实的戏剧资料。

1946 年初，洪深（右一）与梅兰芳、欧阳予倩、周信芳、翁偶虹、田汉在上海合影

洪深一生曾主编《时事新报》《民国日报》《大公报》等六种大报副刊以及《清华周刊》《光明》《抗战戏剧》《戏剧时代》等重要期刊，此外还担任多种丛书的编委。可以说，他在影剧领域的巨大成就与其编辑家的身份紧密相关，其编辑实践更是推动了二十世纪三四十年代中国戏剧运动与电影批评的发展。

四、 托戏言志的爱国表演家： 将抗战歌声传遍华夏大地

洪深左翼思想的萌生，与同在暨南大学任教的好友夏衍密切相关。在他的影响下，洪深开始阅读马列书籍，并参加了共产党领导组织的文艺运动。1929 年，夏衍等文艺界人士筹备组织了“中国左翼作家联盟”，洪深是最早的一批成员。他曾在一篇文章里回忆：“我已阅读社会科学的书；而因参加左翼作家联盟，友人们不断与以教导，我个人的思想，对政治的认识，开始有若干改变。”[①] 1936 年 6 月，洪深与夏衍等人创办了《光明》期刊，使之成为国防戏剧的主要阵地。为了反抗国民党对抗日戏剧演出的禁令，洪深还联合了戏剧界进步人士，起草发表了《中国戏剧界为争取演剧自由宣言》，获得了广泛的支持。

① 洪深：《洪深选集·自序》，《洪深文集》第 1 卷，北京：中国戏剧出版社，1957 年，第 493 页。

1947 年，洪深（左一）在上海时与茅盾、田汉、熊佛西等相聚一堂

在暨南园的一方天地里，洪深不顾重重危险，将他的政治信念融入教学实践中。他组织的“暨南实验剧社”，曾专门邀请中国左翼戏剧家联盟的应云卫导演，一起排练《怒吼吧！中国》一剧。此外，他还经常将自己在东方饭店里长期租赁的房间借给地下党作为活动场所。1930—1932 年，洪深相继写出了反映江南农民生活与斗争的农村三部曲：《五奎桥》《香稻米》和《青龙潭》，这些作品都具有强烈的反帝反封建意义。当时，暨南大学有许多借学生身份藏身的国民党特务，他们视左翼教授为眼中钉，洪深在学校排演红色戏剧时，就曾被以经济系二年级学生为掩护的国民党少校特务旦家瑞打过。

《五奎桥》在日本东京的演出剧照

1937 年 7 月 7 日，卢沟桥事变爆发，彻底激起了广大人民群众抗日的浪潮。当天下午，正在东方饭店洪深住所开会的上海剧作者协会的成员们听到该消息后，情绪异常激动，他们决定集体写出一个剧本并尽快演出，即连续独幕剧《保卫卢沟桥》。洪深负责组织导演团，并统筹百余名演职人员。他整天和演职人员待在一起，讲剧情、练插曲、布灯光，忙得废寝忘食、昏天黑地。卢沟桥事变一个月后，《保卫卢沟桥》正式在蓬莱大戏院上演，每天两场，场场客满，戏院门口几乎每天都是人山人海。

洪深（后排左三）与上海话剧界救亡演剧二队成员在开封合影

1937 年 8 月 13 日，淞沪会战爆发。在紧张的战争局势中，上海戏剧工作者紧急成立了救亡演剧队伍，洪深担任救亡演剧二队的队长与编剧。全队共有 14 人，包括冼星海、张季纯、暨南学子王莹等。建队时，洪深与队员一同宣誓：“我们十四人同生共死，为中华民族解放，誓死不屈！”[①] 救亡演剧二队的首站是在洛阳老城商场的“国民舞台”，剧目有《在东北》《卢沟桥》《老邻居》和《放下你的鞭子》四个情节感人的短剧。演出之后，台下的观众情绪激昂，泣不成声。随后，二队辗转洛阳、郑州、武汉、桂林、重庆等地出演抗战戏剧，极大地感染了群众，激发了人民的爱国激情。

① 孙青纹编：《洪深研究专集》，杭州：浙江文艺出版社，1986 年，第 115 页。

1938 年 8 月 25 日，周恩来在武汉为检阅去前方的各演剧队致洪深的信

作为戏剧表演家，洪深在大后方利用戏剧这一武器，点燃人民群众的抗战激情，将抗战歌声传遍华夏大地，完成了自己的时代使命。

洪深

中华人民共和国成立后，洪深主要从事对外文化联络工作，先后任全国政协委员、政务院文化教育委员会对外文化联络局局长、中国人民对外文化协会副会长、中国文联主席团委员、中国剧协副主席、中国作协理事、第一届全国人民代表大会代表等。

1955 年，洪深因肺癌在北京逝世，享年 61 岁。他不算长的一甲子人生，属于光影与舞台的戏剧世界。他在其中寄托信念并全情投入，创造着自己的“易卜生之梦”。这位戏剧创作者与表演家对理想至真、至纯、至热、至诚的态度，也深深影响着暨南学子。

俞剑华

俞剑华（1895—1979），乳名德，学名琨，字剑华，又字玉愚，山东济南人，中国著名画家、艺术教育家、美术史论家。

他是知行合一的画家和美术史论家。俞剑华以写生和游记为治学途径，所积累的写生画稿达几十册，后编辑成《泰岳写生游记》《南口写生旅行记》等；同时数十年如一日俯首书斋，集腋成裘，编撰了《中国绘画史》《中国历代画论大观》《中国美术家人名辞典》三部美术史巨著，他也因此被美术史论家马鸿增形容为“恢宏的艺术大词典”。

他是身体力行的艺术教育家。曾任教于新华艺专、上海美专、暨南大学、上海学院、南京艺术学院等高校，在教学实践中倡导“读万卷书，行万里路，绘万张画，立万帙言”的绘画信条，引领学生躬身实践，其弟子与再传弟子中不乏才俊之士，形成了名誉学界的“俞剑华学派”。

1941年12月8日，太平洋战争爆发，凌晨，日军出兵占领了上海租界，上海真如沦为战区，暨南大学迁入租界办学。在短暂的“孤岛”时期，何炳松校长先行考察，决定将学校内迁至福建建阳。俞剑华曾是何炳松的得意门生，在1938年，被何炳松延聘至暨南大学，担任文学院教授、校长室秘书兼总务长。在艰苦卓绝的福建建阳办学时期，俞剑华也一路追随着何炳松，与之相伴而行。

“著论启薪火，搦管以传灯”，俞剑华业精于勤的人生态度与治学精神，引领了一代代的美术学人。

一、 俞剑华早年经历：勤奋之路的起点

1895 年，俞剑华出生于山东济南东关一书香门第，从小便显现出卓越的书画天赋。俞剑华的父亲俞清泉书画兼擅，精于医道。在家学浸染下，俞剑华天赋渐显，小学时，他曾因在课堂上着迷于画梅花而被老师打过手心；中学时他以多幅铅笔画参加山东博览会并获得金牌奖；其后，他完成了包括图画、论文、通讯、日记、英文翻译等自命名《四十天》的暑假作业，获得好评，后参加山东省教育展览会，再获金牌奖。①

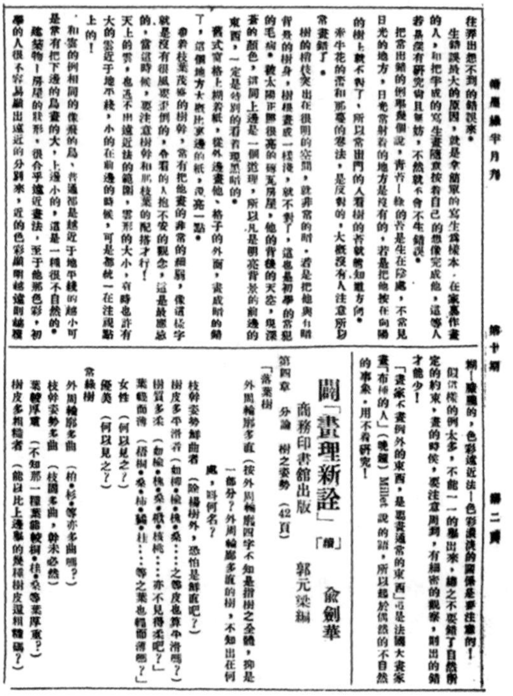

翰墨緣半月刊　第十期　第二頁

往往弄出想不到的錯誤來。

生錯誤最大的原因，就是拿簡單的寫生爲樣本，在家裏作畫的人，和把學成的寫生畫隨意按着自己的想像完成他，這等人若是沒有研究尚且無妨，不然就不會不生錯誤。

把常出錯的例舉幾個說，青苔一類的是生在陰處，不常見日光的地方，日光常射着的地方是沒有的，若是把他按在向陽的樹上就不對了，所以常出門的人看樹的苔就能知道方向。

牽牛花的蔓和瓜蔓的卷法，是反對的，大概沒有人注意所以常畫錯了。

樹的梢枝突出在很明的空間，就非常的暗，若是把他與有暗背景的樹身，樹根畫成一樣淺，就不對了，這也是初學的常犯的毛病。被太陽正照很亮的磚瓦房屋，他的背後的天空，現深黃的顏色，這同上邊是一個道理，所以凡是明亮背景的前邊的東西，一定是特別的看着現黑暗的。

舊式窗格上糊着紙，從外邊畫他，格子的外面，畫成暗的錯了，這個地方大概比裏邊的紙，還亮一點。

春養枝葉茂盛的樹幹，常有把他畫的非常的細弱，像這樣子就是沒有很風要歪倒的，令看的人抱不安的觀念，這是最應該的，當這時候，要注意樹幹和那枝葉的配搭才行！

天上的雲，也逃不出遠近法的範圍，雲形的大小，有時也許有大的雲近于地平綫，小的在前邊的時候，可是都統一在注視點上的！

和畫的例相同的像飛的鳥，普通都是越近于地平綫的越小可是常有把下邊的鳥畫的大，上邊小的，這是一種很不自然的。

建築物！房屋的狀形，很合乎遠近畫法，至于他那色彩，初學的人很不容易顯出遠近的分別來，近的色彩顯明越遠則越覆糊！朦朧的，色彩遠近法！色彩濃淡的關係是要注意的！

假供樣的例太多，不能一一的舉出來，總之不要錯了自然的定的約束，畫的時候，要注意周到，有細密的觀察，割出的錯才能少！

「畫家不畫例外的東西，是要畫通常的東西」是法國大畫家畫「布種的人」（晚鐘）Millet 說的話，所以都於偶然的不自然的事象，用不着研究！

關「畫理新詮」「續」　俞劍華

商務印書館出版　郭元棨編

第四章　分論　樹之姿勢　（42頁）

「落葉樹

外周輪廓多直　（按外周輪廓四字不知是指樹之全體，抑是一部分？外周輪廓多直的樹，不知出在何處，叫何名？

枝幹姿勢鮮曲者　（除楊樹外，恐怕是鮮直吧？）

樹皮多平滑者　（如柳•榆•桃•桑……之等皮也算平滑嗎？）

樹質多柔　（如榆•槐•桑•楸•核桃……亦不見得柔吧？」

葉皺而薄　（梧桐•桑•柿•槐•桂……等之葉也稱而薄嗎？」

女性　（何以見之？）

優美　（何以見之？）

常綠樹

外周輪廓多曲　（柏•杉•等亦多曲嗎？）

枝幹姿勢多曲　（枝圓多曲，幹未必然）

葉較厚重　（不知那一種葉能較梧•桂•桑等葉厚重？）

樹皮多粗糙者　（能以比上邊舉的幾種樹皮還粗糙嗎？）

《翰墨缘》半月刊

俞剑华在而立之年厚积薄发。1915 年，他作为优等生被北京高等师范学校（北京师范大学前身）手工图画专修科录取。在北京读书期间，他成绩优异，多次获奖学金，以第一名的成绩毕业。而后他回到济南一中任图画老师，其间采用新式教学及写生器具，创立美术教室，国画家徐培基、油画家秦宣夫等人都是他的学生。1920 年，俞剑华又回到北京高等师范学校进修并担任助教，当时，何炳松学成归国，俞剑华曾亲聆何炳松教诲，两人也因此结缘。1924 年他回到济南，以先前所开办的“翰墨缘”美术商店为基地，组织了翰墨缘画社，并编辑发行《翰墨缘》半月刊，先后出版 13 期，此为其学术研究的发轫。②

1927 年，俞剑华前往上海，开启了他艺术教学和学术事业的重要时期。他先后于上海爱国女学、新华艺专、上海美专等学校教授国文、手工图画、解剖学

① 褚庆立：《著论启薪火，搦管以传灯——美术史论家俞剑华的人生与学术》，《美术观察》2012 年第 9 期，第 118－119 页。

② 褚庆立：《著论启薪火，搦管以传灯——美术史论家俞剑华的人生与学术》，《美术观察》2012 年第 9 期，第 118－119 页。

和透视学等课程。同时，他结识了许多文化界友人，如刘海粟、黄宾虹、傅雷等，与友人一同写生出游，阅历与见闻益加丰富。①

俞剑华在任教暨南大学前，已走过人生的前四十年，走出了属于自己的勤奋之路。这和他的童年经历不无关系。俞剑华有个比他长五岁的哥哥，哥哥天资聪明，学习成绩优异。父母常表扬哥哥，而总是批评俞剑华脑子笨，将来没有什么大出息。一次批评后，他的自尊心受到了伤害，便一个人偷偷地躲在墙角哭了好久。忽然，俞剑华像悟到了什么，责问自己，哭又有什么用呢？只要自己比别人加倍努力，不相信将来没有出息。从此以后，他总是第一个赶到学校读书。为了课外学习的方便，他将父母每天给他的早餐费攒一点，用积累下来的铜钱买了一本《辞源》，这本书也伴随了他的一生。在不断的努力下，从小学到大学，俞剑华学习成绩始终名列前茅，终于成了大学者。②

1937 年，俞剑华出版了《中国绘画史》，这部著作正式奠定了他在美术史领域的地位。这本书的编撰缘由也颇为有趣。20 世纪 30 年代，商务印书馆出版了《辞海》，该馆为宣扬这本工具书的权威性，曾夸口说难有人发现词条中的错误。俞剑华得知这一消息，便一口气读完了它，发现其中有不少的硬伤。该馆得知立即上门对俞剑华深表敬意，当即主动约请他写一本《中国绘画史》。俞剑华早前已搜集了大量的相关资料，早就有撰写此书的准备，苦战三个月便成书，于 1936 年交稿，次年出版。他的手稿为四大册线装本，大部分是用毛笔写成的，根本看不到有涂改，若误写一个字，他总是在另外一张纸上写上改正的字，然后剪下贴到正稿上去。俞剑华治学之严谨，从其《中国绘画史》的手稿中也可窥一二。③

《中国绘画史》书影

---

① 褚庆立：《著论启薪火，搦管以传灯——美术史论家俞剑华的人生与学术》，《美术观察》2012 年第 9 期，第 118 – 119 页。

② 周积寅：《俞剑华老师永远是我学习的楷模》，《南京艺术学院学报》2012 年第 6 期，第 41 – 43 页。

③ 周积寅：《俞剑华老师永远是我学习的楷模》，《南京艺术学院学报》2012 年第 6 期，第 41 – 43 页。

二、“四万”人生信条：“俞剑华学派”的卓显时期

俞剑华认为，要想成为一名成功的艺术家，需要做到“四万”，即“读万卷书、行万里路、绘万张画、立万帙言”，[①] 短短的四句话正是其治学精神的集中写照。这一人生信条，为他的弟子与追随者所继承，在美术史和美术理论领域创立了“俞剑华学派”。这四句信条的践行与传承，卓显于暨南。

第一条是“读万卷书”。俞剑华出生于私塾教师的家庭，从小就打下了坚实的国学根底，贯通读万卷书的治学之道，对中国传统文化十分熟悉。除了美术，俞剑华还在暨南大学教授国文、经学、中国文学史等课程，可见其国学积累之深。俞剑华认为美术作画并非空中楼阁，需要重视文献学的积累和学科的基本建设。他除了通过引导学生学习中国美术通史，还非常强调阅读有关传统文献。据俞剑华的得意门生林树中回忆，他跟老师学习，也是从《历代名画记》《图画见闻志》等文献入手。要继承俞剑华的好传统，打好基础，就要充分掌握资料，特别是一手资料，根深才能叶茂，厚积才能薄发。[②]

第二、三条“行万里路”和“绘万张画”是相辅相成的。俞剑华在北京读书期间就好出游，并写了多篇山水游记，可谓“搜尽奇峰打草稿”。在上海期间，他结识了黄宾虹，并加入烂漫社。黄宾虹是写生的倡导者和实践者，他的写生画稿很多，这深深打动了俞剑华，也更坚定了他从事写生的决心。他利用西画中之画架、三角椅、画盘、水壶等工具，用普通纸张裱成册页，同时携带简便的笔砚、国画颜料等，一有余闲便外出写生。1931 年夏，俞剑华曾偕徐培基游雁荡山，一月之中画成册页六部共九十余幅。俞剑华的写生范围很广，名山大川处处有其踪迹。即使在抗战期间执教于建阳暨南，俞剑华也没间断写生，他曾在躲避日寇封锁的期间画过福州的鼓山、崇安的武夷山和九曲山。[③]

在经历前三条的积累后，才是深化理论的“立万帙言”。俞剑华一生极为勤奋，皓首穷经，白头著书，挤出一切能利用的时间，从事科研和教学，真正地做到著作等身。俞剑华的著作目前尚未有精确的统计，但初计已出版共 30 多种书目，52 种手稿，论文近 200 篇；还有《俞剑华画集》及画册 5 种未出版。受俞

---

① 林树中：《承前启后奠基筑路——试论俞剑华学派》，《中国花鸟画》2009 年第 3 期，第 14－23 页。

② 林树中：《承前启后奠基筑路——试论俞剑华学派》，《中国花鸟画》2009 年第 3 期，第 14－23 页。

③ 褚庆立：《著论启薪火，搦管以传灯——美术史论家俞剑华的人生与学术》，《美术观察》2012 年第 9 期，第 118－119 页。

剑华的影响，他的学生和师友都勤奋钻研，努力著述。①

俞剑华在教学时秉承“书画一体观”，注重书法。据周积寅回忆：“记得老师每次讲课时，课堂上总是挂满了图片，一课下来，印象很深，不易忘记。他还给我们上过书法课，当场示范，并讲述中国书画有‘用笔同法’之说。字写不好，作画也不会好，希望同学们一定要学好。”② 俞剑华本人也擅长书法，著有《书法指南》一书，真、草、隶、篆都在行，也多次为暨南大学题写匾额和校名。

俞剑华书画作品

三、何炳松得意臂膀：建阳时期的随行教授

俞剑华与何炳松的师生缘始于俞剑华在北京高等师范学校读书时，那时他曾亲聆何炳松教诲。何炳松比俞剑华大四岁，二人有着相似的历史背景与奋斗目标，在教学、出版、行政方面有着大体相同的实践经验，却各自从事不同的专

① 林树中：《承前启后奠基筑路——试论俞剑华学派》，《中国花鸟画》2009 年第 3 期，第 14 – 23 页。

② 周积寅：《俞剑华老师永远是我学习的楷模》，《南京艺术学院学报》2012 年第 6 期，第 41 – 43 页。

业。应何炳松之邀，俞剑华追随他达 11 年之久，除在抗战初期投笔从戎两年外，在何炳松担任暨南大学校长期间，俞剑华自始至终在暨南大学工作。

当时，全校师生约 500 人，学校条件困难，开课不足，行政工作也相应增加。由于学校经费有限，教职工编制难以增加人员，每位教授都身兼教学与行政职务。① 除了担任文学院教授外，俞剑华还兼任何炳松校长秘书和总务长。俞剑华理小平头，身材中等，但体魄强健。在建阳时，他每天必做的三件事就是上班、写书、作画。上班主要处理何炳松校长交办的上层来往的礼貌性的函件，授课时数不多，占用的时间有限；写书是写教材、编讲义或写其他文章，建阳时期他撰写了《中国文学史》八册，出版了《中国民族史》一册；傍晚他以作画代替散步，晚上桐油灯昏暗，偶尔看看书、聊聊天。②

建阳城南隔溪有个小镇名童游，小镇的文庙便是战时暨南大学的校址。武夷山畔云集了几百个南下的学子和名师，小小山城顿时平添一番杏坛胜景。建阳风光里都留下了随行教授们的印记。师生们同住在简陋古旧的宿舍，每天往来于宿舍和文庙之间好几趟，横跨在校门大路上那座大牌坊就像里程碑，碑上的大字“声教南暨”便出自俞剑华的手笔。文庙朝东的大门稳重轩昂，门旁悬一浅棕色大牌，宽一尺余，长将一丈，上刻“国立暨南大学”六字，漆成孔雀绿色，也出自俞剑华之手。此外，俞剑华曾在建阳城里开过个人书画展。③

1944 年下半年，抗日战争进入了第十三个年头。当局提出了组织知识青年远征军，号召知识青年投笔从戎，抵抗日寇。校方征集参军的红榜贴在大门口，暨南学子止不住热血沸腾，纷纷投入这个非常时期的非常行动中。暨南学子此次报名成行的有 50 人。1945 年 2 月，何炳松校长亲自主持“欢送从军同学的聚餐会”，设在文庙大成殿，由校长夫人亲自下厨，中菜西吃，由在校女同学充当招待，传菜送汤，场内群情激昂，气氛浓烈。俞剑华寄语从军学生——“今天的聚会有三个旷古未有：一是丘九变丘八，大学生成二等兵；二是大成殿变习武堂，莘莘学子成赳赳武夫；三是 girls 变 boys，女孩子变服务员。”几句幽默之语，既概括出当时的实情，又使人终生难忘。④

---

① 马兴中主编：《暨南往事》，广州：暨南大学出版社，2006 年，第 104 页。
② 马兴中主编：《暨南往事》，广州：暨南大学出版社，2006 年，第 281 页。
③ 马兴中主编：《暨南往事》，广州：暨南大学出版社，2006 年，第 100 页。
④ 马兴中主编：《暨南往事》，广州：暨南大学出版社，2006 年，第 88 页。

四、以笔著写美术史：一部活的“艺术大词典”

俞剑华主张将理论修养与绘画创作相结合，坚持“一手拿文笔，一手拿画笔”。他曾经教导学生：“专门从事绘画创作的，应当加强理论修养；而专门从事理论研究的，也应该搞点绘画创作，这样可使实践有理论指导，使理论不至于纸上谈兵。”他前半生以作画和史论并重，而以画名世；后半生重心转向美术史论著述，然终身未放弃作画，用一生践行这一信条。俞剑华在半生积淀后沉浸于美术史论领域，其卓越著作与理论修养在艺术界难能可贵，一生编撰了《中国绘画史》《中国历代画论大观》《中国美术家人名辞典》这三部美术史巨著。[①]

俞剑华晚年所著的《中国历代画论大观》是其美术史论的集大成者。他在书稿题论中提到：“上自孔子下至清末，把历代所有讲画品、画理、画法、画诀、画原、画筌等论画的书，尽可能搜集起来，加以系统的整理……这一本书可以说是我一生心血的结晶……可惜字数太多，无法出版，难以公之同好，殊为遗憾。”在没有电脑的年代，俞剑华采取的是“剪刀加糨糊”式的资料梳理法。翻阅其手稿，有些是“剪刀加糨糊”剪贴的，绝大部分还是他用毛笔一字字手抄的，数量惊人。王伯敏教授把俞剑华的治学方法归结为：“善于文献中大取大舍；有序有节地安排材料；突破并梳理旧式编写；走出书斋深院的大门。”[②]

《中国历代画论大观》书影

马鸿增曾把俞剑华形容成一部“活词典”，俞剑华一生阅书无数的钻研精神，艰苦奋斗的治学精神，都值得后辈学习。作为学者，他的朴素生活与高尚气节也为后辈所景仰。俞剑华在老年坚持劳逸结合，锻炼身体，确保正常睡眠，中午一定要睡午觉，晚上工作不超过十一点，每天早晨五点半起床，工作到太阳出来后到户外步行，打一小时左右太极拳。故他在“十年浩劫”之前很少生病吃药，有着超人的毅力，从事教学、科研和旅行写生创作。[③]

俞剑华人品好、人格高，“端方笃厚、热爱祖国，富有正义感”。1925 年

---

① 周积寅：《俞剑华老师永远是我学习的楷模》，《南京艺术学院学报》2012 年第 6 期，第 41－43 页。
② 林树中：《承前启后奠基筑路——试论俞剑华学派》，《中国花鸟画》2009 年第 3 期，第 14－23 页。
③ 周积寅：《俞剑华老师永远是我学习的楷模》，《南京艺术学院学报》2012 年第 6 期，第 41－43 页。

“五卅惨案”后，他联合济南画家举行书画展览义卖，将全部售款300余元汇到上海援助被害人士。1931年为救济两湖水灾，他在上海新世界画厅举行第三次“俞剑华书画义卖个展”，售款除开支外，全部助赈。上海成为“孤岛”时，他不为日本人和汪伪势力所拉拢，坚持民族气节，毅然离开上海。1950年抗美援朝捐献运动，他两次捐献计170元。1975年其将一生收藏的古籍图书、画册、资料期刊、著作手稿等4 700余件及部分国画作品，赠予南京艺术学院，显示了一位学者的高风亮节。①

1976年10月，“四人帮”垮台，此后，俞剑华画了很多画，但已不能写字。1979年初，在他离世前已病魔缠身、眼睛看不清的情况下，仍在家人的搀扶下，挥动颤动的笔，凭感觉作画。

俞剑华一生都在艺苑中埋头耕耘，乐此不疲。他所走出的闪着汗水与光荣的勤奋之路，引领着包括暨南学子在内的追随者们勇敢前行。

俞剑华像

① 褚庆立：《著论启薪火，搦管以传灯——美术史论家俞剑华的人生与学术》，《美术观察》2012年第9期，第118－119页。

陶冷月

陶冷月（1895—1985），原名善镛，字咏韶，号宏斋、五柳后人、柯梦道人，江苏苏州人。他是“新中国画”派的代表画家，被黄宾虹称为“近代画家革命巨子”。

1922年2月，因母病催归，27岁的陶冷月辞去了长沙雅礼大学的教职，回到苏州。是年3月，经表叔王謇介绍，陶冷月至暨南学校任职。1928年，暨南大学开设中国艺术学系，陶冷月被聘为大学部教授兼系主任。直至1929年初夏，陶冷月患病，方才辞职。

在暨南大学任职期间，陶冷月作为系主任，勇开暨南艺术之先河，引领推动中国艺术学系的发展。他不仅亲自聘请了一批名师，扩大了学校的师资力量，还创新性地结合西方绘画技法，以别开生面的“新中国画”为毕生骄傲。在教师的本职岗位上，他勤勤恳恳，言传身教，尽最大努力为学生提供良好的学习环境，留下了很多令人敬佩的教学事迹。

一、精心浇灌暨南艺术文化之花

1922年，陶冷月到暨南学校教授美术。1927年，暨南大学成立中国画系，陶冷月担任系主任。1928年4月，陶冷月主持筹办艺术学院事宜，创办了中国艺术学系，并再次担任大学部教授和系主任。陶冷月上任后，在教务会议上提交了《暨南大学中国画系课程指导书》，并说明他将从师资、设备、课程及建造学校的艺术氛围等方面着手，主持筹建中国画系。同年6月，陶冷月被聘为国立暨南大学校具设计委员会会员。此后，又有黄宾虹、谢公展、潘天寿、朱凤竹等艺术大师来暨南大学执教，暨南的艺术血脉由此开始代代传承。

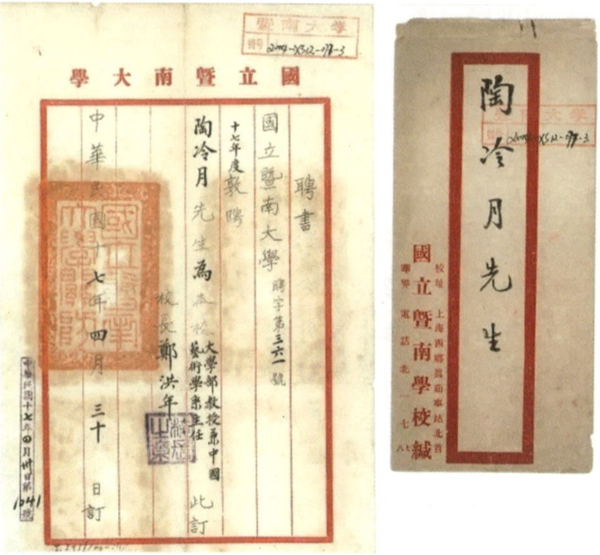

國立暨南大學

聘書

國立暨南大學聘字第三六一號

十七年度敦聘

陶冷月先生為本校大學部教授兼中國藝術學系主任此訂

校長鄭洪年

中華民國十七年四月三十日訂

陶冷月先生

國立暨南學校緘

陶冷月先生被聘为大学部教授兼中国艺术学系主任的聘书

作为擅长融合中西画法的创新画家，陶冷月深深明白立足于本国文化的重要性。因此曾经担任私立南京美专西画系主任的陶冷月，在暨南大学先行设立的是中国画系和中国艺术学系。其中，中国画系设立的宗旨是“就国画专门人才，发展民族文化；整理本国画法，并改良之，以成中国新艺术；造就艺术教育人才，培养国民高尚人格，指导社会文化；介绍国艺于南洋，使国外侨胞，重视国艺而受其陶冶”①。由此可见陶冷月的深思熟虑。

1928 年 6 月，中国艺术学系拟招 16 人，经过中国画、水彩画、口试等课目考试和体格检查，正式录取新生 6 人。暨南大学中国艺术学系在陶冷月等人的精心组织下，终于开课了。而中国画的魅力，也由暨南学子传承，向四海远播。

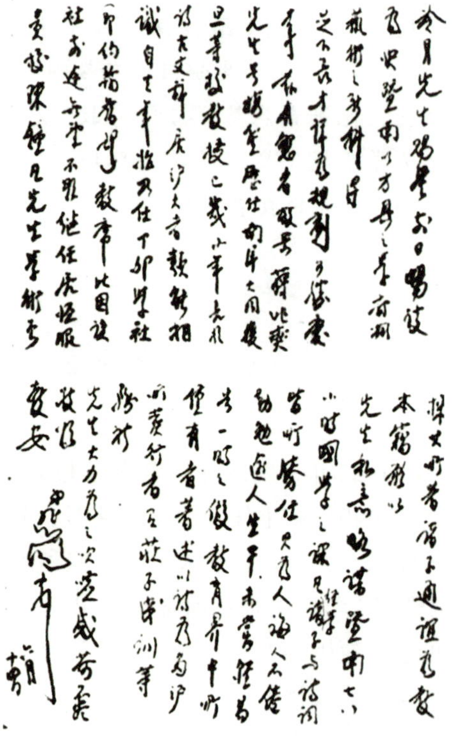

徐悲鸿致陶冷月的书信

① 陶为衍编著：《陶冷月》（下），上海：上海书画出版社，2005 年，第 421 页。

胡安泰在《暨南名师的故事》中提到，中国艺术学系“设置的课程有中国画（山水、花卉、人物）、书法、篆刻、透视学、色彩学、西画和东西方艺术史，以及国乐、刺绣、京剧、昆曲、古琴、诗词、艺术解剖学、艺术教育史、现代文学、广告画、图案画、第二外语等，可以说，所设课程之全面开高等艺术教育之先河”①。

中国艺术学系成立后，陶冷月为开拓暨南大学艺术之花园，殚精竭虑，吸纳名师。他亲自致信“中国现代美术教育的奠基者”徐悲鸿，诚挚地邀请他前往暨南大学一同主持教学工作，但由于徐悲鸿已有任教单位，他转为推荐聘请篆刻名家汤安和山水画宗师黄宾虹前往任教。

此外，他还延聘了上海美术专门学校国画系主任郑曼青、国画大师谢公展、长沙雅礼大学艺术教授朱凤竹、北京师范大学讲师饶考祥以及南京美术专门学校的马瑞图等一大批名师。至此，暨南大学中国艺术学系的师资力量空前强大，形成了完整的教师团队，陶冷月的一片心意由此可知。

作为系主任，陶冷月不仅重视师资，还不断为学生寻找画具。他希望能够为学生提供更多的教学设备，切实提高学生的绘画水平，以期将来能与国际接轨。为了获得学生练习素描时所需的石膏模型，他筹集资金，请友人徐悲鸿在法国购买。后来，陶冷月将这批石膏模型翻制后用于教学。

陶冷月（右一）出席暨南大学中国画研究会学生林文端的婚礼

① 胡安泰：《暨南名师的故事》，人文荆州杂志社内部印发，2016 年，第 144 页。

陶冷月负责设计的《暨南周刊》封面

1928 年 3 月，暨南大学成立了中国画研究会，特聘陶冷月为导师，对会员行切实指导之责，在华侨学子中大力弘扬中华传统文化。中国画研究会的成员不仅有中国艺术学系的学生，还有商科、历史学和教育学等系的学生，他们对国画兴趣盎然，再加上绘画大家陶冷月的指导，于是均从中领略到了国粹艺术的韵味和精华，受益终生。除此之外，陶冷月还亲自动笔，为《暨南周刊》设计出简洁大方的封面。当时，暨南校园中的艺术氛围盛况空前，崇尚艺术蔚然成风。

后因学校经费困难，中国艺术学系不得已停办。但陶冷月创办的中国画研究会仍活跃在暨南园中，直至 1937 年 8 月日寇侵沪，暨南大学避居“孤岛”才停止活动。黄宾虹、谢公展等人直至淞沪抗战爆发才离开该会。

陶冷月身兼多职，不仅亲自铸就了名师汇聚的艺术暨南，而且以身作则，教习学生，坚持作画，堪称暨南艺术之模范，在百年暨南的历史长河中，留下了其沉默但伟岸的身影。

二、创立“新中国画”，引进西方的声音

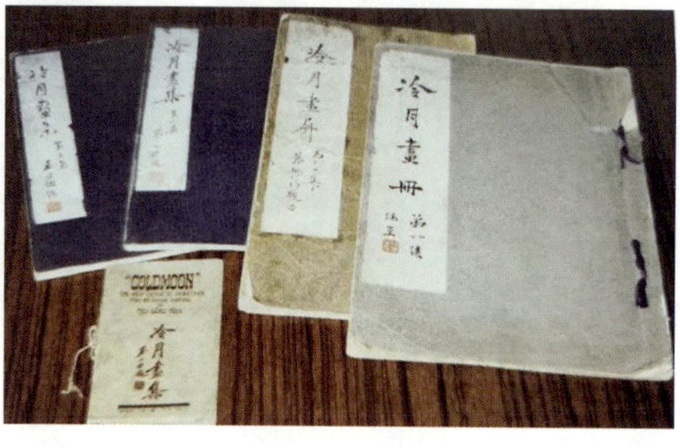

《冷月画册》

陶冷月作为绘画大师，极擅长画山水、花卉、走兽、游鱼，尤善画中西合璧的月夜景色，对云水月夜的描绘技法可以说是前无古人的。他的画，不仅融汇了中国传统绘画的写意、空灵，还结合了西方绘画的光影、透视。他有深厚的传统国画的功力，又习西方绘画之精髓，两者融会贯通，自成一派，创制出熔中西画法于一炉的“冷月山水”。

成长于人文荟萃，群星璀璨的苏州，陶冷月从小就受到唐寅、文徵明、周东

村、仇英等国画先辈的熏陶，他的灵魂早早就埋下了艺术的种子，长大后，他受新式师范学堂的影响亦很深。新式师范学堂的普通师范教育区别于师范美术教育，从整体上提高了陶冷月的人文素养，促使他在传统美术的基础上，进行东西风格的融合与扩展。

陶冷月山水画

但陶冷月的学画之路并没有大众想象得那样顺利，他在《我的老师罗树敏先生》中讲述了幼时为了学画辛苦攒钱的情景："我甚想去参加这个补习班，但家中经济情况不佳，也不敢向父亲开口。我破除扑满（一种泥制储蓄罐），取出平时节省下来的零用钱，拿去交纳学费，就这样我开始进了补习班。"① 正是凭借着对绘画的热爱和奋不顾身的决心，才成就了日后的陶冷月。当时，补习班的罗树敏老师就看出他在绘画上的无限潜力，夸赞他"有诒孙伯祖的教诲，充分发挥家传之学的长处，又肯刻苦学习，中西合璧"②，未来定是前途无量的。

陶冷月早年跟随罗树敏学习投影、透视、光线等西方绘画知识，接受的都是以古法新化的、结合科学的、明确写实的方法。他既学习传统中国画，也进修铅笔素描、水彩，十分注重作品的临摹，揣摩投影、透视和光线的关系，罗树敏中西结合的启蒙教育为他之后的创作打下了坚实的基础。后来他又师从美国人特朗教授研习油画、水彩画，创制出熔中西画法于一炉的"冷月山水"。他的作品中表现出了革新、大众化精神以及对西方绘画的合理吸收，对当代中国画的发

① 陶冷月：《我的老师罗树敏先生》，载陶为衍编著：《陶冷月》（下），上海：上海书画出版社，2005 年，第 431 页。

② 陶冷月：《我的老师罗树敏先生》，载陶为衍编著：《陶冷月》（下），上海：上海书画出版社，2005 年，第 431 页。

展产生了一定的影响。

陶冷月原本一直使用他的本名陶咏韶，直到有一次，一位美国教授指着他的一幅描绘月色的风景画，开玩笑地称他为“Professor Cold Moon”（冷月教授），此后他便自号冷月，暨南大学的学生在致信给他时也尊称他为“冷月我师”。

陶冷月在暨南大学任职期间，除了教学的本职工作外，始终不曾忘记画家的本分，继续其融汇中西的探索，勤奋创作，逐渐出现了用油画和中西融合两种方法描绘月景的作品。他还经常到暨南大学西侧的杨家桥附近写生，在此创作铅笔写生作品十余幅。这些铅笔速写描绘了上海市郊真如镇的美丽景色与民俗风情，既有大视野的全景描绘，也有无名码头、水边凫戏以及绿树掩映的民居等中近景断片，展示了陶冷月对现实生活中美的敏锐的捕捉能力和出色的西画技巧，为暨南周边留下了独特的影像。

陶冷月曾先后在暨南大学校内和苏、锡、宁、沪等地举办画展。在无锡公园池上草堂的一次个展上，他融汇中西、独具风格的月景山水作品轰动画坛，被时人赞誉为“新中国画”的创造者，更得到了蔡元培先生的支持和褒奖，这些鼓励对他影响深远。

1922年，陶冷月执教暨南后，其传统风格的作品逐渐多了起来，即在他转向“新中国画”探索的同时，也孜求传统。他的画作中以山水、花卉为大宗，偶见人物、虫鱼；形式方面，则包括了写意、半工写、工笔以及水墨和青绿，可谓多面手。

陶冷月作品《芦荻》

陶冷月写生作品《真如杨家桥》

陶冷月作品

陶冷月坚守传统、中西结合的绘画理念与暨南大学的侨校血脉、创新精神等十分契合。包容开放，取长补短，发扬优秀传统文化，再吸收世界文化，对于绘画和办学而言，都是可行且值得借鉴的方法。陶冷月也凭借着他独特的“新中国画”，在中国绘画史上留下了浓墨重彩的一笔。

三、不忘师恩，言传身教

陶冷月在谈及他的老师罗树敏时曾提到：“在造就这许多名家的时候，我们万万不能忘却那些默默无闻的园丁，真是靠他们的血和汗，靠他们的智慧和法眼，为我们打下了坚实的基础，才能有如此的成就。”① 他一生都铭记着老师的恩情，也因此严格要求自身。在暨南大学任教期间，陶冷月严格而慈祥，在教导学生时尽心尽力，循循善诱，从不藏私，帮助学生逐步走上独立创作的道路，为暨南大学培养了一批艺术人才；在生活中，亦对学生关怀备至，他独特的人格魅力使学生感怀终生。

陶冷月

郑逸梅在《陶冷月与新中国画》等文章中说，陶冷月为教授弟子，备了数十套教材和范本，由浅入深，盈科而进，不论对阴阳向背、

① 陶冷月：《我的老师罗树敏先生》，载陶为衍编著：《陶冷月》（下），上海：上海书画出版社，2005 年，第 432 页。

挥毫用笔，还是对设色施彩、章法布局，扩而至于六法理论都作过切实的探讨。陶冷月认为，只有由浅入深，由深入古，由古入今，作画才有生活气息，才有时代精神，所以临摹和写生，必须相辅而行。

1948 年出版的《中国美术年鉴》中有“师承纪略”一栏，其中提到陶冷月历年执教各大学，门生众多，“就记忆所得者为马万里、于安澜、李忠信……诸子”①，马瑞图（字万里）是陶冷月执教南京美术专门学校时期的学生，在陶冷月担任系主任之时，也曾受聘前往国立暨南大学任教，担任中国艺术学系教授兼中国画研究会导师。作为杰出的书画篆刻艺术家，马瑞图还为陶冷月镌刻“陶冷月七十岁以后作”一印，从南宁寄赠，以答师恩。师生二人情谊笃厚，关系密切，感人至深。

马瑞图书赠冷月师

回溯暨南大学的艺术史，我们可以看到，陶冷月在最艰难的时刻都跬步不离，迁校相随。从无到有，一步一步地将暨南大学的艺术教育发展壮大。陶先生在暨南大学任职期间，勇开暨南艺术之先河，亲自搭建了中国艺术学系的框架，并延聘了一大批名师，添置了一系列教学物资，大大改善了中国艺术学系的办学环境，培养出了一批出色的艺术人才。“不忘旧学创新图”，是陶冷月当年得到的赠言。任教期间，他始终不曾忘记绘画这一事业，以身作则，坚持作画，言传身教，与暨南学子共同进步，互相成就。

① 姚全兴：《陶冷月艺术评传》，上海：上海书画出版社，2000 年，第 71 页。

潘天寿

潘天寿（1897—1971），原名天授，字大颐，浙江宁海人，著名国画家。

1897 年，潘天寿出生于浙江宁海县冠庄村。自小入私塾读书，渐露绘画天赋，曾描摹《三国演义》等通俗小说的插图。1915 年，他报考了杭州省立第一师范学堂，以第一名的优异成绩被录取。1919 年五四运动浪潮波及杭州，杭州学生联合会奋起响应，掀起了震撼全国的“浙一师学潮”，潘天寿亦积极参加此次爱国运动。1923 年，潘天寿被上海美术专科学校聘为国画系教授，与诸闻韵创办第一个中国画系，并于 1925 年撰成了近二十万字的巨著《中国绘画史》。1928 年，暨南大学中国艺术学系增聘潘天寿为导师，并为其专门开辟国画实习室。1942 年，潘天寿被暨南大学和东南联合大学的艺术专修科聘为教授，再次前往暨南大学。1943 年，因东南联合大学被英士大学合并，潘天寿遂兼任英士大学教育系主任。1957 年，他又被聘为浙江美术学院院长。1958 年以后，潘天寿历任美协浙江分会主席、全国文联委员、浙江省文联副主席、中国民主同盟浙江省委员会委员等职。1971 年因病逝世。

潘天寿作为我国著名的国画大师，其绘画艺术风格鲜明，精于写意花鸟和山水，偶作人物，一生作品无数，把中国画以线为主的表现形式发挥到极致。作为享誉全国的艺术教育家，潘天寿曾在包括暨南大学在内的多所学校执教，对中国画的教育体系做了大量的研究和改革，引导学生传承国画精髓。可以说，潘天寿是现代中国画教学的奠基人之一。

一、天赋异禀，潘天寿的绘画成长之路

潘天寿的出生地宁海冠庄

潘天寿的绘画兴趣很大程度上源于幼时家庭环境的熏陶。七岁之前，潘天寿的家境是非常理想的，那时他的父亲写得一手好字，逢年过节或者婚丧喜事，总要为乡亲们写对联横幅；他的母亲会自绘自描，裁衣绣花。每到正月十五元宵节时，各地都会举行灯会，潘天寿在母亲的鼓励下，自己用彩笔给灯笼绘画，潘家的灯笼总是最具特色的那个。此外，母亲还教潘天寿制作风筝、剪纸，并将她知道的民间绘画知识讲给潘天寿。在父母的影响下，潘天寿爱上了写字和绘画。七岁那年，潘天寿被父亲送到村中的私塾学习。私塾并没有开设美术课，整日背书、写字的生活很是枯燥，潘天寿便在纸上画小人、画鸟作休闲娱乐。年岁大一点之后，乡村中祠庙门窗上的山水、人物、花鸟、虫鱼，他都一一记在心中并加以模仿。然而，私塾的规矩很是保守，允许学生练字，但不允许作画，因为练字属于文章课事，画画则被认为是不务正业，潘天寿时常因为“不专心文章课事”“不务正业”而受到责罚。

虽然在私塾读书时，作画不被鼓励，但潘天寿难以放弃他对画画的热爱。1910年，14岁的潘天寿去县城读书，这一年他下定决心要做一名画家。那时，潘家家庭困难，父亲只能供给潘天寿学费和最低额度的伙食费。因此，潘天寿没有多余的钱来支付画画所需的费用，即便是画纸也难以负担。但潘天寿没有放弃，他省下钱来买每刀一角钱的土纸。尽管是土纸，潘天寿也很珍惜，为了节省开支，他常常先以水当墨在纸上写画，晾干后再从淡墨到浓墨画，一张纸反复利用。此外，潘天寿作画时用到的砚台和笔筒都是自制的，日常作画的条件很艰辛。直到高小毕业之前，潘天寿都没有接受过正规的绘画教育，全凭对画画的一腔热情，不断自学。

少年潘天寿自制的大笔筒和墨砚

高小毕业那年，潘天寿以总分第二的成绩考到了浙江第一师范学校（以下简称“浙江一师”）。正是在这所学校里，潘天寿获取了他所需要的学养、器识和绘画培训。那个年代，中国的学校一向重视文科和数理，轻视艺术和体育，浙江一师却一反常态，积极响应当时教育总长蔡元培“以美育完成其道德”和“以美育代宗教”的主张，除了教授学生基本课程外，还要求学生学习图画、手工、音乐、习字和体育，并明文规定“图画、手工、音乐不及格不得毕业”①。

潘天寿在浙江一师上学之时，正值著名书法家李叔同在此任教。他时常向李叔同请教中国书画，还参加了李叔同指导的“乐石社”—— 一个学习篆刻的课外组织，反复琢磨篆刻与书法。当时，浙江一师图书馆丰富的碑帖临本几乎都被潘天寿领读过了，同学们一有新的碑帖也先拿给他看，并笑称他“不迷不成家”②。除了书法篆刻外，潘天寿还对作画痴迷，有时他一天能够作书画二三十幅。他避开吃喝玩乐，课余时间基本都用来作画，宿舍、斋室和他的座位四周，琳琅满目，皆是书画作品。

① 卢炘：《大笔淋漓——潘天寿传》，杭州：杭州出版社，2004 年，第 32 页。
② 卢炘：《大笔淋漓——潘天寿传》，杭州：杭州出版社，2004 年，第 39 页。

20 世纪 20 年代的浙江第一师范学校

对潘天寿而言，在浙江一师的学习时光无疑是快乐且充实的。在这里，潘天寿第一次接受系统的书画培训，对画画的热爱如劲草一般肆意生长；在这里，喜爱绘画是被允许且被鼓励的，因此，潘天寿能够充分地沉浸在他的爱好之中。

从浙江一师毕业后，潘天寿先回家乡的学校任教了几年。1923 年，他前往上海民国女子工艺学校工作。当时的上海已经是国际化大都市，是全国经济、文化、艺术的中心。潘天寿到上海后，立即走马上任，他在女子工校开设的绘画课程受到了极大好评，校方遂请他增开了一门中国绘画史的课程，并在年后聘请他为教授。不久后，潘天寿辞去了工艺学校的工作，转到上海美术专门学校任职。

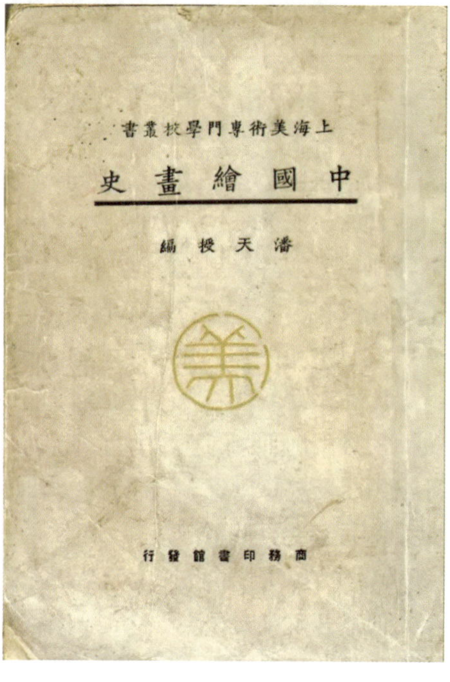

潘天寿所编《中国绘画史》

潘天寿讲授国画史的消息，很快引起了一些出版社的注意。1924 年，有出版社请潘天寿编写一本《中国绘画史》，他欣然应允。在编著《中国绘画史》的过程中，潘天寿不但考证了中国绘画的起源，还详细介绍了各个时期的画家和作品，尤其是宋元以后所用到的史料，相比同时期的其他著作都更为丰富，改变了一般画史书籍“繁于古、略于近”[①] 的偏向。1926 年，这部巨著正式出版面世。

1923—1927 年这五年对潘天寿来说至关重要，他不仅反省了自己走过的艺术道路，认真思考文人画的精髓，为日后深入研习中国画奠定基础，还与诸闻韵二人创立了国内第一个中国画系，并出版了巨著《中国绘画史》，打开了他在绘画界的知名度。

二、 二入暨南， 潘天寿与暨南大学的往来情缘

1928 年，潘天寿离开上海前往杭州，被刚创立的国立艺术院聘为国画主任。与此同时，暨南大学也在进行改组运动，亟须网罗人才。机缘巧合之下，潘天寿受邀成为暨南大学中国艺术学系的导师，第一次与暨南大学结缘。

1927 年 6 月，郑洪年重掌暨南，提出改组和扩充暨南的计划。改组运动中非常重要的一项是扩充大学部，按照规划，暨南大学采取了通行的学院制度，分设六个学院，即文哲学院、社会科学院、自然科学院、农学院、商学院、艺术学院。学校当时很注重对学生艺术情操的培养，所以十分重视艺术学院的设立，意欲将华侨子弟培养成为纯洁高尚的人才。

经郑洪年校长改组后的暨南大学，艺术气氛非常浓厚。1928 年，爱好国画的暨南学子成立了“国画学会”社团，成员大约有 30 人。学会成立后，即聘请暨南大学教授陶冷月为导师，指导会员习画，有 70 余幅会员作品曾在学校图书馆作过画展。暨南大学中国艺术学系成立后，陶冷月任系主任，他聘请了时任国立艺术院教授的潘天寿为导师，并为其专门开辟国画自习室，会员亦可以在此习画。潘天寿在指导学生作画时从不马虎，认真教学。他认为，作画要注重气氛及韵味，要做到心中有数，心中有画，然后才下笔，胸中无画就不要作画，勉强下笔的画不是气韵不够就是笔力不够，这是作不出好画的。他还常常教导学生，要珍惜时间，勤加努力，方可成才。

这一时期，潘天寿主要专注于国立艺术院的教学任务，在暨南大学任教的时间较短。直到 20 世纪 40 年代初，潘天寿迎来了与暨南大学的第二次结缘。

1941 年 12 月 8 日太平洋战争爆发前，上海租界在整个华东沦陷区是一个相对比较安全的“孤岛”，当时大江南北的公私立学校多奉令避地上海。太平洋战争爆发后，日军进入租界，“孤岛”不复存在，租界内大部分公私立专科以上的学校遂筹划内迁。国民政府教育部为维护上海高等教育，决定在浙江金华筹设东

① 卢炘：《大笔淋漓——潘天寿传》，杭州：杭州出版社，2004 年，第 81 页。

南联合大学，以便收容自上海内撤的各专科以上学校的员生，“上海各大专学校除在内地已设有分校外，一律参加东南联合大学”①。后日军进犯浙东，浙赣战争爆发，暨南大学校长何炳松决定将学校迁至建阳。

1941 年 12 月，暨南大学结束了在上海的教学活动，南迁至福建建阳。1942 年冬，东南联合大学艺术专修科谢海燕教授推荐潘天寿来校任教，何炳松应允。潘天寿遂被聘为暨南大学和东南联合大学的艺术专修科教授，再次前往暨南大学，教授学生国画及画技、画法、画理。在建阳，潘天寿受到何炳松的厚重礼待。有一次，潘天寿、谢海燕相继患了恶性疟疾，何炳松不但亲自送特效药上门，过问其饮食调养之事，还将其夫人亲手织的毛线衫送给谢海燕御寒，让潘天寿、谢海燕两位画家格外感动。

值得一提的是，当时东南联合学大的艺术专修科在谢海燕和潘天寿的带领下，办得有声有色。谢海燕主要负责教授西洋美术史，潘天寿则给学生讲授中国画和书法。彼时，艺术专修科的教室设在童游街西头的先农祠，画室由戏台改建而成，学生只有十几人，条件很艰苦，但师生的素质都很好。何炳松还经常派人到福州、南平等地采购教学设备和画具材料。作画的时候，学生们轮流充当模特，用自制的木炭条画素描，苦中寻乐，别有一番风味。

1943 年 6 月，国民政府教育部下令将东南联合大学的文、理、商三个学院并入暨南大学，法学院和艺术专修科并入英士大学，潘天寿遂兼任英士大学艺术教育系的主任，跟随学校搬迁至浙江云和。至此，潘天寿及其家眷的生活逐渐安定了下来。

在云和时，潘天寿的心情宽舒了许多。他游玩了武夷等地，并作长诗相记，闲暇时便绘画、编写教材。他偶然间看到英士大学和东南联合大学撤退之际带出来的一些有关中国古代画史的书籍，便着手编写了《中国画院考》一书，还将自己历年所作的诗文加以编撰整理。

20 世纪 40 年代的潘天寿

当时潘天寿等教授住在叶村的聚英阁，虽离学校不远，但附近没有什么商店，要吃肉得听敲锣声，农民杀猪后便敲锣叫大家来买肉，一个月大概可以吃到一次，物资十分匮乏。尽管条件艰苦，潘天寿仍然自得其乐，他觉得自己与同事之

① 谢海燕：《何炳松与东南联大艺术专修科》，载刘寅生等编：《何炳松纪念文集》，上海：华东师范大学出版社，1990 年，第 300 页。

间的关系很单纯，没有矛盾，共事融洽，气氛积极而向上。受同事的影响，潘天寿还开始学习唱京戏和打太极，他像学生一样把复杂的动作和名词记在小本子上，仔细揣摩。在这样简陋的环境下，潘天寿仍不断寻找灵感，坚持创作。

1943 年，正在云和怡然自乐的潘天寿，突然接到了国民政府教育部的来电，要他即刻赶赴重庆，接任国立艺术专科学校校长一职。潘天寿接到电话后矛盾不已，他一向对高校的行政工作毫无兴趣，认为自己不属于这类人才。于他而言，最合适的工作莫过于创作和教书。于是，潘天寿向国民政府教育部部长陈立夫电辞校长一职："惭愧无已，但事艰力薄，深虞勿胜用。"① 但国民政府教育部并未放弃，多次邀请他赴重庆担此重任，潘天寿无法一再推脱。

1944 年，在国立艺术专科学校师生的一再请求和国民政府教育部的催促下，潘天寿最终赴重庆接受国立艺术专科学校校长职务，结束了在英士大学的工作。潘天寿先前在建阳任教的时间不算长，但师生的感情匪浅。后来有几位学生转至国立艺术专科学校，成为他的助手。潘天寿留给暨南大学的同样很多，在战乱频仍的年代，暨南大学坚持开设美术课程，聘请名师，那些课程架起了暨南学子们在艰苦时代触碰美的桥梁。

1944 年，潘天寿（第一排左四）出任国立艺术专科学校校长前与英士大学艺术专修科师生的合影

① 卢炘：《大笔淋漓——潘天寿传》，杭州：杭州出版社，2004 年，第 158 页。

三、艺术信念，发展中国画特色必须有民族自信心

关于艺术的民族性问题，潘天寿曾说过：“中国人从事中国画，如一意摹拟古人，无丝毫推陈出新，足以光宗耀祖者，是一笨子孙。中国人从事西画，如一意摹拟西人，无点滴之自己特点为民族增光彩者，是一洋奴隶。两者虽情形不同，而流弊则一。”① 他认为不同民族的艺术有各自的发展道路，东、西两大画系各有自己的成就，是欧亚的两座大峰。潘天寿这种对艺术民族性的认知，源于旧中国时代背景的影响以及他长期的绘画感悟。

19 世纪中期，英国用鸦片打开了中国的大门，帝国主义的飓风刮醒了中国知识阶层的自我迷醉。国人开始将目光投向西方，逐渐掀起了西化的潮流，西方文学和美术作品大量流入，中西文化艺术的融合之风应运而生。到了 20 世纪，以西洋写实主义改良中国画成为一种新时尚，一些人认为，学习西画，掌握技艺，便可以革中国画的命。在这种思想的影响下，全国上下刮起了学习西洋画的潮流，各地的中小学、大学都清一色地把西画素描、色彩作为科学的画法，定为美术主课。如此现象持续了数十年。

1919 年，五四运动席卷全国，当时，潘天寿正在浙江一师读书。浙江一师在南方教育界历来以新思想、新文化的策源地著称，反对传统封建式的教育方法，反对束缚学生的思想，主张尊重学生的个性。这种新式的教育思想，对潘天寿产生了潜移默化的影响。五四运动的浪潮波及杭州后，潘天寿和学生们走上街头游行、呐喊，此前因中国长期受西方列强欺辱而产生的不甘在这一刻爆发。五四运动坚定了潘天寿献身于民族艺术和教育事业的信念，他一心一意想通过振兴民族艺术来振兴民族精神。

1922 年，潘天寿画作《老僧》

在西方艺术浪潮的巨大冲击下，潘天寿坚持捍卫民族绘画，他认为民族精神是通过民族风格在绘画中体现出来的，主张中

① 潘公凯编：《潘天寿谈艺录》，杭州：浙江人民美术出版社，1985 年，第 32 页。

西绘画“拉开距离”[①]。潘天寿并非不接受外来文化，也没有否定西画的意思，他认为中国画可以将西画视为滋补品，在保持自己的民族特色，增加自己民族文化的高度和阔度的前提下，吸收西画的精华。为此，潘天寿着力进行中国画改革，推陈出新，并逐渐在这个过程中形成了自己的绘画思想。

首先，坚持借古开今。潘天寿主张先认真学习传统中国画，以熟练掌握绘画技法、文史、金石、书法等为基础，然后再进行创作。他认为中国画必须为自己“正名”，中国画并非文人单纯的“消遣游戏之作”，[②] 而是可以“载道”的高雅精神产物。

其次，用笔十分重要。无论是书法还是绘画，潘天寿对于笔法的强调都是一致的。潘天寿的用笔理论既关乎书法又有绘画技法的运用，笔论的核心是骨力，大气磅礴、刚健方正是他独特的美学追求。按照传统中国画创作的角度来看，潘天寿的用笔理论沿袭了文人画家“书画同源”的观点，[③] 强调用笔在于掌握具体的应用法则，如“力透纸背”的用笔要求，点、线、面的互补之气，用笔忌浮滑、作线忌信笔，逆笔和拖笔之不同，湿笔与枯笔的运用等。

再次，潘天寿的笔墨都是经过内心的思考与反复的艺术实践提炼而成。他认为“画画要用眼，又要用心。西画用眼多，中画用心多”[④]。中西画的构图存在明显的差异：西画构图来源于对景写生，模仿自然；中国画构图则属于类似宗炳“卧游”的营造法式，画家先遍览山水，再经过内心的想象而自由安排。所以，西画往

1945 年，潘天寿画作《浅绛山水》

① 史贝珂、郝杰：《论潘天寿民族绘画艺术思想》，《今传媒》2016 年第 3 期，第 133 – 134 页。

② 赵成清：《潘天寿的中国画思想》，《书画世界》2015 年第 6 期，第 20 – 28 页。

③ 赵成清：《潘天寿的中国画思想》，《书画世界》2015 年第 6 期，第 20 – 28 页，第 2、98 页。

④ 赵成清：《潘天寿的艺术理论与思想》，《艺术生活——福州大学厦门工艺美术学院学报》2015 年第 5 期，第 2、20 – 28、98 页。

往求真，追求技巧；中国画则求妙，追求思想。中国画由造化、技法、意境三者组成，只有依靠心源将技法和自然联系起来，才能达到中国画表现的最高目标——意境。

在日复一日的绘画研习中，潘天寿逐渐形成了自己的绘画特色，他在中西艺术对比的潮流中，始终秉持着民族主体意识。潘天寿认为，20 世纪的中国面临的精神问题，是缺乏发展民族绘画特色必须要有的自信心，他提出“各民族真正杰出的艺术家，同时亦应该是民族风格的体现者”①。他深切期盼中国画在西洋画的冲击之下不要失去色彩，提倡作画者不但要重拾历史上的辉煌，还要加以改革和创新，振兴中国画。

潘天寿立足于传统民族绘画，根据中西方绘画之间的差异，冠以自己独特的绘画理念，使得自己的作品更具有民族特色与现代风格。可以说，潘天寿的一生都在为发扬中国画而努力。

① 潘天寿：《谈谈中国传统绘画的风格》，载潘公凯编著：《潘天寿画论》，郑州：河南人民出版社，1999 年，第 44 页。

暨南群星闪耀时

第四章

商科名师

马寅初

马寅初（1882—1982），字元善，我国著名人口学家、经济学家和教育学家。马寅初早年曾留学美国，获博士学位。学成回国后，曾在北京大学任经济学教授，致力于教学与科研，同时抨击时弊，在五四运动前就成为享誉很高的教授。1920年6月，马寅初前往上海考察金融业现状，正值暨南学校决定与东南大学商定合办上海商科大学，马寅初担任其教务主任并主持日常工作。1923年春，暨南学校退出上海商科大学，秋季独立开办商科大学部，当时马寅初与刘大钧、戴乐安发起组织中国经济学社，并任教于商科大学部。抗战胜利后，马寅初曾几次在暨南大学发表演说，促进了暨南大学的民主爱国运动。

一、结缘暨南，主持创办中国第一所商科大学

清末，处于风雨飘摇中的清政府为了维护自己的封建统治，转变了对侨政策，派遣官员赴南洋调查学务，1906年，在南京薛家巷为从爪哇归来的侨生创办“华侨学府”——暨南学堂。然而，来自南洋的华侨学生们在侨居地已经受到了新思想的影响，归国后又目睹了清政府内部的腐败，再加之新思想和各地学堂风潮的影响，暨南学子们纷纷积极响应爱国民主运动，支持辛亥革命的发展，自觉剪掉辫子，改风易俗，学习近代西方文明，因此，暨南学子们被封建势力判定为革命党。

在袁世凯窃取辛亥革命成果后，暨南学堂由于无人主事，就此停办。1917年夏，北洋政府教育部委派黄炎培等人赴南洋调查华侨教育状况，回国以后，黄炎培据沿途所观所感撰写了《南洋华侨教育商榷书》，向北洋政府强调兴办华侨教育的重要意义和深远影响，极力建议尽快恢复暨南学堂。① 同年11月，北洋政府教育部批准恢复暨南学堂，委派黄炎培主持复办工作，次年3月暨南学堂更名

① 马兴中：《黄炎培与暨南大学》，广州：暨南大学出版社，1996年，第24页。

国立暨南学校。当时南洋各地的商业教育不甚发达，商业人才也相当缺乏，为发展商科教育，培养高级人才，应南洋侨界人士的强烈要求，暨南学校于1920年1月草拟了创设商科大学宣言书及计划书，得到上海总商会、江苏省教育会以及国内著名实业家张謇等的支持。①

此时，马寅初在北京大学任职，刚经历五四运动的洗礼，他对国外的经济发展态势日益关注。作为一名经济学家，他敏锐地观察到，因为第一次世界大战，各国列强自顾不暇，华商银行纷纷崛起，国外银行垄断中国票据市场的局面一去不复返，② 他兴奋地认为中国银行界发展的契机已经来临。1920年6月，马寅初前往中国金融中心——上海，寻找经济强盛的曙光。在他看来，培养出一大批懂得近代经济学尤其是懂得近代金融学、银行学，并且具备实践能力的专门人才，对于中国金融业而言无疑是如虎添翼。③

彼时南侨急需商业人才，暨南商科虽然发展迅猛，但还是不能满足南洋侨商事业的迅速发展。暨南学校开始规划扩展商科和设立商科大学的问题，争取创办高等商科教育。当时的上海是国内商业最发达、江南教育最为集中的地方，与南洋的交通也更为便捷。为使商科得到扩展，暨南学校另辟蹊径，计划先将校区迁往上海，利用上海的优势条件建立一所专门的商科大学。1921年，暨南学校商科率先迁入上海徐家汇，并决定和东南大学共同创办上海商科大学，成立中国第一所国立商科大学——上海商科大学。

当时上海商科大学设有7个系，马寅初担任第一任教务主任，第一年培育出应届毕业生陈锦聪等6人。在当时国内商科大学办学经验不足的情况下，马寅初等人以前沿的教育观念和严谨的治学态度，使得不久之后暨南商科便取得了“（暨南商科）学者之程度，与国内各大学相互比较，已有齐驱之

马寅初

① 胡安泰：《暨南往事》，引领杂志社内部印发，2007年，第18页。
② 彭华：《马寅初全传》，北京：中国文联出版社，2008年，第22页。
③ 彭华：《马寅初全传》，北京：当代中国出版社，2008年，第22页。

势”① 的赞誉。

1923 年春，为谋求进一步发展商业教育，暨南学校在教员聘用方面提出“敦请名誉讲师，讲演商业常识，以增学者之经验，复鼓励团体组织实地调查商情，以为学者之准备，而学科之选择，教员之聘请，随处留意”②，并决定退出上海商科大学，于秋季独立开办商科大学部。马寅初继续任教于此，同年，他与清华留美归国的经济学者刘大钧、燕京大学的经济学教授戴乐仁顺应时势，发起组织了中国经济学社，使其成为中国最早成立的全国性经济学术团体。③

二、敢说敢言，为国民发展献言献策

1939 年，马寅初曾在立法院提交提案，要求向发国难财者征收“临时财产税”作为抗战经费，并要求从孔祥熙、宋子文等开始征收。抗日战争胜利后，他又多次对国民政府的经济问题提出异议。以 1946 年 4 月 12 日国民政府颁布了国内第四部《公司法》为例，5 月 17 日，马寅初在座谈会上向工商界厂长愤然指出，“依该法第七第一九二条的规定，外国公司在中国设分公司者，其本国之公司可不营业，则外国公司在本国可完全免税，其在中国分公司亦可少报资本以逃税”，如此下去，“中国的经济等于亡给了美国”④。

除了在经济领域提出针砭时弊的看法外，马寅初还曾多次参加过示威游行运动，与上海的学生们一起被人们赞誉是“一马当先，唯马首是瞻”⑤。

1947 年元旦，为了抗议美军暴行，暨南大学决定参加“抗暴联”总罢课，并发动全上海大专院校及部分中学共 8 000 人举行联合游行运动。当时年已 66 岁的马寅初中途参加游行，他对不久前国民党血腥镇压摊贩仍耿耿于怀，愤愤不平地说：“国民党政府要取缔摊贩，他懂得什么叫市容，我在英国留学时，伦敦街道两边排满摊贩；人民要吃饭，小贩本钱少，只好排摊。”⑥ 也正是他这种体恤民情，敢于直言的性格使其在 20 世纪 50 年代疾呼“中国的人口非控制不可”，

---

① 熊杰、夏泉：《试论民国初期华侨商科教育的创办与发展——以暨南学校为中心的考察》，《教育史研究》2010 年第 3 期，见校史（1924 年），暨南大学综合档案室，档案号：2004 - XS12 - 11。

② 熊杰、夏泉：《试论民国初期华侨商科教育的创办与发展——以暨南学校为中心的考察》，《教育史研究》2010 年第 3 期。见校史（1924 年），暨南大学综合档案室，档案号：2004 - XS12 - 11。

③ 胡安泰：《暨南往事》，引领杂志社内部印发，2007 年，第 19 页。

④ 陈真、逄先和：《中国近代工业史资料　第二辑》，北京：生活 · 读书 · 新知三联书店，1958 年，第 308 页。

⑤ 傅春龄：《无私无畏，大义凛然——忆马寅初先生在暨大的一次演说》，《暨南校友》1999 年第 24 期。

⑥ 金咏霖：《在暨南大学参加爱国民主运动回忆片段》，《暨南大学》校报第 53 期，1986 年 9 月 21 日。

完成《新人口论》著作，并获得“中国人口学第一人”的美誉。

马寅初的才学除在暨南大学的执教生涯之中体现得尤为淋漓尽致外，还体现在他对中华人民共和国成立初期的人口问题鞭辟入里的分析。20 世纪 50 年代，人口快速增长，已是古稀之年的马寅初，在 1953—1955 年走遍了整个浙江，掌握了大量资料，开始紧张地撰写人口问题论文，认为如此发展下去，50 年后，中国将有 26 亿人口。由于人多地少，恐怕连吃饭都成问题。于是，他将自己的研究成果写成《控制人口与科学研究》一文。

马寅初著作《新人口论》书影

1955 年 7 月，一届全国人大二次会议召开，马寅初将写好的文章作为发言稿，交人大代表浙江小组讨论征求意见。马寅初曾描述过当时的情况：“小组会上除少数人外，其余的代表们好多不表示意见，好多不同意我的看法，且竟有人认为我所说的是马尔萨斯的一套，也有的认为说话虽与马尔萨斯不同，但思想体系是马尔萨斯的。虽然他们的意见我不能接受，但我认为都是出于善意，故我自动地把这篇发言稿收回，静待时机成熟再在大会上提出来。”①

1957 年 2 月，在最高国务会议第十一次（扩大）会议上，马寅初再一次就“控制人口”问题发表了自己的主张：“我们的社会主义是计划经济，如果不把人口列入计划之内，不能控制人口，不能实行计划生育，那就不成其为计划经济。”② 马寅初的发言当即受到毛泽东的赞赏。同年春天，毛泽东在最高国务会议上肯定《新人口论》后，该文才于 1957 年 7 月 5 日在《人民日报》发表。

然而，这部本来就已历经磨难的作品，却给他带来了更大的厄运。1957 年夏秋之际以后，“反右运动”开始，马寅初和他的《新人口论》也被卷入风暴中

① 马寅初：《马寅初全集（第十五卷）》，杭州：浙江人民出版社，1999 年，第 5 页。
② 马寅初：《马寅初全集（第十四卷）》，杭州：浙江人民出版社，1999 年，第 504 页。

心。在大是大非面前，马寅初坚定自己取证几百次后得出的真理，面对质疑和批判，他说："检讨什么，我是为了国家民族的利益提出控制人口问题，如果只为个人着想，我完全可以什么都不管。"①

大音希声，大成若缺。正是因为马寅初的刚直不阿和坚持真理才使得我国的人口控制问题取得了后续的成功。时到今天，说起计划生育，不得不说有马寅初的功劳，他的"新人口论"观点使控制人口最终成为我国一段时期的基本国策。马寅初研究者沈彪说，马寅初先生"新人口论"最卓越的见解，是提倡普遍避孕、杜绝人工流产的预防性计划生育，这一主张在现代社会和未来社会，都是基本的生活方式。

三、暨南演讲，大名鼎鼎的民主战士

除了是全国著名的经济学家外，马寅初也是我国杰出的政治学家，他曾在暨南大学发表过一场精彩绝伦的演说。

在 1947 年"抗暴联"示威游行前后，暨南大学的学生都知道马寅初是经济学家，通晓国内外经济情况，而目前国内经济状况是物价飞涨，通货膨胀，便想请马寅初讲讲中国的经济出路在哪里。暨南大学学生自治会派两名学生请他到学校演讲，当得知是暨南学子后，马寅初立即表示会应邀去暨南大学演讲。在谈到演讲的主题时，马寅初完全同意学生提出的"中国经济的出路在哪里?"讲题，说这个主题出得好，并商定演说时间在 2 月 6 日。

1947 年 2 月 6 日，马寅初来到暨南大学宝山路二部的礼堂发表了题为"英美经济问题和中国经济问题"的演讲。当时，一些特务分子混入礼堂内，企图乘机捣乱，妨碍演讲的正常进行。演讲过程中，马寅初用大量事实和数据说明英美经济的繁荣主要依赖对殖民地半殖民地的掠夺，他特别指出，美国正取代日本企图实现其工业美国、农业中国的美梦，让中国沦为其殖民地。在谈到中国经济时，他强调解决中国经济问题，必须解决政治问题。只有实现了政治上和经济上的民主，解决中国经济危机才有出路。对于国民党发动内战，他严肃地指出，这是军事上死路一条、财政上死路一条、金融上死路一条。他告诉同学们，要实现政治上、经济上的民主，必须打倒官僚资本。

然而，到演讲的高潮时，马寅初突然停下来，话题一转说道："今天我马寅初到暨大讲演，台下必定有特务分子混在其中窃听，有胆量的就站出来。"这突

① 马寅初纪念馆编：《走近马寅初》，上海：上海三联书店，2008 年，第 61 页。

如其来的发言出乎特务分子的意料，他们没料到马寅初会如此言语，反而手足失措，在声势浩大的群众面前，不敢轻举妄动，只好三三两两悻悻离开会场。[①] 马寅初的演说在掌声中又继续进行，而且声音越来越洪亮，同学们无不被马寅初那种无所畏惧的浩然正气所感动，并深受教育。[②]

事后，曾听过这场讲座的学生在回忆马寅初时道："他身材不高，微胖，穿一件蓝布长衫，讲的内容很丰富。"在那位学生的记忆里，有一段关于马寅初的小细节："马老一到会场，就对大家表示歉意，按约定时间，迟到了半小时，原因是联系了多家出租汽车公司，都租不到汽车，理由是市公用局有通知，不得租汽车给马某，想坐黄包车，又不知会场移到何处，正着急时，暨大派车来接，否则不知要拖到何时……马老告诉大家，政府号召大家出钱出力支援'戡乱'，他想，抗战使老百姓已经勒紧裤带、苦得要命，还是请蒋先生停止内战，诸政要不要抢发国难财，让老百姓舒口气就好了。"[③]

四、 轶事两则

（一）趣解经济学

1918 年，马寅初在一次演讲时，有一位老农问他："马教授，请问什么是经济学?"马寅初笑着说："我给这位农民朋友讲个故事吧，有个赶考的书生到旅店投宿，拿出十两银子要挑最好的房间。店主立刻用它到隔壁的米店付了欠单，米店老板转身去屠夫处还了肉钱，屠夫拿着钱去找猪农还了猪钱，猪农马上去付清了赊欠的饲料款，饲料商赶紧到旅店还了房钱，就这样，十两银子又到了店主的手里。这时，书生来说房间不合适，要回银子就走了。你看，店主一文钱也没赚到，大家却把债务都还清，所以钱的流通越快越好，这就是经济学。"[④]

（二）拒绝蒋介石邀请

马寅初曾经当过蒋介石的老师。抗日期间蒋介石送来名片，用委员长的名义请他赴宴。马寅初对来人说："委员长是军事长官，我是个文职，文职不去拜见军方！再说我给委员长讲过课，他是我的学生。学生不来拜见老师却叫先生去拜见学生，岂有此理！他如真有话说，叫他来找我！"蒋又派人游说："委员长说

① 傅春龄：《无私无畏，大义凛然——忆马寅初先生在暨大的一次演说》，《暨南校友》1999 年第 24 期。
② 傅春龄：《无私无畏，大义凛然——忆马寅初先生在暨大的一次演说》，《暨南校友》1999 年第 24 期。
③ 夏雷：《一块手表的故事》，《暨南校友》1997 年第 14 期。
④ 班超：《马寅初妙释"经济学"》，《课外阅读》2015 年第 9 期第 23 页。

了，您是他的老前辈，既是老师，又是浙江同乡。委员长推荐您任财政部部长，或者是中央银行行长。”

马寅初笑道：“你们想弄个官位把我嘴巴封住，办不到！”

来人说：“那么，请马老先生买些美钞吧，政府批给您一笔外汇，这可是一本万利的生意啊！”

马老答道：“不，不！这种猪狗生意我不做！我不去发这种国难财！”来人只得灰溜溜地走了。[①]

马寅初一生著作颇丰，特别对中国的经济、教育、人口等方面有很大的贡献，有当代“中国人口学第一人”之誉，受到国人崇敬与赞誉。他曾被国学泰斗季羡林盛赞“大丈夫，刚正不阿，敢作敢当”，也曾被宋庆龄评价“不愧为我们中华民族难得的瑰宝”。

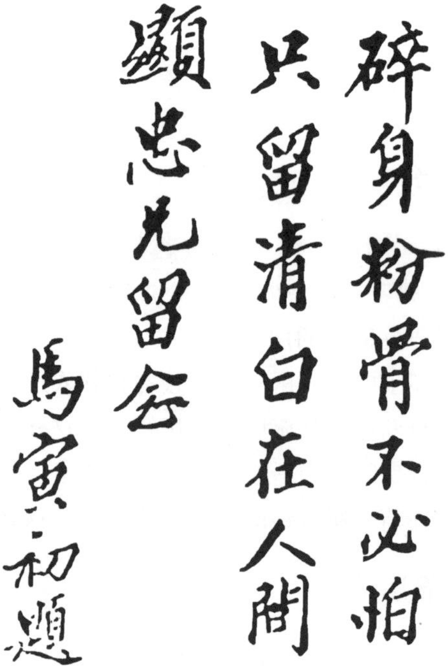

马寅初题字

① 兴梅：《马寅初拒见蒋介石》，《文史春秋》2004 年第 10 期，第 1 页。

潘序伦

潘序伦（1893—1985），中国会计界一代宗师，被誉为“中国现代会计之父”。

他是不可多得的“高材生”，先后获得哈佛大学企业管理硕士和哥伦比亚大学经济学博士学位，是当时中国少有的在美国取得经济学博士学位的留学生。他也是久负盛名的会计教育家，1924 年秋学成回国、次年任暨南商科大学部主任等职、创办暨南会计学系，致力于引进并传授西方先进的会计知识与技术。他更是集大成的会计学家、会计实务专家和会计实业家，1927 年 1 月，他辞去教授职务，创办了中国第一家会计师事务所，并创立了一个闻名中国的会计品牌——立信。

1923 年，暨南学校由南京迁往上海沪宁铁路的真如车站旁边，1927 年更名为国立暨南大学，是当年上海四所国立大学之一。当时的大学部已设立有商学院、文学院、理学院、教育学院和法学院这五个学院，成就了暨南大学最辉煌的一段历史——真如时期。潘序伦就是在此期间任暨南商科大学部主任，并创办会计学系，为暨南商科发展做出了重要贡献。

在暨南任教期间，他大胆进行教学改革，对学生非常严格，上课的口头禅是“For instance”（举个例子）。他 1927 年辞去教职时，学校里掀起了一场声势不小的挽留活动。

一、任暨南商科大学部主任，万言计划书首创国内商科大学教学改革

1924 年春夏之交，留学美国的潘序伦刻苦攻读后 3 年，启程回国。归国途

中，他绕道欧洲，周游 13 国，最后从香港坐船回到上海。

当时上海的教育界、经济界的一些人对潘序伦已有所了解。一回上海，便有不少大学竞相聘请。经过考虑，潘序伦应聘到上海商科大学担任教务主任兼会计系主任，并出任了国立暨南学校商科大学部主任。他着力引进和传授西方先进的会计理论和实务，1925 年创办暨南学校会计学系，暨南大学也因此成为我国最早设立会计专业的学校之一。

任职之初，潘序伦提出了改革暨南商科教育的《改进商科大学、旧制高中计划书》，这份改革书思路开阔，洋洋万言，富有前瞻性，其主要内容有：

（1）增设预课，以提高南洋和国内旧制中学毕业生进入大学本科的素质。

（2）分设学系，以资深造。针对海外华侨工商业发展的需要，从原来单一的普通商业专业，增设普通商业、银行理财、会计统计、国际贸易和工商管理五个学系。

(3) 增设学程（即课程），列出公共必修、各系必修及选修课程表，全部课程学分 149 分，课程总共 36 种。

前暨南商科大學主任
潘序倫博士

朔風凜冽，大雪紛飛，窗外白梅數枝，不但不爲著寒風的侵襲而縮瑟，也不因飛雪而畏懼，反因此才顯出他大無畏的精神。

尚有前商科大學主任[illegible]先生朱[illegible]先生[illegible]未寄到從缺（編者附誌）

1930 年《民国日报》国立暨南大学商学院十周年特刊颂扬前暨南商科大学主任潘序伦博士的精神

潘序伦提出的改革计划得到当时暨南学校校长姜琦的支持，并很快实施，在当时国内尚属首创。潘序伦还亲任会计统计系系主任，西方会计理论的大量引进，即从他肇始；而潘序伦的会计事业，则是从他主持暨南商科大学部和创建会计统计系开始的。

1985 年 10 月，潘序伦的学生与会计界人士在庆祝他从事会计事业 60 周年时，对于这位会计大师早年在暨南的功绩，无论是会计的教学改良还是学术研究成果，无不称道。

二、严谨著称，创新会计教学方法

潘序伦在教学和管理上一向以严谨著称，对学生的要求很高。尽管教务工作繁忙，他仍担任了许多骨干课程的讲授，例如“簿记”“成本会计”“审计学”等，不少课程用英文讲解，通晓易懂，对学生帮助很大，因而受到了学生的拥戴。

曾经辅助潘序伦先后在桂林、广州和香港创办立信会计学校的蔡经济，是潘序伦在暨南大学的得意门生，据他忆述：

> 我第一次见到潘师是在国立暨南商科大学教务处前的大堂内，当时他戴了一项圆形的向上卷边的铜盆草帽，满面笑容地由火车站（上海真如火车站）走来，进入大堂之内，再转入教务处。可是，教务处的大门正在装修玻璃，未能即时进去，只好回出来同其他教授谈笑风生地商谈事情。不久，他又想转入教务处，可是大门仍未修妥。他对修理工说，再过五分钟，我一定要进去。结果，等了一阵，终于进入了教务处。此时已有许多学生在教务处等他解决关于学科和学分的问题，同时也有若干教授来同他商量关于教课的问题。他干净利落地一一处理完毕，使他们满意而归。不久，上课铃一响，他即带了教科书上课去了。当时有一位同学在我旁边，就对我说："毕竟是博士，一切照规定的原则办理，处事爽快，真是难得。"①

1927 年《时报》刊登国立暨南大学会计学会照片，前排左二为潘序伦

在蔡经济的印象中，当时潘序伦教他们的学科是"簿记"（即"初级会计学"）和"成本会计"两科。潘序伦对于会计理论的讲解非常清楚，而且举例很多。因此，学生学习后受益匪浅。他特别强调理论和实务结合，每教一课，必有相当多的习题让学生在课外去完成。假定学生偷懒而不做习题的话，那第二课习

---

① 蔡经济：《潘序伦博士百年诞辰有感》，载龙一圆主编：《立信史话》，上海：立信会计出版社，1993 年，第 54 页。

题又来了。所以，学生绝不能偷懒，否则习题愈积愈多，非但习题无法完成，而且连下一课的理论恐怕也听不明白了。潘序伦的学生都认为，做他的学生，的确是相当辛苦的。当时有些同学因为偷懒的关系，修读了两个月，就无法读下去，只好少读“簿记”一科，相当可惜。

潘序伦编著的《成本会计教科书》及《习题详解》

除了理论和实务要结合，潘序伦还主张有专长。因而，会计学科除平时有相当多的习作外，还专门设有一科“会计实习”，专做特有的习题。会计学科的各种习题，有专人为之批改。批改中发现的问题，则由批改人分别摘出，交给有关教授在上课时答疑，务使学生弄懂为止。他还主张教学和实习分为两人处理，吸收分工合作之效。因为习题太多，一个教授无法批改，由此可能减少习作。如果请专人批改作业，教授既可按时教授学科，而习题仍可照常进行。这对学生来说实在得益匪浅。此后，沪上各大学对于会计学科的教学，也采用潘序伦的方法。所以，潘序伦非但是中国会计的改革者，也是会计教学方法的改良者。

三、 出名的口头禅 “For instance”， 加班成为日常

在暨南任教时，潘序伦的口头禅也非常出名，蔡经济记得很清楚：“由于潘师在教授簿记科时为使学生易于明白，常常举例特别多。那时大学教授都用英语讲解，每举一例要讲一句‘For instance’。因举例多，上一堂簿记课，虽然只有短短一个小时，但要讲数不清的‘For instance’的字句。由此这个‘For instance’就被大三的学生——杨昌运同学，收集为潘师的口头禅。杨昌运同学收集了沪上各个大学（那时最有名的江南八所大学）教授的口头禅，集中写了一篇短文，刊登于上海最畅销的《申报》‘自由谈’内。我们才知道潘师的‘For instance’也被收集在内。后来，我们再注意一下，确有这种事实。”①

---

① 蔡经济：《潘序伦博士百年诞辰有感》，载龙一圆主编：《立信史话》，上海：立信会计出版社，1993 年，第 55－56 页。

潘序伦与他的学生蔡经济的结交还出于蔡经济成绩优异的缘故。因为蔡经济虽然是上潘序伦的簿记班，但潘序伦上课从不点名，一上课就是不停地讲解，一直到下课钟声响起，他才停止讲课而离开教室。他很少在班上同学生谈话，事实上也没有时间谈。除了学生问问题外，一直在黑板上大书特书各种“For instance”。那时同学们的簿记习作，是由一位大学四年级的林仲川同学批改的。据林仲川说，一次簿记期考，蔡经济得到第一名，他就将考卷交给潘序伦看，潘序伦看了相当高兴，同时对林仲川说，有机会希望见见蔡经济。

20 世纪 50 年代的潘序伦（左）

过后不久，蔡经济到学校教务处接洽事宜，那时刚巧林仲川也在教务处工作，就将他介绍给潘序伦。从此潘序伦就认识了蔡经济。数日后，蔡经济即被调到教务处工作，受潘序伦的指挥；办理日常教学的事务。从那时起，潘序伦与蔡经济结下了终身的友谊。

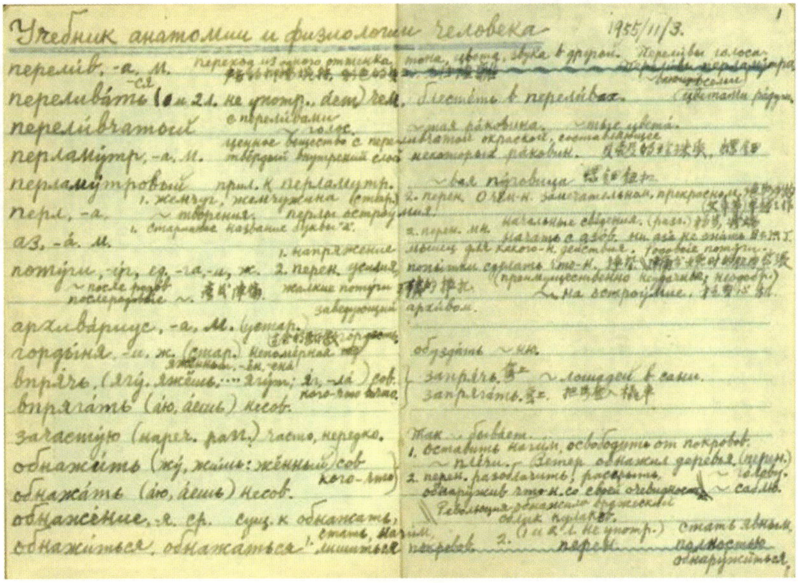

Учебник анатомии и физиологии человека 1955/11/3.

перелив, -а, м.

переливать

переливчатый

перламутр, -а, м.

перламутровый

перл, -а

аз, -а, м.

потуги

архивариус, -а, м.

гордыня

впрячь

впрягать

зачастую

обнажить

обнажать

обнажение

обнажиться, обнажаться

潘序伦的读书笔记

潘序伦对于工作如痴如醉。他的办公时间同普通职员一样，上午 8 时即到办公室，下午 5 时才下班。可是，常常有这样的情况：到了下班时间，职员都走光了，只剩下潘序伦一人，还在做他未做完的工作，考虑明天做些什么工作，尽管学校并没有加班费的补偿。所以，蔡经济等人为他在晚上做些工作，他总是非常客气，常常对他们说“对不起，对不起”。有时除了说客气话之外，还给他们一两元钱或一些水果，作为工作的酬劳。

在蔡经济的印象中，有一次，暨南商科大学一位高级人员到教务办公室拜访潘序伦，潘序伦说：“要我做对人不起的事，我是不会做的。”原来此人要请潘序伦赶校长下台，他执意不从。

1927 年 1 月，潘序伦打算辞去教职执行会计师业务时，学校里还掀起了一场声势不小的挽留活动。

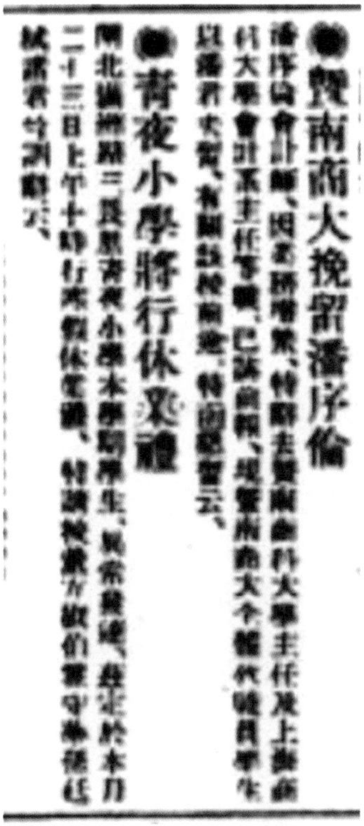

●暨南商大挽留潘序伦

●青夜小學將行休業禮

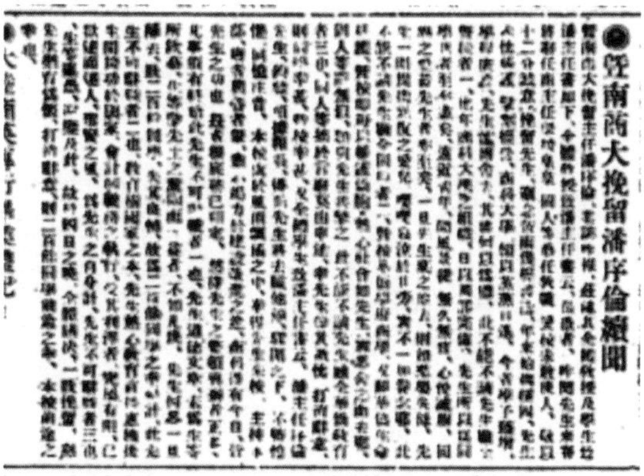

●暨南商大挽留潘序倫續聞

1927 年《申报》刊登《暨南商大挽留潘序伦》《暨南商大挽留潘序伦续闻》

四、开创“三位一体”的会计王国，集大成的会计学家

1927年辞去教职后，潘序伦开启执业会计师生涯，在上海创办了“潘序伦会计师事务所”，并附设会计补习夜校，1928年改名为“立信会计师事务所”。他先后开设和创办簿记训练班、立信会计函授学校、立信会计专科学校、立信会计高级职业学校等，形成了兼具大专、中专、职业补习教育在内的完整的会计教育体系，为社会培养了大批会计专门人才。

20世纪40年代的立信校舍

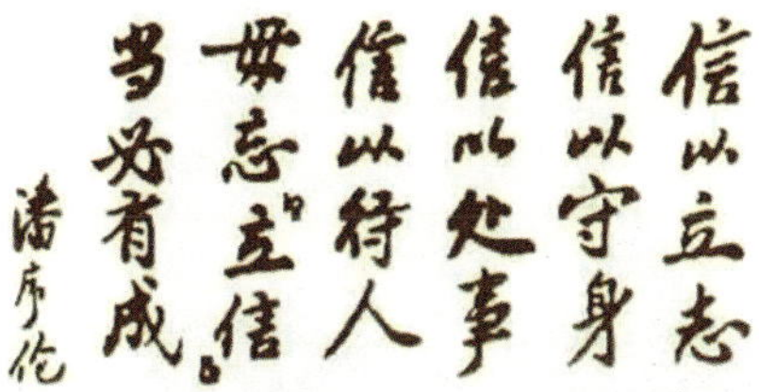

潘序伦倡导的“立信”精神

潘序伦一生致力于会计理论的革新和会计人才的培养，开创了学校、事务所、出版社三位一体的立信会计事业，成为中国现代会计学界的泰斗，被国际会计学界尊称为“中国现代会计之父”。他对财政、金融、税务、经济管理有很深的研究，在会计学、审计学等方面有很深的造诣，是一位集大成的会计学家。

潘序伦先生一生著述颇丰，有专著（包括译著）三十多部，学术论文百余篇。他引用王安石的“合天下之众者财，理天下之财者法，守天下之法者吏也。吏不良，则有法而莫守；法不善，则有财而莫理”作为会计工作的指导思想，以毕生从事的会计教学事业和立信会计师事务所的实践，树立了会计行业的诚信和职业道德的典范。

潘序伦晚年仍手不释卷

杨汝梅

杨汝梅（1899—1985），字众先，河北磁县人。会计理论家、会计教育家，中国最早的四大会计师之一，无形资产理论研究的开创者，首位列入《世界名人录》的中国会计学家。

他是会计学经典理论的开创者，未及而立之年便完成的博士学位论文《商誉及其他无形资产》，阐述了无形资产理论，被欧美学者奉为圭臬，年少蜚声世界会计学坛。他也是嘉言懿行的会计教育家，一生中曾于国立暨南大学、光华大学、上海交通大学、新亚学院、香港中文大学、浸会大学等高校勤勉传教，锐意改革，桃李遍及天下。他还是自律严谨的会计实务家，在二十世纪三四十年代曾受任“四联总处”（中央银行、中国银行、交通银行、农民银行联合总管理处）会计长、中央银行会计处处长，为中国会计界谋篇布局。

1927 年夏，学成归国的杨汝梅时年 27 岁，在暨南商科蓬勃发展之时，受聘为国立暨南大学会计学教授兼教务长，两年后，升任为商学院院长兼会计系主任、交通管理系主任及会计学会常年顾问，在暨南的黄金年代留下了浓墨重彩的印记。

杨汝梅在内地短短七年的任教时光，皆以暨南为主轴。当年受业同学已垂垂老矣，杨汝梅又深自谦抑，未有传记流世，故鲜为今人所知。但杨汝梅为暨南商科革故鼎新之贡献，应当为每一位暨南学子所铭记。

一、 求学美国， 毕业论文成为会计学经典

1921 年，杨汝梅毕业于北京铁路管理学院（北京交通大学前身），因成绩名列前茅，由北洋政府交通部公费派往美国密歇根大学攻读会计学专业，师从著名的会计学家威廉 · 佩顿（William Paton）。1926 年，杨汝梅顺利获得博士学位，他的博士论文就是闻名遐迩的会计名著《商誉及其他无形资产》（*Good will and Other Intangibles*），该书也成为他的成名之作。

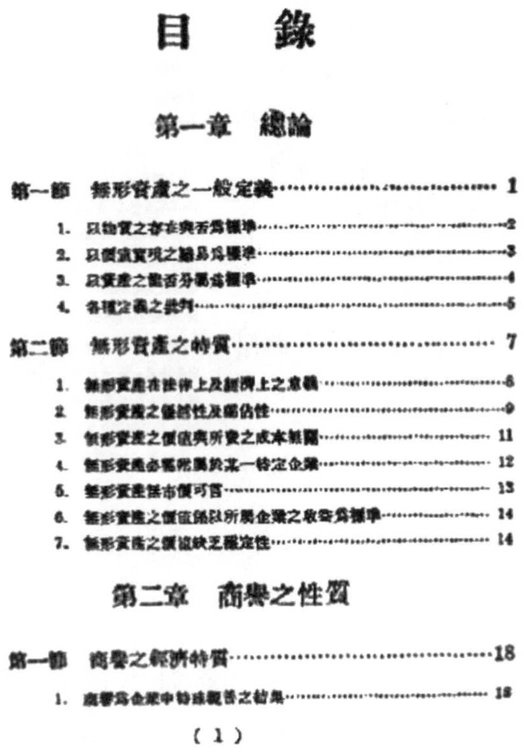

目　　錄

第一章　總論

第一節　無形資產之一般定義 …… 1

1. 以物質之存在與否爲標準 …… 2
2. 以價值實現之難易爲標準 …… 3
3. 以資產之能否分離爲標準 …… 4
4. 各種定義之批判 …… 5

第二節　無形資產之特質 …… 7

1. 無形資產在法律上及經濟上之意義 …… 8
2. 無形資產之優越性及難估性 …… 9
3. 無形資產之價值與所費之成本無關 …… 11
4. 無形資產必需附屬於某一特定企業 …… 12
5. 無形資產無市價可言 …… 13
6. 無形資產之價值係以所屬企業之收益爲標準 …… 14
7. 無形資產之價值缺乏確定性 …… 14

第二章　商譽之性質

第一節　商譽之經濟特質 …… 18

1. 商譽爲企業中特殊優勢之結果 …… 18

（1）

杨汝梅著作《商誉及其他无形资产》的目录页

20 世纪初，西方会计学者已经开始对商誉及其他无形资产问题展开讨论，但大多仍局限于它在法律上的特点以及如何估价等问题，而且各执一词，莫衷一是，没有从理论上论证无形资产的本质特征。而杨汝梅在他的书中对无形资产的性质、特点、分类以及如何确定它的价值等作了精辟的分析和系统的论证，并以

商誉为中心来阐述无形资产的理论，起到“纲举目张”的作用，其理论水平令会计学人叹为观止。①

《商誉及其他无形资产》是第一部中国学者撰写的达到世界水平的会计著作，于 1927 年在纽约首次出版后，便蜚声于欧美学界，在美国会计界被奉为关于无形资产的唯一专著。在佩顿教授主编的《会计大全》（*Accountants' Handbook*）中，撷其若干学理为范典，称之为“杨氏原理”（James Yang's Principle）。

该书于 1936 年传入国内，由施仁夫先生译成中文，列入当时潘序伦主编的“立信会计丛书”出版，并定名为《无形资产论》。从此，无形资产的会计理论以及它的会计处理方法，开始在我国广为传播。《无形资产论》历时百年，屡次再版，经久不衰，其在中国乃至世界会计学者心目中的地位尤为重要。②

巧合的是，将此书引进国内的正是曾任暨南商科大学部主任的潘序伦，该书在美国一问世，便引起潘序伦的重视，经杨汝梅首肯，才得以译成中文出版。潘序伦在为《无形资产论》所作的序中高度评价道：“对于一切无形资产之性质及其会计处理之方法，分析至为详尽……故其立论之精审，无与伦比，欧美学者久已奉为圭臬，即会计名家派登（W. A. Paton）氏（即佩顿），在其所编《会计大全》一书中，亦数处引用其议论焉。”③ 志同道合的两位会计名家，后来共同于暨南大学商科弘教革新，又共同创建会计学会，成为暨南商科史上最璀璨的两颗明星。

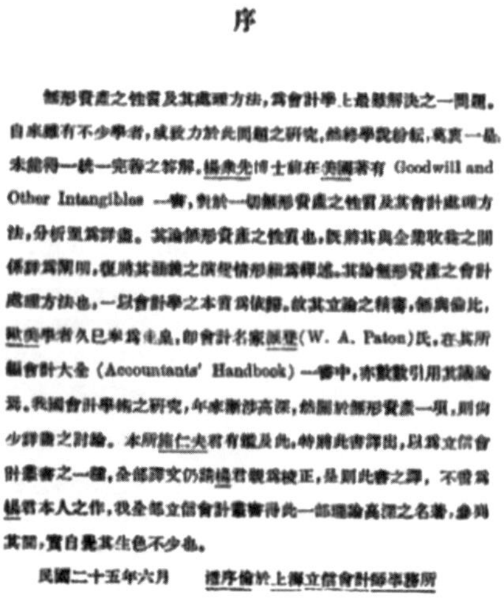
序

無形資產之性質及其處理方法，爲會計學上最難解決之一問題。自來雖有不少學者，咸致力於此問題之研究，然終學說紛紜，莫衷一是，未能得一統一完善之答解。楊汝梅博士前在美國著有 Goodwill and Other Intangibles 一書，對於一切無形資產之性質及其會計處理方法，分析至爲詳盡。其論無形資產之性質也，既將其與企業收益之關係詳爲闡明，復將其涵義之演變情形細爲釋述。其論無形資產之會計處理方法也，一以會計學之本質爲依歸。故其立論之精審，無與倫比，歐美學者久已奉爲圭臬，即會計名家派登(W. A. Paton)氏，在其所編會計大全 (Accountants' Handbook) 一書中，亦數數引用其議論焉。我國會計學術之研究，年來漸涉高深，然關於無形資產一項，則尚少詳盡之討論。本所施仁夫君有鑒及此，特將此書譯出，以爲立信會計叢書之一種，全部譯文仍請楊君親爲校正，是則此書之譯，不啻爲楊君本人之作，我全部立信會計叢書得此一部理論高深之名著，參列其間，實自覺其生色不少也。

民國二十五年六月　潘序倫於上海立信會計師事務所

潘序伦为《无形资产论》所作的序

二、执教暨南，与潘序伦共称暨南商科标杆

1927 年，潘序伦执掌暨南商科，锐意改革，延揽俊彦。学成回国的青年杨汝梅便接到其抛出的橄榄枝，1928 年受聘为会计学教授兼教务长。两年后，他转任暨南大学商学院院长兼会计系系主任、交通管理系系主任及会计学会常年顾

① 陈元芳：《中国会计走向世界第一人：杨汝梅》，《财会通讯》2013 年第 7 期，第 116－117 页。
② 陈元芳：《中国会计走向世界第一人：杨汝梅》，《财会通讯》2013 年第 7 期，第 116－117 页。
③ 陈元芳：《中国会计走向世界第一人：杨汝梅》，《财会通讯》2013 年第 7 期，第 116－117 页。

问，并兼在光华、交通、沪江等大学担任会计学教授。①

在任院长期间，杨汝梅积极进行教学改革，为了督察学生学习和考核学生成绩，严定考试办法，建立周考、月考制度，努力于教学质量的提高。② 在教学上，杨汝梅勤于治学，自律严谨，给学生留下了深刻的印象。

吴君实曾于1927—1928年在暨南大学受业于杨汝梅，修习高等会计学。据吴君实③回忆："杨先生上课时不照课本宣讲，而是对每一会计题目，首先历述当代著名会计学家之论点与意见，较其异同短长，而后加以评议，我一面用心听讲，一面随手摘记，不敢有半分钟之懈怠，受益至深，事隔六十余年，当时情景，宛在隔昨。曹振昭则受业多门会计学课，更加深体杨先生之循循善诱，诲人不倦，以及言教身教之嘉言懿行，以故当时深受同学之一致爱戴。"④

商业是华侨在南洋的最大事业。为适应华侨的创业需要，结合南洋商情，兼备研究与应用之能，在潘序伦、杨汝梅二人之引导下，暨南商科的学术之风欣欣向荣，学术团体不断涌现。其中最有影响力的当属经济研究会和会计学会，前者有《经济汇报》，后者有《会计学报》，二者都是呈现研究成果和交流思想的平台。会计学会是我国最早的会计学术团体之一，其创建得到了当时暨南商科主任潘序伦的大力支持，而杨汝梅作为常年顾问，也曾在学会主办刊物《会计学报》上发表过《借贷对照表与资产评估的关系》《双推式的推敲》等文章，交流理论意见，以鼓励学会的学术研究。⑤

杨汝梅在暨南大学的执教时间虽短，却大有作为。他对商科的改革有奠基之功，更培养出了吴君实、曹振昭等一批会计大家。1933年，杨汝梅应邀担任国民政府盐务稽核总所副监理兼财务股长，结束了在暨南大学的任教生涯。

三、实务之旅，当代会计"双杨"之名誉满学坛

杨汝梅在结束了与暨南大学商科的短暂相会后，开始了他人生中的会计实务

① 吴君实、曹振昭：《我们所知道的我国早期会计学家杨汝梅（众先）先生》，《上海会计》1991年第11期，第24－25页。

② 刘少波、张志主编：《暨南商科百年史》，暨南大学经济学院内部资料，2018年，第20－21页。

③ 1926年，吴君实升入上海国立暨南商科大学三年级深造，受业于潘序伦、杨汝梅等会计大师，1928年毕业。中华人民共和国成立后，担任上海铁路局财务处处长，后曾任上海财经学院及上海财经大学会计学任兼职教授。1988年被《中国会计史稿》收录为民国时期76位知名会计学者之一，2000年作为20世纪中国会计学界名人被收入《中国会计学界百年星河图》。

④ 吴君实、曹振昭：《我们所知道的我国早期会计学家杨汝梅（众先）先生》，《上海会计》1991年第11期，第24－25页。

⑤ 刘少波、张志主编：《暨南商科百年史》，暨南大学经济学院内部资料，2018年，第20－21页。

之旅。在会计实务方面，杨汝梅通常作为会计工作的领导者，总揽全局，运筹帷幄。1942—1945 年，他在重庆担任“四联总处”（实际业务还包括中央信托局、邮政储金汇业局和中央合作金库，共辖七个行、局）会计长期间，提出“会计服务经济，促进经济发展”的纲领，他提出的一统七行、局的会计科目、会计制度及会计核算方法，促进了重庆及西南金融业的发展。到 1943 年底，在全部银行钱庄资本总额中，“四行”资本总额约占一半，其金融独占地位相当突出。西南大后方资本的积累与稳定，也为抗战的胜利提供了资金基础，这让杨汝梅在 1945 年升任中央银行汉口分行经理及总行会计处处长。1949 年，杨汝梅定居香港，先后在香港新亚书院、香港中文大学、浸会学院担任教授及商学院院长等职，以迄逝世。①

在杨汝梅身上，有件相伴一生的轶事值得谈及。日常生活中，我们会经常遇到同名同姓的人，但在同一时期、同一领域内同在历史上留下痕迹的同名同姓之人却寥寥无几。而在中国当代会计史上恰有这样两位同名同姓的会计学家——杨汝梅（予戒）和杨汝梅（众先），他们在 20 世纪 20— 40 年代同为赫赫有名的会计学人。前者湖北人，字予戒，常用笔名湖北杨汝梅，著有《经济学》《杨汝梅新式商业簿记》等，是当时官厅簿记与审计改革开拓者。后者便是曾执教于暨南大学的杨汝梅。他们都知道对方的存在，发表文章时会在杨汝梅后标上其字（予戒）或（众先）以示区别。鹿文曾在一篇旧文里生动地描写了这对同名会计学者的趣事：“两杨一藉河北，一藉湖北，河湖两字，沪音相似，于是河北杨汝梅增以众先两字，湖北杨汝梅增以予戒两字。河北杨汝梅氏为名教授，著书《无形资产论》，海外咸著声 James Yang 一名，美册《会计大全》中亦为之专项撷其学理为范典焉；湖北杨汝梅氏尝为岁计局长，著《审计学》及《银行会计》等书，学者奉为圭范。此两杨于著作界均具声望，初学者不察，每易扑朔迷离，涉于混淆。”②

1980 年，财政部会计管理司负责人赴香港考察会计，曾晤及杨汝梅夫妇，他们都表示要回归祖国，为“四化”出力，终因年事已高，港校师生又热忱挽留，未能成行。1985 年，杨汝梅逝世，遵从其生前遗愿，其骨灰被迎回上海，寓居苏州吴县东山公墓。杨汝梅曾经的暨南大学学生，吴君实、曹振昭、邵季良等 40 余人前往执绋送葬，并致以悼词，昔日暨南学子业已成长为新一代会计中坚力量，这场悼念会宛若中国新老会计学人的交接仪式，也饱含着暨南商科人的深邃敬意。

① 陈元芳：《中国会计走向世界第一人：杨汝梅》，《财会通讯》2013 年第 7 期，第 116 – 117 页。

② 汪一凡：《新看到的史料两则》，《新理财》2007 年第 11 期，第 78 – 79 页。

在杨汝梅逝世后，已届 97 岁高龄的恩师佩顿发函致哀："杨博士为我（20 世纪）20 年代的优秀学生，其博士论文卓越，他的逝世不仅意味着损失了一位著名人物，也使我失去了近年来长相通信的好友。"从其沫词具见杨汝梅会计学识之精湛，以及他们师生相得之深。①

杨汝梅的一生，或许可以由陈元芳所作评注概括："北方交大留美生，佩顿名师育英杰；无形资产阐高论，欧美学者奉圭臬；民国知名会计家，桃李芬芳逾国界；导师心中之翘楚，论著英名同日月。"②

关于杨汝梅先生的生平我们知之不多，生卒年月也有待稽考。他将人生的黄金年代献给了暨南大学，陪伴暨南商科日就月将，暨南人将永远铭记这位务实低调的会计大家。

---

① 吴君实、曹振昭：《我们所知道的我国早期会计学家杨汝梅（众先）先生》，《上海会计》1991 年第 11 期，第 24－25 页。

② 陈元芳：《中国会计走向世界第一人：杨汝梅》，《财会通讯》2013 年第 7 期，第 116－117 页。

王亚南

王亚南（1901—1969），字渔邨，又名直准，出生于湖北黄冈的一个农民家庭，是中国现代著名经济学家、教育学家。

1931年秋冬，王亚南曾任暨南大学教授。1944年，王亚南在暨南大学开设了为期三周的“中国社会经济改造问题研究”讲座，引起了极大的反响。他还出任过中山大学经济系主任、厦门大学法学院院长及经济系主任、清华大学教授等职。1950年王亚南被任命为中华人民共和国成立后厦门大学第一任校长。他在教育行业几十年如一日地辛勤耕耘，形成了自身独到的教育观、教学观、大学观，并影响至今。

作为一位广博且专精的暨南名师，王亚南一生治学严谨、勤奋好读，涉足多个专业领域，却能做到样样拔尖、科科出彩。作为我国第一版《资本论》的翻译者，王亚南不仅为国内引进了大量的马克思主义政治经济学的著作，更专注政治经济学专业领域的研究，推动了学科的传播与发展。著有《中国经济原论》《中国官僚政治研究》《中国地主经济封建制度论纲》等。

一、执教暨南，教育理论影响后世

王亚南幼年在家读私塾，1923年考入了武汉中华大学教育系，1928年赴日本留学。1931年“九一八”事变之后，王亚南从日本回国，来到上海，兼任暨南大学经济学教职。

暨南学校自1911年由黄炎培主持复校以来就秉持着大力发展商科的教学方向。1927年郑洪年接任校长，决定将暨南学校扩充为完善的大学，原商科大学改为商学院，下设6科。到了1930年时，商学院原来设立的6科均改为独立学系，形成了较为完备的商学体系，急需经济学、商学人才。[①] 王亚南作为向国内引进新经济学理论的留日学者，任教暨南之后受到了师生的极大欢迎和推崇。他的经济学新思想对于推动暨南商科的发展进程、开阔暨南学子的眼界，都起了极为重要的作用。

王亚南在暨南大学执教两年多后就去了福建工作，但是与暨南大学的缘分却并没有就此完结。太平洋战争爆发后，暨南大学被迫迁往福建建阳。尽管战时办学环境困难，时任国立暨南大学何炳松校长还是坚持延续着聘请社会名流来校开办讲座的传统。1944 年，时任教厦门大学经济学教授的王亚南仍旧破除一切困难，前往福建建阳为暨南师生开设了为期三周的“中国社会经济改造问题研究”讲座。

王亚南在暨南大学开办讲座时，已经因为翻译《资本论》声名鹊起，慕名来听讲座的学生非常多，会场每天都座无虚席。据当时亲历的同学描述：“王亚南先生身穿人字呢大衣，健步登上讲台，他那微秃的前额，中等偏高的个儿，黄黄的脸，一双和蔼闪光的眼睛，讲的一口地地道道的湖北黄陂话，乡音虽重，但抑扬顿挫，时而高，时而低，加上必要的手势表情，一开始就引起大伙儿强烈的反响，整个文庙大礼堂座无虚席，连两旁也还加添了座位，大家听课屏息贯注，聚精会神，秩序井然。”[②] 王亚南在讲座中不仅为大家介绍了自己研究的成果，也向暨南学子们分享了他自身治学的经验与体会。他的讲座极大地激发了暨南学子学习《资本论》和马克思主义政治经济学的热情。

除了在暨南大学讲授经济学知识以外，王亚南还先后在中山大学、厦门大学担任经济学教授，自 1950 年起担任中华人民共和国成立后厦门大学第一任校长直到 1969 年去世。王亚南在教育行业有着丰富的经验，作为国内多所知名高校的教授、领导，王亚南在其多年的教育工作中也形成了独到的教育观、教学观和大学观。他主张教育要与社会实际紧密联合；自然科学与社会科学不可偏废；学习时要深入浅出、勤奋治学；大学要办得有特色、有优势；要注重学术自由，也要注重教育，不能一味追求科研等等理论。[③] 王亚南的教育学理论对于今天的教育、教学以及大学建设仍有指导作用。

---

① 刘少波、张志主编：《暨南商科百年史》，暨南大学经济学院内部资料，2018 年，第 11 页。

② 胡安泰：《暨南名师的故事》，人文荆州杂志社内部印发，2016 年，第 50 页。

③ 李枭鹰、邬大光：《王亚南教育思想述评》，《厦门大学学报》（哲学社会科学版）2007 年第 3 期，第 85 - 91 页。

二、首译《资本论》，引入马克思主义政治经济学

王亚南是我国最早翻译《资本论》的学者。1927 年王亚南大学毕业之后投身北伐。大革命失败之后，他流落到杭州，借住于大佛寺内，在这里结识了后来成为著名经济学家的郭大力，他们拟定了一个合译经济学名著、包括马克思巨著《资本论》的宏伟计划。他们首先着手翻译的是李嘉图的《经济学及赋税之原理》和亚当·斯密的《国富论》。当时年纪尚轻的二人在翻译这些公认晦涩难懂的经济学著作时也有很多的挫折，当 1932 年《经济学及赋税之原理》的中译本在上海出版时，一时轰动了学界，被认为“在中国学术界真是一个伟大的功绩。”① 1931 年，王亚南来到上海在暨南大学任教，在这里做经济学教授的日子平稳而安定，也为他提供了安心从事写作及翻译工作的良好环境，《资本论》正是在这段时期逐步开始翻译的。1938 年，王亚南、郭大力合译的《资本论》全三卷中文译本出版面世，又一次引起了热烈的讨论与追捧，这两位年轻学者因此名扬学界。

王亚南卓越的翻译才能并不是一蹴而就的，他能够翻译《资本论》这样晦涩难懂的专业书籍，依靠的是他对外语的熟练掌握以及卓越的翻译才能，这样的能力来源于王亚南日复一日的学习与积累。

王亚南从小学习就十分认真，尤其注重外语的学习，他一生都坚持不间断地学习外语。他在中学时英语已经学得不错，考入武汉中华大学教育系后，还曾将英语系作为辅系。青年时的广泛学习为王亚南打下了扎实的外语基础，在之后的学习工作中他也一直坚持巩固、学习外语。根据王亚南在中山大学任教时的学生的回忆，有一次因为没有米吃，王亚南带领几个学生到当时的湖南省政府要米，尽管是短期出差，住在宾馆，王亚南仍然每天天刚亮就起来练德语。在厦门大学当校长期间，虽然工作很忙，王亚南仍抓紧零碎时间，经常拿起原版的外文书来大声朗诵。在生命的最后几年中，王亚南还开始学习法语，通过几个月的刻苦自学，就能看懂法文版的毛泽东著作了。② 王亚南通过学习世界各国的语言来了解、获取世界各国的知识，语言就像他的拐杖，帮助他在从事翻译工作的过程中越走越远，越走越稳。

广泛的阅读和写作，也是王亚南成为一名优秀翻译家的重要因素之一。王亚

① 王增炳、余纲编：《王亚南治学之路》，福州：福建人民出版社，1984 年，第 3 页。
② 王增炳、余纲编：《王亚南治学之路》，福州：福建人民出版社，1984 年，第 19 页。

南在大学阶段就兴趣很广泛，各方面的书籍都看，他自己形容自己读书是“海阔天空”。大学毕业之后有一段时间他还专门去写长篇小说。[①] 常年不断地阅读和写作使王亚南的知识储备极为丰厚，最终通过对马克思主义政治经济学的学习，让他有机会将过去所学的知识都聚集起来，形成巨大的能量，高质量地完成《资本论》这部传世巨作的翻译工作。

王亚南在之后相继翻译了亚当·斯密的《国富论》、马尔萨斯的《人口论》、约翰·穆勒的《经济学原理》等当时世界上十分流行的经济学著作，[②] 为彼时封闭沉闷的中国带来马克思主义政治经济学的春风。多年以来对于对大量外国经济名著的深度阅读和探究，也为王亚南之后形成自己的政治经济学思想打下了坚实的基础。

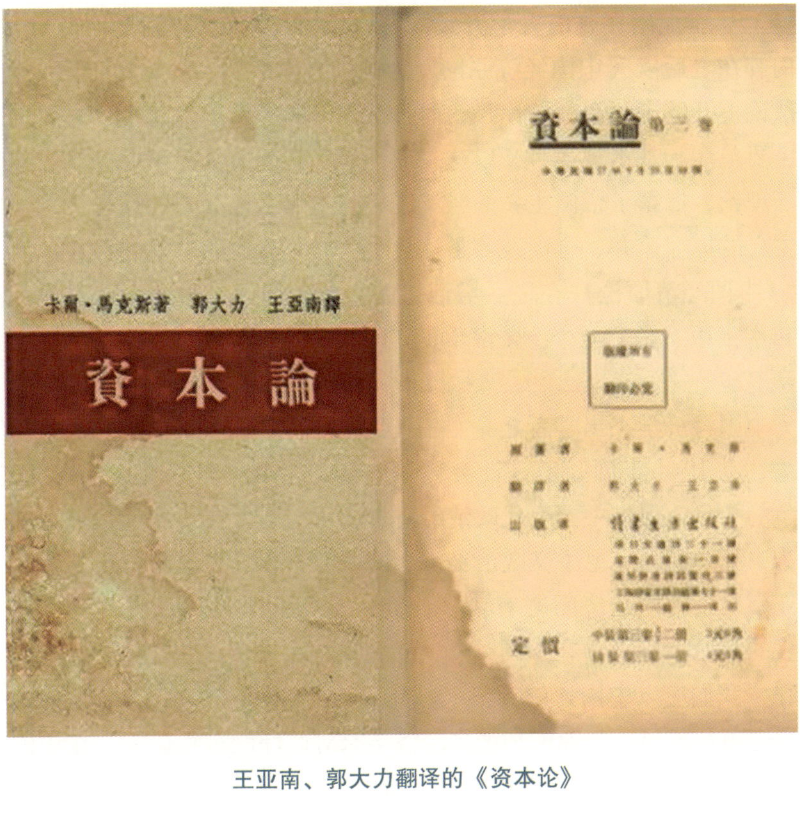

王亚南、郭大力翻译的《资本论》

① 王增炳、余纲编：《王亚南治学之路》，福州：福建人民出版社，1984 年，第 23 页。

② 张友仁：《王亚南的生平和学术》，《西安财经学院学报》2014 年第 4 期，第 128 页。

二、 学界引领者，开创“中国政治经济学”

王亚南翻译了许多国外政治经济学的著作，但是他对于政治经学的研究没有仅仅停留在文字的转换搬运之上，而是建立在吸收西方经济学理的基础上。他一生著写了300多篇文章，结合国情、围绕“马克思主义中国化”这一学术母题，将中国经济作为对象来研究，剖析中国经济成分中各种因素之间的相互因果作用，把握经济形态演变的规律和总体趋势，对于我国的现代经济发展有着极强的导向性作用。

王亚南的著作中最著名的《中国经济原论》，与暨南大学有着千丝万缕的联系。1944年，王亚南在暨南大学开设“中国社会经济改造问题研究”的讲座，其讲学内容在之后以《中国经济原论》为名公开发表。① 这本书不但在经济学研究的方法论上开辟了一个新的途径，而且首先阐明了中国封建生产方式的政治经济学的主要范畴和基本规律，又以这一理论为基础阐述了关于中国半封建半殖民地的经济理论，揭露了帝国主义的经济侵略与封建土地关系的残酷剥削，以及官僚资本主义的掠夺兼并、全面破坏了社会生产力所造成的严重的民族危机与经济危机。②《中国经济原论》在之后增订并更名为《中国半封建半殖民地经济形态研究》再次出版，影响至今。暨南学子作为第一批聆听者，也为此感到无上的光荣与自豪。

作为中国经济学杰出学者之一，王亚南在1940年创办并且主编了《经济科学》杂志，在1944年创办了《社会科学》杂志，给更多学者提供了发表观点、进行论争的平台，促进中国近代政治经济学的活跃与发展。而他也成为其中的领头人，为中国学界马克思主义政治经济学的研究不断注入新的思想。

王亚南对于中国经济问题有诸多研究，著作颇丰。1941年他在《新建设》杂志发表的《政治经济学在中国》一文中首次提出了“中国经济学”这一概念，大声疾呼“我们应以中国人的资格来研究政治经济学”③。其后，“中国经济学”的相关研究蔚然成风，王亚南和诸多经济学家对此课题进行研究，在中国的经济发展态势及方向问题上形成了许多成熟的理论，这些研究成果对中国现代经济发展有极高的总结、指向作用。王亚南的代表作品《中国官僚政治研究》《经济学

---

① 胡安泰：《暨南名师的故事》，人文荆州杂志社内部印发，2016年，第51页。

② 王增炳、余纲编：《王亚南治学之路》，福州：福建人民出版社，1984年，第6页。

③ 卢江、钱书法：《王亚南对中国经济学研究的理论与实践贡献》，《经济学家》2012年第8期，第5－10页。

史》《经济科学论丛》《中国社会经济改造问题研究》等都充分体现了他所提出的“以中国人的资格来研究政治经济学”的原则。①

四、治学严谨，倡导勤奋与方法结合

王亚南一生在许多领域都取得了精深的成就，所依靠的不仅是其不可多得的学术天赋，更重要的是他一生都坚持学习的习惯、对待学术认真钻研的态度以及适当的学习方法。这些因素使得王亚南能够高效利用自己的时间，高质量地完成自己的工作。

王亚南曾谦逊地评价自己：“我的天分并不特别高，主要是靠勤奋。”早在20世纪30年代初期，上海学术界就曾称赞他“是一个非常刻苦的学者”。王亚南的一生是在不断学习中度过的，他年轻时经常日夜做学问，中学时代为了和睡眠争学习时间，效仿司马光的“警枕”做了一个把床板两边架空的“警床”，每当睡眠深熟之际，稍一翻身，床板就会失去平衡而歪斜，他被惊醒之后就又点起油灯开始学习。1965年，王亚南血压很高，党组织强制他到太湖休养治疗，他只在太湖住了一个星期就匆匆回到工作岗位。之后他写信给党组织说：“一个人如果整天在那里不做一点工作，生活还有什么意思？”直到1966年8月，他因患脊椎恶性肿瘤半身瘫痪，还对党组织说：“我下半身不能动了，但是脑子还可以动，两只手还可以写，我还可以为党做些力所能及的工作。”②

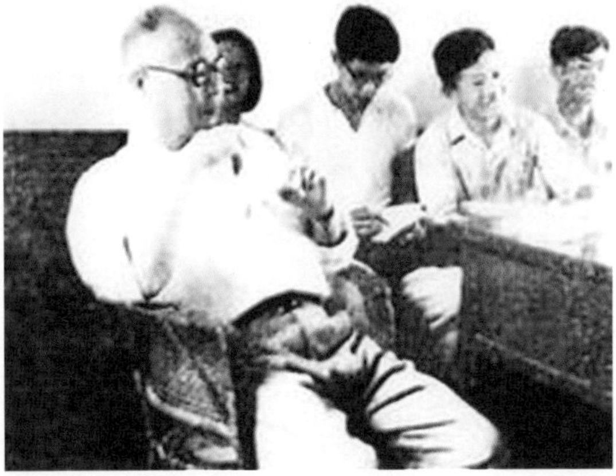

王亚南在为学生讲授知识

① 王增炳、余纲编：《王亚南治学之路》，福州：福建人民出版社，1984年，第6、39页。
② 王增炳、余纲编：《王亚南治学之路》，福州：福建人民出版社，1984年，第21页。

除了自律刻苦的高强度学习之外，王亚南对学术认真钻研的精神也为人所称道。早年他读书、翻译、写作时，为了读懂一本书，译准一个词句，写好一篇文章，总是不厌其烦地反复思考、推敲。即使是成为名家之后，他依旧保持着一名学者的认真与谦逊，只要别人的见解是合理的，他就会欣然接受，不在乎对方的身份地位；但若是与他人意见不合，他也常常与同事、朋友们争论到面红耳赤。他观察问题敏锐、深刻，不满足于用一般的推导方式去获得结论，而是深入探究事物的本质，揭示其规律，形成卓越的见解。① 王亚南还在自己常年的学习过程中总结出了适合自己的学习方法与学习原则，帮助自己不断提高学习效率。例如对于读书，王亚南认为经典著作应该多读、细读掌握实质精神，而其余的书籍只要泛读、浏览，作一般了解即可。王亚南也提出要重视思考的作用，反对学习时一知半解、人云亦云的敷衍学风。对于做研究，他提出要注意长计划、短安排的工作方式，要养成"一切从实际出发"的研究工作习惯。这些学习、工作的方法和原则对于当今的学习者来说，仍有着重要的指导作用。

这样一位功勋卓越、勤奋爱国的教师、经济学家，在 1969 年因为恶性肿瘤病逝于上海华东医院，终年 68 岁。

王亚南的一生都从事马克思主义政治经济学的研究与传播，他对于马克思主义在中国的传播有着不可磨灭的功劳，对于中国近代新民主主义革命事业也有重大的贡献。他一生著文 300 多篇，翻译作品高达 41 部，受他影响走上经济研究道路的学者更是数不胜数。

暨南商科自民国初年发展至今，万千学子不仅学习了王亚南先生系统的经济学理论知识，更传承着他谨慎治学、鞭辟入里的学习、研究态度。暨南学子也为这样一位优秀的学者曾任教暨南而感到莫大的荣幸。

---

① 王增炳、余纲编：《王亚南治学之路》，福州：福建人民出版社，1984 年，第 22 页。

周宪文

周宪文（1907—1989），字质彬，号毅恒，笔名惜余，浙江黄岩人（今属台州椒江区），我国著名经济学家、教育家。

周宪文早年就读于上海同文书院，毕业后东渡日本，就读京都大学，才识过人。1934 年，周宪文出任驻日留学生监督，次年归国后，受国立暨南大学之聘，任经济学教授兼系主任，继任商学院院长，开始组织编写《经济学辞典》。1936 年，在校长何炳松的倡导下，《暨南学报》创刊，并成立了“国立暨南大学编译委员会”，周宪文为 18 名委员之一，具体负责学报的编印工作。1941 年 5 月，受何炳松委派，周宪文赴福建建阳筹备分校，并任分校主任、教务主任。同年年底，太平洋战争爆发，上海租界亦沦陷，暨南大学总校迁往福建与分校合并，周宪文仍任商学院院长兼东南联大筹委会副主任直至 1945 年。抗战胜利后，周宪文应陈仪之邀赴台湾任省立法商学院院长、台湾大学法学院院长，后至台湾银行筹建经济研究室，亲主其事，从事台湾经济研究。1989 年在台湾逝世。

周宪文毕生从事于经济学研究，著译逾 3 000 万字，其尚未出版以及散逸未及整理文稿近 1 000 万字，已非“著作等身”所能形容。他自执教暨南起，持续从事教学工作多年，学生遍布世界各地，享誉中外。

一、　从文坛新秀到商学院院长

“放眼中国的大学，超过 110 年历史的不多，暨南大学是其中之一；在中国的大学中，商科有 100 年历史的不多，暨南商科是其中之一；在中国大学的商科中，设立经济学院近40年的不多，暨南大学经济学院是其中之一。”前任暨南大学经济学院的院长刘少波曾对“华侨最高学府”的百年商科如是评价。

百年暨南，商科一脉，折而不断。回溯暨南商科的历史，可以追溯到一百年前。1917年，北洋政府教育部委派黄炎培前往南洋考察华侨教育，他意识到：“盖今世商战、工战，无非学战。”① 1918年9月，国立暨南学校开学，设商科和师范科。1927年，国立暨南学校更名为国立暨南大学，商科大学部改为商学院。

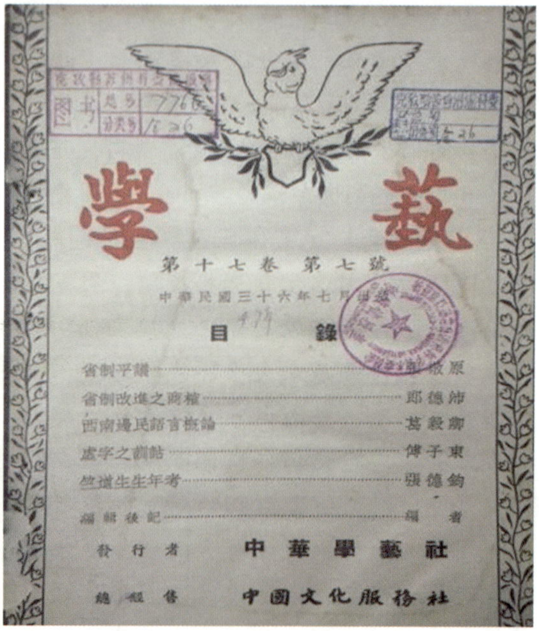

周宪文担任编辑的刊物《学艺》

1928年，周宪文从上海同文书院商科毕业，取得商务学士学位，并以优异成绩被选送日本京都帝国大学专攻经济学。三年之后，他学成回国，被中华书局创办人陆费逵先生所器重，受聘为书局编辑。20世纪30年代初，受时局影响，一本名叫《新中华》的杂志应运而生，此杂志的编辑正是留日归来的周宪文。周宪文在主编《新中华》时，只坚持恪守一个原则，即“只看文章质量、不看作者面貌”。这就为新人敞开了大门，当时很多崛起的理论家，如李紫翔、杜若君等人，就是凭借在《新中华》上发表论文而获名的。同年，周宪文亦加入了中华学艺社，任编辑部主任，负责编辑《学艺》。②

虽毕业于商科，但在20世纪30年代初期，周宪文更多是在和文学打交道。直到1934年，周宪文被政府选任为“留日学生监督”，离开了中华书局。次年归国后，周宪文受到时任国立暨南大学校长何炳松的聘请，任经济学教授兼系主任，继任商学院院长。此后，周宪文回到了他熟悉的商学领域。1936年，在校长何炳松倡导下，《暨南学报》创刊、“国立暨南大学编译委员会”成立，周宪文即为18名委员之一，具体负责学报的编印工作。③

周宪文执教暨南之后，时任新闻编辑的方秋苇曾去法租界中华学艺社拜访周宪文。据方秋苇回忆，他后来申请加入学艺社，在填写表格的时候，周宪文对他

---

① 张晓辉、夏泉主编：《暨南大学史（1906—2016）》，广州：暨南大学出版社，2016年，第15页。

② 方秋苇：《怀经济学家周宪文》，《档案与史学》1995年第2期，第55－58页。

③ 陈文举：《百年暨南人物志——周宪文》，《暨南学报》（哲学社会科学版）2006年第6期，第2页。

提及了中国经济学研究的不足之处：“日本出版界很活跃，今年出版了很多工具书，但中国还缺乏一部‘经济学辞典’，因此他计划邀约一批经济学者共同执笔，规定要一年内脱稿，待 1937 年由中华书局出版。”[①] 提出这个问题之后，周宪文便开始付诸行动。

然而，一年多的时间完成一部专业辞典的编写，周宪文在当时是没有经验的。而且，他还负责暨南大学的教学和行政工作，任务繁重，以一年时间完成一部著作，难度可想而知。但令方秋苇震撼的是，在 1937 年春夏之交，他竟然真的在南京收到了上海中华书局寄来的周宪文编写的《经济学辞典》精装本一册。这部辞典不但内容丰富、选材严谨，而且特色鲜明，校对装订都很认真，同时期日本出版的各种辞典，其封面和内容都较粗糙，与周宪文所编的辞典无法相比。[②]

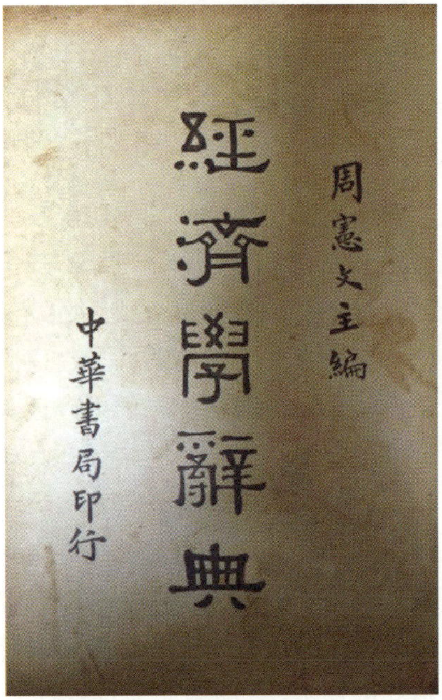

周宪文主编《经济学辞典》

《经济学辞典》问世同年（1937 年），日军占领了上海，但在太平洋战争爆发前，上海租界是一个相对安全的“孤岛”。各类学校为躲避战火而迁校，此后包括暨南大学在内的多所学校陆续迁入了租界内。1940 年，周宪文到重庆，供职于国民政府经济部农本局，创刊《时代精神》，任主编。[③]《时代精神》是抗战时期重要的政治性刊物，被学者左玉河等人誉为“抗战时期最有影响、也最重要的刊物之一，为研究抗战时期政治、经济、文化、思想及学术史留下了重要文献资料”。

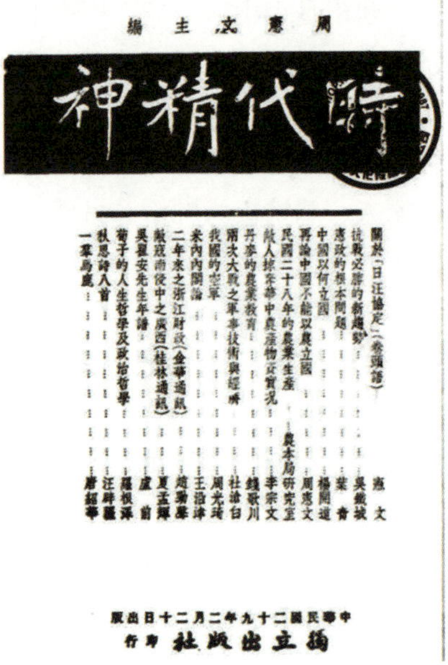

1940 年周宪文所编《时代精神》

① 方秋苇：《怀经济学家周宪文》，《档案与史学》1995 年第 2 期，第 55－58 页。
② 方秋苇：《怀经济学家周宪文》，《档案与史学》1995 年第 2 期，第 55－58 页。
③ 方秋苇：《怀经济学家周宪文》，《档案与史学》1995 年第 2 期，第 55－58 页。

二、远赴建阳筹备暨南分校

周宪文担任暨南商学院院长时期，正值中日战争和太平洋战争先后爆发。暨南大学原在上海真如，在淞沪战争发生后，迅即迁入上海租界内。但即使在租界区，也不意味着高枕无忧。随着战争局势日益恶化，1941 年夏，时任校长何炳松特派周宪文、吴修前往福建建阳建立分校，作南迁准备。如此，一旦“孤岛”被占领，暨南大学即刻便可南迁。当时上海公私立大专院校数十余所，而未雨绸缪准备学校撤退去路的唯暨南大学一家。①

被委派主持筹备分校之事后，周宪文和吴修共赴闽北建阳，觅得童游文庙作为分校校址，即刻招生，并将文庙前进作为办公室、两庑辟为教室、大殿作大礼堂、明伦堂前院作女生宿舍、后院作教授住宅、魁星阁作男生宿舍，为暨南大学移校建阳做出了很大的贡献。当时担任暨南大学教务长的许杰教授曾对此作出过很高的评价：“周宪文为总校打了一场先锋，应该说是立了一个头功。”② 在建阳期间，周宪文在任教暨南的同时也曾主持福建省银行研究室。

建阳是个山区小城，历史上以宋儒朱熹讲学闻名闽北，但社会文化生活和经济文化状况都较浙闽一些县城落后。当时分校学习条件十分艰苦，可谓是“几粒黄豆下肚，桐油灯下读书”，而且日本飞机时常飞临骚扰，警报一响，师生只好往附近山上隐蔽。但好在暨南大学学风浓郁，师生朝夕相处，起居作息与共，亲如家人，感情极为融洽。另外，周宪文是浙江黄岩人，乡音颇重，除了浙江沿海的宁波、永嘉、乐清一带的同学外，很少人能听得懂他讲课。当时纸张贵，无法多印讲义，大家听课，都只有做笔记，舛错难免，因此有学生将“现金”记成“眼镜”，“账户”写作“浆糊”，虽笑话百出，但是大家能够苦中寻乐，课堂氛围十分活跃。③

然而，暨南大学建立分校不久，日军便于 1941 年 12 月 8 日偷袭夏威夷珍珠港，太平洋战争爆发。事发次日，日军武力进占上海租界。在租界区所办之各公私立专科以上学校，因局势突变，大多宣布停办，筹划内迁。暨南大学总校也迁往建阳与分校合并，周宪文仍任商学院院长兼东南联大筹委会副主任。

虽然建阳分校的建立已经为暨南大学总校内迁铺平了道路，但内迁任务仍然繁重，这重担多落在了周宪文肩上。据其学生胡德贤日后回忆：“我于三十一年

---

① 张晓辉、夏泉主编：《暨南大学史（1906—2016）》，广州：暨南大学出版社，2016 年，第 124 页。

② 胡安泰：《暨南往事》，引领杂志社内部印发，2007 年，第 298 页。

③ 马兴中主编：《暨南往事》，广州：暨南大学出版社，2006 年，第 69 页。

暨南大学建阳时期的学生宿舍

三月抵分校报到，这时总校师生正分批闯关千里，陆续到达建阳。周师为安排上海大批到达的师生住宿膳食问题，每日奔走不停，煞费周章。常见周师数日未刮腮须，身披一袭黑呢旧大衣，来去匆匆的身影。我的印象中，周师是位多做少说的人。”① “总校内迁，何炳松校长因兼东南联大筹备会主任委员，滞留金华，千斤重担，落在周师肩上；此后又逢浙赣战事发生，难民散兵，络绎于途；瘟疫流行，全校师生，泰半病倒。周师也累得病了一场。这些经过，夫子虽未自道，同学们都看在眼里；总之，人人都把周师看成‘大家长’。”②

暨南大学全部迁入建阳后，采取了“导师制度”。作为导师，周宪文与他指导的十几位学生关系很亲密。在课余时间，他的学生在常到他的住处喝茶、聊天、下棋，十分随意。除夕之际，周宪文的学生在他家畅饮鸡蛋煮酒，吃涮牛肉，亲如家人。在与学生接触过程中，周宪文十分注意启发年轻人的智慧和向上心。有的学生毕业后经周宪文推荐到报社工作，一时没有吃饭处，他就让学生在他兼职的银行宿舍吃“白”饭。暨南建阳时期，正是抗战相持阶段，国内外形势复杂，大学生憧憬未来，却对现实很彷徨。周宪文引导学生成立经济学会，亲自作《我的经济观》学术报告，帮助和指导他们学习沈志远的《新经济学大纲》、艾思奇的《大众哲学》和胡绳的《辩证法唯物论入门》，并定期组织现实问题讨论，大大激发了学生的求知欲和爱国情。③

太平洋战争推动了抗战胜利的步伐。1943 年，《开罗会议宣言》明确了日本战败投降后，台湾要归还中国。周宪文开始在福建收集台湾地区经济史料，准备

① 马兴中主编：《暨南往事》，广州：暨南大学出版社，2006 年，第 68 – 69 页。
② 马兴中主编：《暨南往事》，广州：暨南大学出版社，2006 年，第 68 – 69 页。
③ 胡安泰：《暨南往事》，引领杂志社内部印发，2007 年，第 239 页。

时机成熟即去台湾。抗战胜利后，受台湾省行政长官公署陈仪电邀，周宪文前往台湾协助光复工作，遂告别了暨南大学。

三、 治学台湾得暨南校友协助归乡

周宪文到达台湾后便受到重用，先任台湾银行经济研究室主任，后任台湾省立法商学院院长兼台湾大学法学院院长职务。在台期间，周宪文的学术活动主要是从事著译及大辞书的编写，其中有两部著作十分重要。

《台湾文献史料丛刊》

一部著作是《台湾文献史料丛刊》。1957—1972 年，蒋介石委托以台湾大学法学院院长周宪文教授为首的一批学者，编辑《台湾文献史料丛刊》一书。为编辑该书，周宪文等人搜集了自宋、元、明、清以来有关台湾的各种文献史料——其范围包含方志、明郑史料、清代档案、私家著述、诗文专辑等，且旁及荷兰、美国、英国、日本有关的台湾地区档案，花费 15 年时间共整理出 309 种书籍及一本提要，每一种书籍皆经学者精校整理、分段标点，以铅字排印，并以 596 本小册子 32 开平装的面貌，交由台湾银行经济研究室陆续出版发行。这一套丛刊是研究台湾历史上最重要、最庞大的学术工程。

在谈及这套《台湾文献史料丛刊》的编纂宗旨时，周宪文说："研究历史，一要有史料，二要有史观；前者赖有公开资料的风气，后者得凭个人独特的修养。我们十多年来的工作方针，严格说来，就在尽量发掘并提供有关台湾经济的研究资料。因为有了充分的资料，社会上自然会有高明之士运用其正确的史观深入研究，有所造就。"①

另一部著作是《台湾经济史》。台湾光复之前，周宪文就曾在暨南大学收集台湾史料，到台湾供职期间，他仍继续整理有关台湾史料、分析统计数字，为编写《台湾经济史》查找更多经济史料。

《台湾经济史》一书卷帙浩繁，编写过程十分耗费精力。尤其是随着台湾文

① 方秋苇：《怀经济学家周宪文》，《档案与史学》1995 年第 2 期，第 55－58 页。

献越来越多，到周宪文退休时，已经发现了309种文献。20世纪80年代，周宪文在转信老友时，曾谈到编写此著作的艰辛，表示当时甚至“几乎不想再出版了”。但是，由于学术需要，周宪文仍坚持编写了下去，最终在1977年整理完成，1980年，周宪文编著的《台湾经济史》由台北开明书店出版。全书共逾百万字，以叙述台湾地区经济发展历史为主，时间从原始时代起，止于台湾光复时。书中还有周宪文亲写的“1979年自序”，自序写道：“我想有两件事，是不能不做的。一是各种名著的有系统地翻译；一是各科辞典的编辑，有计划的编辑。不此之图，空谈文化，势必是离开时代。”[①] 其中言语正好似周宪文在台治学的誓词。

《台湾经济史》

周宪文著作等身[②]

在台湾期间，周宪文笔耕不辍，多数时间都用来进行学术研究，成果丰硕。据统计，周宪文的生平著作有3 000多万字。他常在深夜写作，每天必写4 000字左右，75岁以后每天也都写2 000字以上，而且涉猎甚广，这一点，是任何人都无法望其项背的。周宪文虽然学养渊深如海，却无一般学者的乖僻或傲岸之态，对待后学或弟子，亲切和蔼，言笑晏如，使人如沐春风。[③]

周宪文在离开暨南大学赴台湾任事后，仍和暨南校友保持着联络。1986年是周宪文80周年诞辰，同时也是暨南大学建校80周年。周宪文在台湾的师友计

① 方秋苇：《怀经济学家周宪文》，《档案与史学》1995年第2期，第55－58页。

② 政协浙江省椒江市委员会文史资料工作委员会编：《椒江文史资料（第九辑）：当代经济学家周宪文》，椒江市政协文史委内部印发，1991年，第3页。

③ 马兴中主编：《暨南往事》，广州：暨南大学出版社，2006年，第69页。

划在这一年将他近年所编著的《中外学人年谱集刊》，交由杨选堂学长主持、由联经公司出版，作为对周宪文诞辰的寿礼。周宪文也曾在给暨南校友许杰的信中提到过这件事，他说："明年，我八十岁，同学为我印行拙作《中外学人年谱集刊》，2 600 余万字，照片约 200 张，印刷费用 20 000 美元，全出同学之善意玉成，首题'恭祝周宪文师八十大庆暨国立福建分校成立四十周年'"。可见，周宪文心中一直挂念着暨南大学。①

周宪文离开大陆 40 余年，眷念故土之情悠悠不断。一次重病，周宪文曾对他的学生傅湘隆讲了一个埋藏在心中多年的愿望，那就是"落叶归根"，盼望死后能将自己的骨灰埋在大陆老家——黄岩。1989 年，周宪文因病逝世，作为他在暨南的学生，傅湘隆虽然已定居美国，离台湾万里，但他把老师生前的盼望和嘱托记在了心里。② 1991 年初，傅湘隆特地赴台，不远万里专程护送周宪文的骨灰回大陆，亲自交给了来机场迎接的老师的儿子，周宪文落叶归根的夙愿终于实现。

周宪文在浙江台州椒江的故居

回忆周宪文先生，他一生勤勉工作，著作等身。战乱年间，他筚路蓝缕，为暨南大学商学院的发展做出卓越贡献；在台期间，他深入研究外国经济学，为《台湾经济史》的创作呕心沥血，被誉为"台湾经济史的拓荒者"；逝世之后，他的墓碑上刻着"当代之教育家经济学家"，深受后人的缅怀和敬重。周宪文的品德和学问，勤勤恳恳的治学精神，将永远留在暨南学子的心中。

① 马兴中主编：《暨南往事》，广州：暨南大学出版社，2006 年，第 292 页。

② 胡安泰：《暨南往事》，引领杂志社内部印发，2007 年，第 237 页。

暨南群星闪耀时

第五章

其他名师

周建人

周建人（1888—1984），字乔峰，浙江绍兴人，鲁迅与周作人的胞弟，中国民主促进会创始人之一，民盟中央委员，现代著名社会活动家、生物学家、鲁迅研究专家和妇女解放运动的先驱之一。

1888 年，周建人诞生于浙江一个官宦家庭。幼时家道中落，自学成才。1905 年任绍兴僧立小学教师、校长，这期间他刻苦自学，钻研植物生物学科，撰成《会稽山采物记》等。1909 年以后参加其兄鲁迅组织的各种进步活动，并加入文学团体越社。1919 年，周建人迁居北京，次年入北京大学旁听攻读哲学，1921 年至上海任商务印书馆编译所编辑，前后 23 年潜心研究生物学，并从事著译工作，在《东方杂志》《妇女杂志》《自然科学杂志》上发表文章，提倡妇女解放，普及科学知识。1923 年应瞿秋白邀请，在上海大学讲授进化论，后在神州女学、国立暨南大学、安徽大学任教授。抗战时期与鲁迅一起进行民主爱国运动。中华人民共和国成立后，周建人与叶笃庄、方宗熙一起重译《物种起源》。1984 年在北京病逝，享年 96 岁。

一、早年时期：自学成才的典范

清代晚期，周建人诞生于浙江省绍兴府城东的一个官宦家庭，早年家境十分殷实。然而，1893 年，周家家道中落，祖父周介孚因事入狱，父亲周伯宜又抱重病，还听信旁人劝说，常去吸食鸦片，用暂时的麻醉忘掉疼痛，结果烟瘾越来越大，更加增加了家里的开销。①

家中生活骤然变得艰苦，但周氏三兄弟却保持了一个共性，都十分热爱读书，对图书极为珍爱。每到晚上，便到了周氏三兄弟认真读书的时候，为了省灯油，大哥鲁迅便到母亲房间，将桌子擦干净，拿出家里的藏书来翻看。② 后来因为财力有限，周氏三兄弟们经常买些旧书。

周建人幼年时期住过的房子

到了上学的年龄时，兄长鲁迅和周作人先后前往南京路矿学堂求学，不久就东渡日本，留下周建人一个人在家侍奉母亲。本来，周建人求学是十分心切的，也曾经有机会到南京去读书。但看到年迈的母亲孤苦一人在家，心中不忍，终于没有再出去上学，而是自学成才。1905 年，周建人从会稽县学堂毕业，因为没有考上绍兴府学堂，只好在家闲居。当时绍兴僧教育会办了一所小学，计划教新课程，但老秀才教不了，一时找不到合适的人，有人推荐了周建人，如此一来，年仅 17 岁的周建人当上了这所只有两个教员的绍兴僧立小学的校长。③

鲁迅在仙台学医时，曾把自己用过的解剖刀和显微镜等工具带回来给周建人，还从日本专门给周建人寄去了多本植物学书籍。其中有四本植物学名著：第一本是德国的斯特拉斯布格等四人合著的《植物学》，这是世界上最有名的第一本植物学著作英译本；第二本是英国人写的《野花时节》精装本，图文并茂，非常精美；第三本是杰克逊编的《植物学辞典》；第四本是《植物的故事》。④ 此外，鲁迅从日本回绍兴后，兄弟俩常在教学之余时谈思想、讲学问，一起游览名山古迹，并且一起上山采集标本。在大哥的鼓舞和帮助之下，周建人克服了英文

① 黄乔生：《周氏三兄弟——周树人、周作人、周建人合传》，杭州：浙江人民出版社，2008 年，第 50 页。

② 黄乔生：《周氏三兄弟——周树人、周作人、周建人合传》，杭州：浙江人民出版社，2008 年，第 43 页。

③ 黄乔生：《周氏三兄弟——周树人、周作人、周建人合传》，杭州：浙江人民出版社，2008 年，第 151 页。

④ 周蕖、顾明远：《科学·教育·人民——纪念我们的父亲周建人诞辰 130 周年》，《课程·教材·教法》2018 年第 12 期，第 123－126 页。

基础差等困难，刻苦钻探植物生物学科。

兄长纷纷外出求学，自己却只能待在家乡一隅之地，这对幻想外面世界的周建人而言无疑是一件十分遗憾的事。好在兄长时不时寄信送来关怀和安抚，周建人逐渐在生物学研究和科普著作写作方面有一点成就。后来在回忆自己走过的自学成才的道路时，周建人曾无限感慨地说："如果不是我大哥经常写信来，把外界所发生的一切告诉我，不断地鼓励我学习，我也会被这些家族、亲友间发生的种种悲惨事件所积累起来的悲哀压倒，会消极悲观。但我大哥让我看到一个广阔的天地，使我明白人不是无所作为的，相信这世界的改造要靠每个人的努力。"①

1912 年绍兴周家合影，后排左一为周建人

1919 年底，周氏三兄弟把绍兴老屋卖了，全家搬到北京。周建人就在北京大学旁听哲学，并翻译自然科学著作。1921 年 9 月，周建人经蔡元培介绍到上海商务印书馆编译所工作，担任编辑一职。此后，他便一直留在上海，潜心钻研生物学，并从事翻译等工作。由于周建人从来没有进入旧学学堂读书，所以他没有被旧学所束缚，反而接受了新思想。在五四运动过后，他便一直提倡男女平等，认为女人应该和男人享有同等的权利，为此他还发表了几篇提倡妇女解放的文

① 黄乔生：《周氏三兄弟——周树人、周作人、周建人合传》，杭州：浙江人民出版社，2008 年，第 153 页。

章，在当时影响颇深，而周建人也因此成为现代妇女解放运动的先驱之一。

二、 定居上海： 爱国民主运动的战士

1923 年，应瞿秋白邀请，周建人在上海大学讲授进化论，并先后在神州大学、国立暨南大学、安徽大学任教授。定居上海之后，周建人与大哥鲁迅仍保持着密切联系，尤其是 1927 年后，鲁迅也定居上海，两兄弟更成了亲密的战友，共同参与民主爱国运动。

值得一提的是，兄弟俩在上海时都曾在暨南大学任教或者进行学术交流。周建人曾在暨南大学生物系任教，1927 年，暨南大学进行改组，校长郑洪年采取兼收并蓄、学术自由的方针延聘了一批名家，鲁迅也由此与暨南结缘，常常来暨南大学开办讲座。

暨南大学在当时是上海学生革命活动的中心之一。1924—1927 年国共合作的国民革命运动中，暨南师生为了打倒列强除军阀，曾积极参与历次重大的革命活动；为抗议帝国主义制造“五卅惨案”，暨南师生再次奔走呼号，组织宣传队，声讨英、日帝国主义屠杀中国人民的罪行，为国民革命立下了汗马功劳。[①] 作为一所侨校，暨南华侨青年的爱国情绪最高昂，思想也最激进，后来上海部分大学被解散了，学生运动领导中心便移到暨南大学所在的上海真如地区。

1927 年，周氏两兄弟齐聚上海，一齐致力于推进爱国民主运动。当时，任暨南大学中文系教授的夏丏尊与鲁迅有较深的友谊，加上中文系一年级学生中很多是侨生，他们早就耳闻鲁迅大名，仰慕其人格和学识。夏丏尊听闻鲁迅抵上海后，便以“上海暨南大学一年级同学会”的名义邀请鲁迅讲演。

鲁迅一共在暨南大学演讲过三次。第一次是 1927 年 11 月 6 日，当时鲁迅到暨南同学会租用的上海福州路兴华楼饭店作“关于文艺创作和读书方法”的讲演，慕名而来的暨南学子非常多。同年 12 月 21 日，鲁迅再次来到暨南大学作题为“文艺与政治的歧路”的讲演，他以文艺和政治的冲突为题，影射国民党统治的专制。1929 年 12 月 4 日，鲁迅第三次来到暨南大学演讲，讲题是“离骚与反离骚”，鲁迅从中国古代诗人的发牢骚谈起，论证了离骚就是发牢骚，分析了古往今来发牢骚的各种方法与策略，并一一给予讽喻，从而指出发牢骚是不可能解决社会的根本问题的，改造社会绝不能靠发牢骚。[②] 鲁迅与当时设在上海真如

---

① 张晓辉、夏泉主编：《暨南大学史（1906—2016）》，广州：暨南大学出版社，2016 年，第 54 页。

② 马兴中主编：《暨南往事》，广州：暨南大学出版社，2006 年，第 262 页。

的暨南大学学生保持密切的联系，他同情并支持学生的爱国民主活动，而且还与暨南大学的一些学者及侨生中的文学爱好者往来频繁。

1927 年，鲁迅到达上海后与周建人等人的合照，其中左下为周建人，右下为鲁迅

在接下来的日子中，上海的爱国民主运动如火如荼地进行着，周氏兄弟也越来越多地参加各种组织活动。1930 年时，周建人与鲁迅一起参加了济难会、自由运动大同盟以及中国民权保障同盟等组织的多项活动。济难会全称为“赤色济难会”，以救济贫苦大众为宗旨。该组织与共产党地下组织有密切的联系，因此受到国民党特务组织的围攻与迫害，被迫中止。1932 年，宋庆龄、蔡元培、杨杏佛发起成立中国民权保障同盟，鲁迅和周建人都参加了筹备工作。接着，中国民权保障同盟上海分会成立，宋庆龄、鲁迅等被选举为执行委员，周建人等三人为调查委员。中国民权保障同盟致力于反对国民党政府迫害进步人士，营救被捕的共产党员和爱国民主人士，争取言论、出版、结社、集会等自由，当时周建人在上海商务印书馆工作，他便在工作之余和鲁迅一起为中国文化建设和人民解放事业战斗。[①]

---

① 周蕖、顾明远：《科学·教育·人民——纪念我们的父亲周建人诞辰 130 周年》，《课程·教材·教法》2018 年第 12 期，第 123 – 126 页。

三、提倡科学：翻译《物种起源》的先驱

1921年10月，周建人到上海商务印书馆任编辑，先后达23年之久。这期间他担任中小学动植物教科书、自然科学小丛书的编辑。由他编写的教科书生动活泼、图文并茂，曾长时间为全国中小学所采用，对于普及科学知识起了重要作用。

自洋务运动以来，西方科学不断传入中国，国内的进步知识分子在西学冲击之下愈发了解到科学的价值。当时，市面上充斥着翻译出版的书籍，西方科学在国内风行一时。然而，周建人却认识到，西方科学说到底仍然是舶来品，即使栽在中国式的花园里，也终归不是土产的。他指出，“如果国民对于科学没有一点贡献，不能把科学应用于日常生活，大多数还沉溺在非科学的迷梦中，没有一点科学知识，那么这个科学不是中国的科学。若要打破这一局面，必须建立‘科学中国化’”。所谓“科学中国化”，主要包含三点内容：第一，科学上的理论和事实，须用中国的文字语言为适切的说明；第二，科学上的理论和事实，须用我国民所习见的现象和有的经验来说明；第三，还须回来用科学的力量和事实，来说明我国民所习见的现象和固有的经验。[①]

1926年1月，《自然界》杂志创刊，周建人担任主编，这份杂志此后成为他追求科学的重要载体。为了广泛宣传科学知识，周建人在《自然界》的“征文告白”中称“本志以登载关于中国的自然物、自然现象及农业、工业上的各项研究调查为主”，对有价值的研究兼收并蓄。在编辑过程中，《自然界》结合民众需要，将西方科学技术通过中国实例来加以说明，植根于中国本土，用中国民众能懂的语言对科学名词术语加以考订、阐明西方科学知识，易于民众理解、吸收和运用；同时挖掘中华五千年历史中蕴蓄的科学瑰宝，支持中国本土科学调查研究性质的文章发表，以期“把中国国内非科学的环境，渐渐地纳入科学中”。自1926年创刊以来，周建人身体力行，先后在《自然界》上发表文章158篇，平均每期发表文章2篇以上，不断朝着“科学中国化”的目标迈进。[②]

除了作为《自然界》的主编外，周建人还是1933年“复兴教科书”中自然教科书的主要编撰者。1932年上海“一·二八”事变后，商务印书馆惨遭敌机

① 周慧梅：《周建人与科学中国化视角下的教科书编写——纪念周建人诞辰130周年》，《课程·教材·教法》2018年第12期，第123－126页。

② 周慧梅：《周建人与科学中国化视角下的教科书编写——纪念周建人诞辰130周年》，《课程·教材·教法》2018年第12期，第123－126页。

周建人任主编的刊物《自然界》

轰炸，被迫停业半年之久。8 月，商务印书馆复业，提出“本服务文化之奋斗精神，特编复兴教科书一套，以为本馆复兴之纪念”[1]。周建人作为商务印书馆的老员工，参与到“复兴教科书”中自然教科书的编纂工作中。其间，他编写了中学《植物学》等课本和许多科普教育读物，成为当时有名的生物学家。

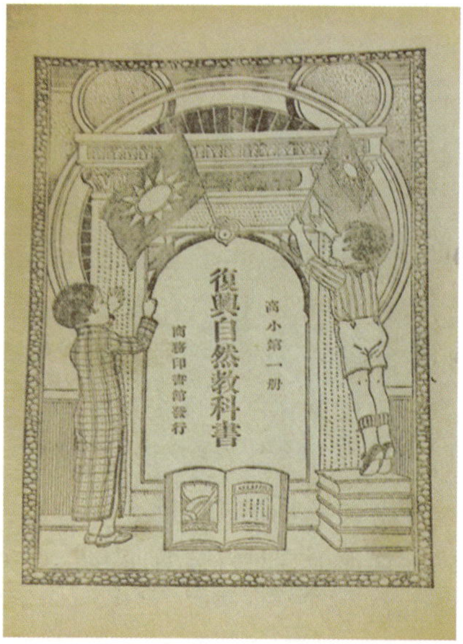

商务印书馆发行的《复兴自然教科书》

中华人民共和国成立后，周建人被任命为中央人民政府出版总署副署长。在政务工作十分繁忙的情况下，他仍然孜孜不倦地研究自然科学和哲学。当时全国掀起学习达尔文进化论的高潮，各高校的生物系、农学院以及中学普遍设有“达尔文主义”的相关课程，中学生考大学时，也规定要考“达尔文主义”。[2] 在这种重视进化论教育的背景下，《物种起源》作为进化论的集大成著作，更是受到学者的热烈推崇。因此，周建人与叶笃庄、方宗熙重新翻译了达尔文的《物种起源》，由三联书店出版，1954 年出版第一版，其后由三联书店转给

① 周慧梅：《周建人与科学中国化视角下的教科书编写——纪念周建人诞辰 130 周年》，《课程·教材·教法》2018 年第 12 期，第 123－126 页。

② 金涛：《周建人漫忆》，《民主与科学》2014 年第 5 期，第 63－69 页。

商务印书馆，又多次重印。

达尔文的《物种起源》被商务印书馆列为“汉译世界学术名著丛书”，被英国《新科学家》评价为“有史以来最重要的思想”。如此一部世界名著，其中文版正是由周建人等人翻译而来。

四、老而弥坚：忠党爱民、醉心学习的楷模

抗战期间，周建人曾投身抗战运动之中，和当时很多著名文人一起反对国民党投降政策。抗战胜利以后，周建人一边参加爱国运动，一边撰写文章抨击国民党的独裁统治。1945 年 12 月 30 日，周建人参加了中国民主促进会在上海举行的成立大会，成为第一届理事会的十一位理事之一。

参加政协第一届全体会议的民进代表，前排左二为周建人

中华人民共和国成立以后，周建人曾先后担任过出版总署副署长、教育部副部长和浙江省省长等职位。他虽身居高位，却清正廉洁，始终严于律己。作为国家干部，按有关规定，周建人完全可以乘坐火车“公务车厢”，但他一直拒绝坐这种车厢。直到 1978 年，90 岁的周建人去四川，才由中共中央安排他坐过一次。[①] 之所以不坐“公务车厢”，是因为在周建人心中，干部就是人民的公仆，

① 牧水：《周建人：一个人存在就要有利于社会》，《民主》2013 年第 3 期，第 31－36 页。

万万不可以高高在上。

作为一个提倡科学的学者，周建人在工作中始终坚持科学方法。在任职教育部副部长时，周建人负责农林卫生方面的工作。其间，他亲自选定了中国农业大学的校址。他认为农业大学既不能离开农村，又不能脱离城市；农业大学学生要实习，不能没有试验田；但要研究科学种田，又必须有先进的科学技术和实验设备，更重要的是要了解世界农业发展的信息，因此不能脱离现代化城市。经过周密调查，他选定了中国农业大学位于北京西北郊的现在的校址。[①]

周建人一生忠于党，忠于人民。他喜好书法，在 20 世纪 60 年代视力尚好的时候，曾书两个册页，一册书录了毛主席重要语录，由民进中央收藏；另一册书录了毛泽东诗词，现存绍兴鲁迅纪念馆。他生前写的最后一幅字是“没有共产党就没有新中国”，发表在《人民政协报》上。[②]

1984 年周建人去世之前，曾留下遗言，要求身后丧事从简，死后不要开追悼会，不要举行遗体告别仪式，尸体交给医学院供医生做解剖，最后把骨灰撒到江河大海里去。他说：“现在大家都在努力建设社会主义现代化，资金很宝贵，时间也很宝贵，不能因为办丧事花国家的钱，不能浪费大家宝贵的时间。”[③] 在周建人心中，国家和人民始终高于自己，他的一生都在不遗余力地为社会主义服务。

回顾周建人的一生，本身就是一部生动的历史。他兼具多个身份，既是我国著名的生物学家，也是妇女解放运动的先驱之一，还是一位杰出的爱国主义人士、共产主义战士。他把毕生精力献给了党和人民，为我国教育发展和社会主义建设事业做出了卓越贡献。

晚年周建人

① 周蕖、顾明远：《科学·教育·人民——纪念我们的父亲周建人诞辰 130 周年》，《课程·教材·教法》2018 年第 12 期，第 123－126 页。

② 周蕖、顾明远：《科学·教育·人民——纪念我们的父亲周建人诞辰 130 周年》，《课程·教材·教法》2018 年第 12 期，第 123－126 页。

③ 牧水：《周建人：一个人存在就要有利于社会》，《民主》2013 年第 3 期，第 31－36 页。

许德珩

许德珩（1890—1990），字楚生，江西九江人。他是我国著名的教育家、政治活动家、革命家。许德珩1929年在国立暨南大学担任历史社会学系主任，公开讲授马克思主义课程。在校任教一年半之后，因被举报宣传马克思主义而遭到当局威胁，不得已从暨南大学离职，与暨南大学有过短暂而深刻的缘分。

许德珩的一生几乎跨越了整个20世纪，他颠簸精彩的人生中拥有很多的身份。

作为一名爱国革命家，他很早便加入同盟会，参加讨袁战役；在五四运动中担任学生领袖；积极参与抗日救亡运动；创建领导九三学社；参加中华人民共和国中央人民政府工作，担任重要领导职务等。

作为一名教育家、学者，他曾先后在武汉中央政治学校、中山大学、暨南大学、北京大学等校任教。许德珩翻译了大量的马克思主义学术著作，例如《哲学之贫乏》《唯物史观社会学》《共产主义之路与工农联合》等书，他将马克思主义政治学说传播给中国青年，促进青年进步。

作为九三学社的创始人、领导人，许德珩一直保持着与中国共产党的密切联系，他带领九三学社始终支持中国的统一与安定、追求民主与科学，拥护中国共产党的领导。他与毛泽东、周恩来、宋庆龄等中国无产阶级革命家有着深厚的革命友谊。

一、民主斗士，危亡变局中屹立不倒的旗手

许德珩出生在江西九江，他的曾叔祖许振声是清代举人，曾参加过太平天国

运动，被封为军帅、小王。太平天国瓦解之后，许德珩一家为了躲避株连，搬迁到外地，到其父亲这一辈才敢参加科举考试。

许德珩从小就喜欢阅读父亲带回家的书籍报刊，包括梁启超的《新民丛报》、邹容的《革命军》、严复的《天演论》等。他尤其欣赏梁启超的文章，认为其“思想维新、气势磅礴”[①]，许德珩在先祖的革命经历、父亲的民主思想影响之下，从小便怀有极强的民主意识。

许德珩十八岁时考入了九江中学堂，当时清政府尚未覆灭，他在留日教师的介绍下加入了同盟会，并且剪去辫子。在辛亥革命之后他投笔从戎，参加了宪兵队，成为九江都督李烈钧的一名秘书。这期间，他有幸目睹了孙中山先生的讲演，被孙中山先生的气度所震撼：“时间过去七十多年了，中山先生的讲话和当时情景至今仍然历历在目，给我留下了深刻的印象。”[②] 在伟人的鼓舞下，许德珩更坚定了自己的革命决心，在不久之后全国各地掀起激烈的“讨袁”浪潮中，许德珩参加了湖口讨袁之役，真正以一名革命军人的身份对抗时代的倒行逆施者。

如果说参加讨袁之役只是许德珩对于革命运动的初尝试，那他在五四运动时就已经成长为一名成熟的革命者了。

1916 年秋许德珩进入北京大学，当时的北大在许德珩的印象中“腐败到了极点”[③]，1917 年 1 月 4 日，蔡元培就职北大校长，在他的一系列革新举措之下，北大从办学宗旨、师资力量、教舍教具等方方面面焕然一新，革故鼎新之后的北大提倡思想自由和兼容并包，很快发展成为全国一流的大学，聚集了陈独秀、李大钊、钱玄同、章太炎等一大批民国时期具有重要影响力的知识分子。在北大汹涌传播的新文化思潮，也推动着许德珩逐渐走向了时代浪潮的尖端。

五四运动前夕，许德珩等人在李大钊的引领下，组织了“学生救国会”，团结北京各学校的学生进行反帝爱国运动，并且出版《国民》杂志宣传爱国、反军阀、反卖国贼的思潮。

五四运动爆发前夜，北京大学在北大法科大礼堂召开了全体学生大会，素有“大炮”之称的许德珩在会上做了演讲，并且代表北京学生界起草《北京学生界宣言》。这份宣言揭露了帝国主义的强盗行径，呼吁国民“能下一大决心，作最后之愤救”[④]，《北京学生界宣言》发布之后，北京各校群起响应，爱国的热情在学生中沸腾。第二日，学生的游行示威逐渐演变为殴打驻日公使章宗祥、火烧赵

---

① 许德珩：《许德珩回忆录·为了民主与科学》，北京：中国青年出版社，2001 年，第 6 页。
② 许德珩：《许德珩回忆录·为了民主与科学》，北京：中国青年出版社，2001 年，第 10 页。
③ 许德珩：《许德珩回忆录·为了民主与科学》，北京：中国青年出版社，2001 年，第 20 页。
④ 许德珩：《许德珩回忆录·为了民主与科学》，北京：中国青年出版社，2001 年，第 52 页。

家楼，激动的情绪难以控制。许德珩在示威中始终冲在队伍的最前面。军警赶到时，他成了被捕的32名北京学生之一，在警局受到了很多侮辱与虐待。[①] 之后在蔡元培校长的极力斡旋之下，当局于5月7日释放了全部被捕学生，许德珩也平安地回到了学校。

被捕学生出狱合照，前排左起第七人为许德珩

五四运动让许德珩获得了很多革命运动的经验，在被释放之后他很快又投入了组织全国学生联合会的工作中，持续不断地为反帝反封建的革命运动输送力量。

此后的7年中，许德珩远赴法国勤工读书。北伐战争之际，他与同伴一起回国想要为国内的情势贡献自己的力量，在回国的途中他斗志满满赋诗一首，“我思国内事，我念君展情。留学成往事，奋斗在前尘”[②]，借此表达自己为国奉献的愿望。回国后的许德珩在广州短暂逗留，广州军阀发动“四一五”反革命政变之前，友人告知许德珩他的名字出现在反动派的黑名单里，得知了这一消息后，许德珩不得不离开广州奔赴武汉。

那时的中国正处于“四一二”反革命政变之后的极度混乱状态，许德珩在武汉参加了30万人讨蒋大会和示威游行，并且在当年“五四”济南大会上发表

① 陈平原、夏晓虹主编：《触摸历史——五四人物与现代中国》，广州：广州出版社，1999年，第146页。

② 许德珩：《许德珩回忆录·为了民主与科学》，北京：中国青年出版社，2001年，第136页。

演讲，呼吁社会各界“我们纪念‘五四’：第一便要打倒代表封建制度的蒋介石和搞‘四一五’反革命事变的广东军阀；第二便要努力废除不平等条约；第三便要打倒一切新旧军阀”①。他的这番发言和他其后的革命行为极大地鼓舞了当时的革命人士，将大革命的浪潮推向更高的高度。

在中国近代由封建专制制度转向民国的乱世危局中，许德珩几乎参与、领导了每一次重大的革命运动，在时代浪潮中时时立于潮头，引领无数中国青年投入轰轰烈烈的社会革命之中。

二、著书育人，暨南园中传播马克思主义思想

广州起义失败之后，许德珩和家人前往上海暂居，这段蛰居的日子也促成了他们与暨南大学缘分。

定居上海后不久，许德珩的妻子劳君展担任了暨南大学数学系的教授。1929年，许德珩在北大的同学、时任暨南大学文学院院长的陈中凡，邀请他来暨南大学担任历史社会系的系主任。当时许德珩向陈中凡提出三个条件“一、聘李达、邓初民、马哲民等为教授；二、我虽担任系主任，但不出席学校的会议；三、社会科学院的全部学生，暨南大学一律接受为正式学生”。② 暨南大学将许德珩的这三个条件全部应允下来，他和一大批革命教授也顺利进入暨南大学任教。陈中凡聘请许多左派教授进入暨南大学任教的举动受到高教司的警告，但是他仍旧“持自由注意态度，未予理睬”③。当时暨南大学校长郑洪年出于保护许德珩并且掩人耳目的目的，建议许德珩以“许楚生”这个名字在暨南大学工作。起这个名字也是因为许德珩出生于江西九江，这里古代时属于“吴头楚

许德珩与妻子劳君展

① 许德珩：《许德珩回忆录·为了民主与科学》，北京：中国青年出版社，2001年，第146页。
② 许德珩：《许德珩回忆录·为了民主与科学》，北京：中国青年出版社，2001年，第159页。
③ 周孝中编著：《暨南逸史》，广州：暨南大学出版社，1996年，第38页。

尾”之地。

除了课堂教学，许德珩在社会历史学系中讲授马克思主义，这是在学生中公开的，他的课堂因为授课内容之新颖并且极具革命性，受到许多学生的追捧。当年社会历史学系的第一届学生，后来成为著名历史地理学家的谭其骧先生，就对许德珩任教暨南的情况有着很深的印象。

许德珩在这段时期还专心从事社会主义理论写作和翻译的工作。1928—1930年间，他翻译了马克思的《哲学之贫乏》、布哈林的《唯物史观社会学》《共产主义之路与工农联合》、拉法格的《家族进化论》等书。许德珩同时还给《革命评论》《双十》等报刊撰写文章，痛斥国民党右派集团破坏国共合作等反动罪行，目的是提倡孙中山先生的三大政策，力图挽回两党合作破裂的局面。这些译作和文章，对于宣传国内马克思主义以及反蒋革命思潮都有着极大推动引导作用。

许德珩在暨南大学讲授马克思主义课程，已经不是他第一次将马克思主义带入课堂了。1927 年，留法归来的许德珩首先任教于国立中山大学，讲授社会学和社会主义史。是年 3 月 1 日的开学典礼上他讲道：“当年北大为五四运动的主力，新文化运动的主力，新文化运动的策源地。今天的广州为革命的根据地，希望中山大学继承发扬五四运动的传统，同学们作民主与科学的促进派，青年的模范，革命的先锋。”① 当时许德珩还应友人熊雄的邀请在黄埔军校担任政治教官，开办了三场“社会主义史”讲演，引起了黄埔军校学生与教官对马克思主义社会思潮的极大兴趣。“四一二”反革命政变爆发之后，许德珩依旧站在风暴的中心传播革命思想，他应友人恽代英的邀请担任武汉中央军事政治学校的政治教官和武汉第四中山大学教授，讲授社会学课程。

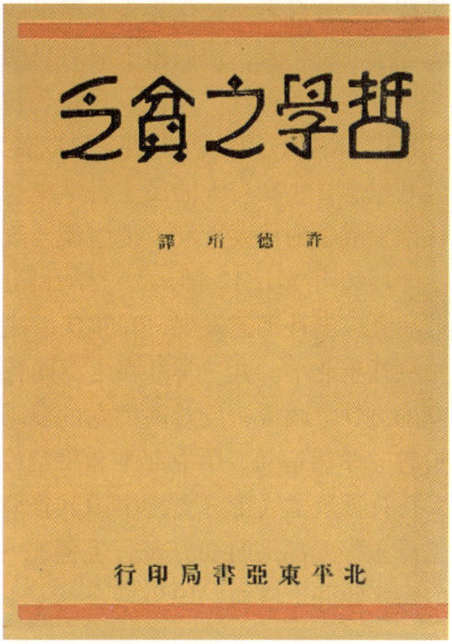

《哲学之贫乏》封面

作为一名学者、教育家，许德珩一直在身体力行地传播马克思主义，让马克思共产主义思想理论被更多的中国青年所了解、接受并乐于为之奉献终身。他在

① 许德珩：《许德珩回忆录·为了民主与科学》，北京：中国青年出版社，2001 年，第 137 页。

暨南大学执教一年半之后，就因为被举报传播共产主义思想，被迫离开了暨南大学，但是在这一年半中他公开讲授的马克思主义课程，为暨南园播下了共产主义民主革命的种子。在之后的多次全国性学生革命运动中，暨南学子都争当先锋，暨南大学也被誉为“东南民主堡垒”。

三、 创立九三学社， 坚决支持中共路线与国家统一

许德珩人生中最重要的一个身份便是九三学社的创始人和早期领导者，许德珩及九三学社诸位同侪为中国的统一与稳定作出了卓越的贡献。

九三学社正式创立于1946年5月4日，即五四运动27周年纪念日。九三学社的创立实际上经历了很长时间的演变过程，其前身是1944年底在重庆开办的科技界、教育界、文化界人士组织的座谈会，参会者有许德珩夫妇、梁希、黄国璋等十几位学者，他们出于对时局的担心，定期聚在一起交谈对抗战、民主的看法。这些学者有着“团结、民主、抗战”[①] 的共同主张，旨在发扬民主、科学的“五四”精神，因此该座谈会也取名为民主科学座谈会。1945年9月3日为抗战胜利纪念日，在当天的民主科学座谈会上，有人提议“为纪念抗日战争和世界反法西斯战争的伟大胜利，把座谈会改称九三座谈会，大家一致赞成”[②]。

1946年5月12日，九三学社第一次联席会议中，许德珩被推举为常务理事。此后九三学社迅速发展，在重庆、成都、上海、南京分别成立了分社，九三学社中央迁至北平。九三学社在之后同各民主党派和其他民主人士一起拥护中国共产党的方针、政策，反对国民党的反动统治，在抗暴运动、“反内战、反饥饿、反迫害”学生运动、争取北平和平解放等运动中，做了很多工作。[③]

许德珩本人十分支持中国共产党，他与陈独秀、蔡和森、瞿秋白、李立三、毛泽东等人都是旧知好友。毛泽东与许德珩在“五四”时期就在北大相识，但之后多年并未碰面，1936年冬天，许德珩所在的“北平文化界救国会”听说延安物资紧缺无法过冬的情况时，便购得一卡车的物资送往延安，毛泽东还曾亲笔书写一封感谢信。抗战胜利之后毛泽东曾与许德珩有过一次会谈，毛泽东十分支持许德珩发展民主科学座谈会，并鼓励将座谈会转变为固定的组织，间接推动了九三学社的创立。中华人民共和国成立之后，在许多人要求解散九三学社时，毛

---

① 刘勉钰：《江西党史与党史人物研究论集》，南昌：江西人民出版社，2006年，第516页。

② 九三学社中央办公厅编：《1945—1985 九三学社建社四十周年纪念册》，九三学社中央办公厅内部资料，1985年，第6页。

③ 刘勉钰：《江西党史与党史人物研究论集》，南昌：江西人民出版社，2006年，第517页。

泽东也是力主保留九三学社,[①] 可以说毛泽东对许德珩及九三学社给予了巨大的支持和帮助。

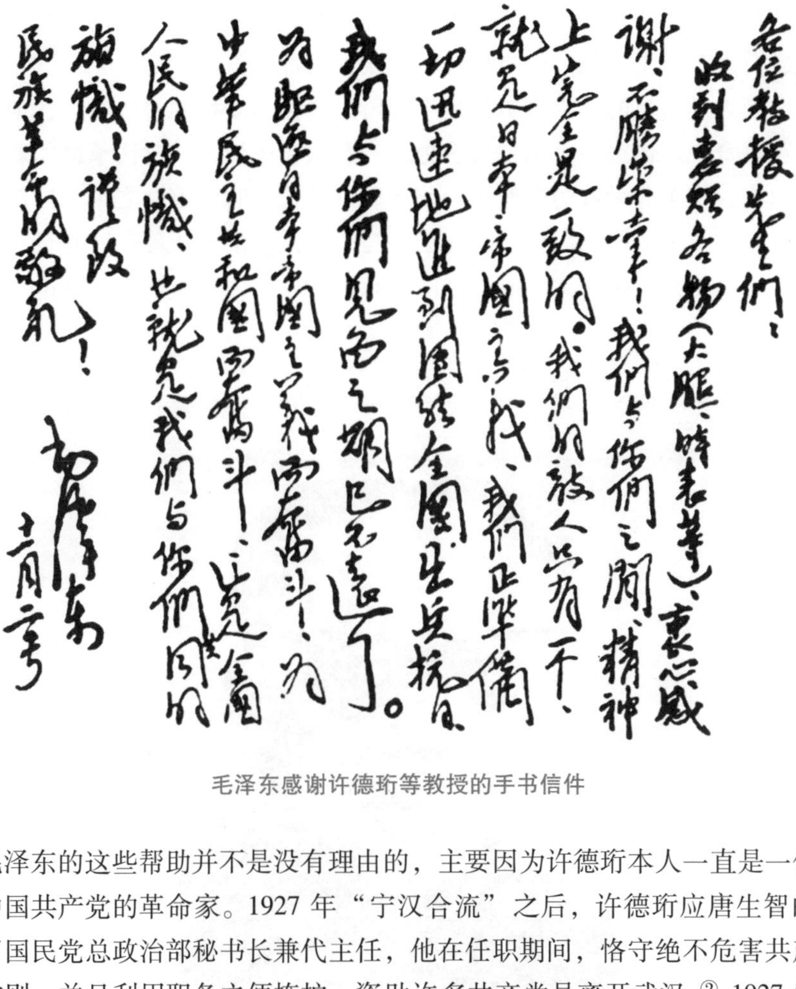

毛泽东感谢许德珩等教授的手书信件

毛泽东的这些帮助并不是没有理由的，主要因为许德珩本人一直是一位积极支持中国共产党的革命家。1927 年“宁汉合流”之后，许德珩应唐生智的邀请担任了国民党总政治部秘书长兼代主任，他在任职期间，恪守绝不危害共产党利益的准则，并且利用职务之便掩护、资助许多共产党员离开武汉。[②] 1927 年广州起义失败之后，许德珩转道上海，他和邓初民、李达、施存统等人组成了本社，意思是不忘本，恪守三大政策，谋求与中国共产党的合作。

中华人民共和国成立后，许德珩任中央名誉主席、九三学社主席，继续领导着九三学社，使之成为人民民主统一战线的重要组成部分。之后他先后担任政务院法制委员会副主任委员、水产部部长、全国政协副主席、全国人大常委会副委

---

① 杨庆旺编著：《毛泽东致民主党派及知名人士》，北京：中共党史出版社，2014 年，第 15 页。

② 许德珩：《许德珩回忆录 · 为了民主与科学》，北京：中国青年出版社，2001 年，第 150 页。

员长，为社会主义的建设发展不断付出自己的心力。1979 年许德珩加入中国共产党，1990 年在北京逝世，享年 100 岁。

如同许德珩圆满的百岁年华，他的人生历程也堪称充实饱满。许德珩一生怀有极高的革命抱负与梦想，他一生也一直冲刺在时代浪潮的最前沿，每一个重要的时代转折点都留下了他浴血奋战或奋笔疾书的冲刺身影。

在暨南大学执教的一年半中，是许德珩人生较为安稳的一段时期，他在这段时间内著书育人，传播马克思主义思想，为暨南学子带来了时代革命的新鲜理论知识，影响、带领着无数的暨南学子前赴后继地投入时代浪潮之中。这份许德珩先生留给暨南学子的民主、科学之礼物，至今仍被暨南人所珍存，并且在时代更迭变迁中一直将其发扬光大，成为暨南血脉中的一支力量，推动着暨南大学不断向前。

老年许德珩

何炳松

何炳松（1890—1946），字柏丞，1890年10月18日出生于浙江金华，是中国著名的史学家、教育家。1935—1946年担任国立暨南大学校长，带领全校师生度过了艰难的抗战时期。

何炳松在美国威斯康星大学取得历史学学士学位，在普林斯顿研究所获得硕士学位。其史学著作有《中古欧洲史》《近世欧洲史》《历史研究法》《新史学》等。他曾任商务印书馆编译所所长，负责《大学丛书》、《四库全书珍本》初集、《万有文库》二集、《丛书集成》等大型丛书的编纂出版工作。①

何炳松担任暨南大学校长期间，尽管办学环境复杂，校址多次搬迁，但他仍带领着全校师生在战火纷飞的年代坚持学习，保存暨南有生力量。他在生命的最后11年为暨南大学鞠躬尽瘁，帮助学校度过了艰苦卓绝的年代，使暨南大学经历战争仍保持着较高的学术水平，为暨南大学的延续发展奠定了坚实的基础。

一、临危受命，确立全新发展方针

1934年，暨南大学在上海真如办学已有十余年，当时国内、国际局势十分混乱，暨南大学也是“情形复杂”。其中，学生成分复杂，既有进步学生，也有各种派系的人物，甚至有带枪到校上课的师生，这些人飞扬跋扈，寻衅滋事，学校秩序混乱。② 上一任校长沈鹏飞请辞之后，国民政府教育部部长王世杰选定学术造诣很高的著名教育家何炳松担任暨南大学校长，因为他在学术界、社会上都

---

① 房鑫亮：《忠信笃敬——何炳松传》，杭州：浙江人民出版社，2006年，第82页。
② 房鑫亮：《忠信笃敬——何炳松传》，杭州：浙江人民出版社，2006年，第170页。

有一定影响力，并且没有很鲜明的政治偏向。何炳松彼时正担任商务印书馆编译所所长一职，面对就职邀请，诸多亲友都劝他放弃，不要去趟暨南这片浑水，但是何炳松经过一段时间的考虑权衡之后，认为培养华侨子弟意义深远，最终接受了担任国立暨南大学校长的任职邀请。

1935 年 7 月 16 日上午 10 时，何炳松正式上任，成为国立暨南大学的第三任校长。上任之后，何炳松在 1935 年 9 月的第一次全校大会上指出："现在国势阽危，国难严重，许多人已经无书可读，在国家尚未灭亡之时，我们应该发奋图强，努力奋斗，以拯救国家，以复兴民族！我们在有书可读时，应努力读书。"[①]这段慷慨发言给予了战时躁动不安的暨南学子一份强心剂、定心丸。

何炳松校长对于暨南学子的培养目标是"复兴民族之斗士"，而非"争权夺利的政客"，而且明晰了暨南大学的特殊的使命——暨南学子需向海外发展。基于这样的培养目标，何炳松校长上任之后即颁布了办学的三点方针：

首先，最重要的是学术标准化。教授必须聘请专门学问家，不要政客，为了充实强化暨南师资力量，何炳松启动了自己的一切人脉，为暨南聘请了诸如郑振铎、周予同、杜佐周、李健吾、方光焘、周宪文等一批优秀的学者任教，而且经常邀请社会名流来校演讲，为暨南学子扩充学术知识。为了彰显侨校特点，学校还增设了华侨教育、南洋各地语言文字与历史地理课程。何炳松还提倡组织各类团体以研究学问，直到 1936 年前后，暨南大学中的学术性团体有 6 个，包含校内各个专业，极大提升了同学们的学习热情。学校还创办了《文史季刊》《地理资料》《中国戏剧》等刊物刊登师生论文，介绍有关书目和参考资料，带动学生的学习热情。在何炳松的主持下，学校的教学大楼、礼堂、宿舍等修葺一新，图书、仪器等也得到了充实。

其次，要做到财政合理化。何炳松认为必须把人事费用降下来，尽量实行奖学金、补助金办法，以奖励学生刻苦读书，辅助困难学生完成学业。[②]在就职后的第一次讲话中何炳松校长即作出承诺："以后经费如有富裕，如奖学金及清寒学生补助金等等，有利于同学的措施将尽量举办。"当年的暨南学子经年后回忆起当时受助的情形，对此依旧满怀感激之情。[③]

最后，是团体生活纪律化。教职员要奉公守法，不缺席，不旷课，不早退，加强统计考勤。学生要恪守校规，上课时不缺席，不迟到，集会时遵守秩序，不大吵大闹，在进行体育运动时注意运动道德。学校赏罚分明，一切照章办事，养

① 《何炳松校长在 1935 年 9 月 12 日开学典礼上的讲话》，《暨南校刊》第 143 期，1935 年 9 月 12 日。

② 张晓辉、夏泉主编：《暨南大学史（1906—2016）》，广州：暨南大学出版社，2016 年，第 68 页。

③ 房鑫亮：《忠信笃敬——何炳松传》，杭州：浙江人民出版社，2006 年，第 190 页。

成良好的校风。①

为了顺应暨南大学发展的需要，1936年何炳松主持创办《暨南学报》，何炳松在《发刊词》中指出：“国立大学的使命在于培植专门人才和研究高深学术……大学教授的责任则自于某学术上的相当贡献，借以完成大学的使命。他们的工作应该包括两个方面：一面以讲学指导青年，一面以著作贡献社会。希望教授们可以在国难时期认真教书育人，回报社会。”② 尽管《暨南学报》因为战争缘故两年后就停办了，但是它记录了何炳松校长及暨南大学对于学术的重视和追求。1978年，暨南大学复办，次年下半年，《暨南学报》（哲学社会科学版）复刊。③

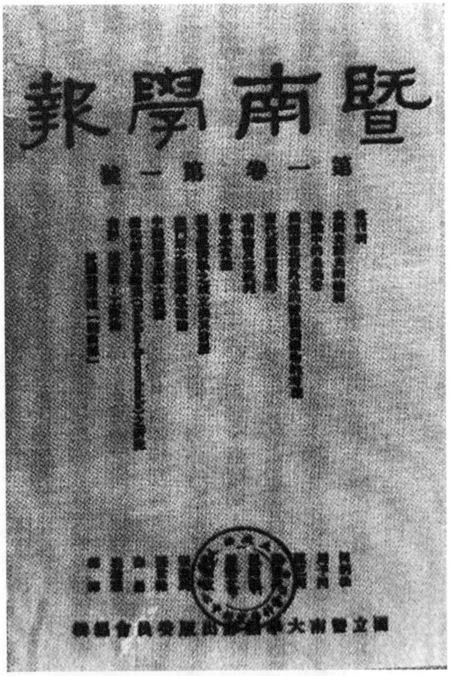

《暨南学报》第一卷第一号封面

这段时期的暨南大学，在何炳松校长的主持之下焕然一新，整体风气和教学环境有了很大改观，1936年交通大学校长黎照寰发表《青年努力新趋势》：“广州的中山大学，上海的暨南大学，武昌的武汉大学，北平的清华大学都像春花怒放，成绩斐然”，可以看出当时社会各界对于改造后的暨南大学有着很高的评价。对此何校长表示：“不特校务渐入正轨，即难能可贵之学术空气，亦复顿形浓厚。融合气象确已弥漫全校。”④ 暨南大学的发展逐渐步入正轨，稳步发展。

二、“孤岛”办学，国难中恪守民族尊严

好景不长，1937年7月7日，抗战全面爆发。何炳松清楚地认识到当前战争的发展局势，他开始积极筹备迁校准备工作，选定了位于法租界拉菲德路的彼得

① 张晓辉、夏泉主编：《暨南大学史（1906—2016）》，广州：暨南大学出版社，2016年，第68页。

② 何炳松：《〈暨南学报〉发刊词》，《暨南学报》第1卷第1号，1936年2月。

③ 夏泉：《何炳松与〈暨南学报〉的创办》，《暨南学报》（哲学社会科学版）2001年第1期，第138－139页。

④ 夏泉：《何炳松与〈暨南学报〉的创办》，《暨南学报》（哲学社会科学版）2001年第1期，第138－139页。

小学为暨南大学临时办学处，并且在8月11日率领学生先行迁入，同时暨南的教职员工冒着危险抢救出真如校舍中的大量教具。紧接着“八一三”淞沪会战发生，上海沦陷，处于战区的真如校区几乎被夷为平地。战争爆发之后，日军攻占了除公共租界和法租界之外上海所有华界地区，这时的上海租界犹如孤悬海上的小岛一般飘摇不定，暨南大学就这样开始了为期四年的“孤岛”办学时期。①

1938年“孤岛”时期，暨南大学留沪同学合影

即使进入租界避难，暨南师生依旧不能摆脱压制和迫害。当时的上海租界云集了30多所高校的学生，热血喷涌的年轻人不断聚集在一起上街进行抗日宣传。有些活动触怒了日寇，法租界抵抗不住日方的压力，禁止华人在租界内办国立大学，并且下令华人所办大学（包括暨南大学）限期迁出。为了躲避追查，暨南大学在租界内几经搬迁，学生和老师都苦不堪言。

尽管那时办学环境逼仄，但何炳松校长领导下的暨南大学并没有放松发展学术。为了保证教学质量，暨南大学采取了导师制的办学方式以密切师生关系，同时利于安全。这时暨南大学的教师虽然人数很少却名流荟萃，许多学术名家汇集暨南，如郑振铎、周予同、周宪文、方光焘、孙大雨、钱锺书、周谷城等，他们在暨南大学修书办刊，教书育人，使得国难之时的暨南大学仍有浓厚的学术气氛。②

除了物资和环境面临困难，暨南大学在租界办学时还经常受到日伪的威胁。1940年汪伪政府宣告成立，命令大小中学一律放假一天，以示庆祝。当时迫于

① 张晓辉、夏泉主编：《暨南大学史（1906—2016）》，广州：暨南大学出版社，2016年，第85页。
② 房鑫亮：《忠信笃敬——何炳松传》，杭州：浙江人民出版社，2006年，第206页。

环境压力，租界内许多院校不敢反抗，但是何炳松却拒不放假，并对前来询问的同学说“曹汉不两立，忠奸不并存”，以此来表明自己的态度。除了拒不放假之外，何校长还默许学生参加抗日宣传，支持他们为抗日将士募捐，积极筹备学校内迁，与20多所高校联系组建东南联大等，无不显示出他的铮铮铁骨。[①]

在租界办学的四年中，暨南师生都经历了前所未有的磨难，但是学校的整体风气却更好了，郑振铎先生在多年后回忆那段时期：“精神却很好，很亲切、很温暖、很愉快。青年们还在举行‘座谈会’什么的。”[②] 何炳松校长在这段时间竭尽所能地保护师生的安全，同时使学校尽量保持着浓厚的学术气氛，使暨南侨教血脉绵延不绝，这份功绩让暨南师生在数十年后仍旧称颂不已。

暨南大学在各种威胁下艰难办学，但随着战争形势的恶化，全国进一步沦陷，即便地处上海租界也岌岌可危。1941 年 12 月 7 日，日本偷袭珍珠港美国海军基地，太平洋战争爆发，日美英相互宣战，日军进入上海租界。何炳松紧急召集校内老师召开会议，会上何炳松宣布，学校照常上课，但是“看到一个日本兵或一面日本旗经过校门时，立即停课，将这所大学关闭”[③]。何炳松在宣布这个决定的时候，声音颤抖，老泪纵横。[④] 郑振铎在《最后一课》中记载了暨南大学停办的过程，1941 年 12 月 8 日上午 10 点 30 分，几辆满载着日本兵的军用车经过校门口，正在上课的各位老师同时向同学们宣布了停课、内迁的决定。暨南大学就此结束了在上海租界办学的历程，前往福建建阳开始新的办学时期。

三、建阳暂居，简陋环境不舍学术

何炳松很早就认识到战争的长久性，他在 1937 年 9 月 3 日呈文国民政府教育部，请求允许暨南大学内迁，当时教育部并未予以批准，之后他又多次呈请，教育部终于同意何炳松在江西、湖南、湖北选择校址。

何炳松最先选择在江西南昌附近“勘定抵制，建筑校舍”。[⑤] 当时由自愿报名先期内迁的60 名暨南学子组成了“暨南大学学生救亡团”，在俞松涛的带领下

---

① 房鑫亮：《忠信笃敬——何炳松传》，杭州：浙江人民出版社，2006 年，第 206 页。

② 郑振铎：《蛰居散记 · 暮影笼罩了一切》，《郑振铎文集》第 3 卷，北京：人民文学出版社，1983 年，第 5 页。

③ 高君箴：《孤岛时期的郑振铎》，载陈福康编选：《回忆郑振铎》，上海：学林出版社，1998 年，第 166 页。

④ 房鑫亮：《忠信笃敬——何炳松传》，杭州：浙江人民出版社，2006 年，第 213 – 214 页。

⑤ 何炳松：《国立暨南大学战时迁校桂林计划》，载司琦编：《何炳松校长文集》，台北：台湾商务印书馆股份有限公司，1988 年，第 272 – 273 页。

一路宣传抗日前往江西，但是后期却因为江西战事告急而放弃迁校江西的计划。之后何炳松与杜佐周等亲自前往赣、湘、鄂等省实地勘察，由于长期在外勘察适合建校的地址，劳累过度，何炳松肺病复发，一度病势危急，被送入长沙湘雅医院治疗了两个多月。之后经过长期的勘察和协商，1941 年 7 月，教育部终于明令暨南大学在福建设立分校，将校址定在闽北建阳县城郊童游镇的文庙。①

暨南大学学生救亡团（照片摄于浙江金华车站）

随后，暨南师生开始分批迁移，学生领取了路费之后遵照校长的嘱咐，二三人一批地前往建阳，“白天绕道走小路，攀山越岭；夜晚经闲林埠偷渡敌人封锁线，蛇形匍匐，爬出铁丝网，穿过公路便拼命地赶路，顾不得饥寒疲惫，走了几十里地崎岖山路”②。

何炳松校长（立者）在劳动中

内迁完成之后，学校共有学生 500 余人，教职员 30 余人。学校初建面临着很多的困难，首先的问题就是解决住宿。何炳松指示校舍建筑以师生住宅最为急要。其次是吃饭问题，在何炳松的领导之下师生成立了一些互助组织。种植蔬菜、自制豆腐、开设食堂等事宜逐渐有序开展起来。当时伙食标准很低，平时主食吃的是夹杂着石子的黄糙米，每餐饭桌上只有几碗青菜和萝卜。为了改善伙食，何

① 房鑫亮：《忠信笃敬——何炳松传》，杭州：浙江人民出版社，2006 年，第 211 页。

② 周之瀛、顾汝俊：《从“孤岛”到建阳的一些回忆》，载刘寅生等编：《何炳松纪念文集》，上海：华东师范大学出版社，1990 年，第 500 页。

炳松还曾自己花钱买猪，宰杀后为大家加菜。[1]

学校在这段时期不仅照顾着本校的学生，还设置了接待站救济来自沦陷区的失业、失学青年，很多走投无路的人都得到了何炳松校长的照顾救济。香港《文汇报》主编金尧如回忆，1942 年他和同学考入暨南大学，他们 7 月就来到福建建阳，但是学校 9 月才开学，这两个月中他们无法维持生活，金尧如找到何炳松倾诉了困难，三天后，当时兼任东南联大、暨南大学两所大学校长的何炳松答复允许他们提前入学，享受贷金，并已派人将床搬入一所整修好的寺庙，用作宿舍，还派人为他们做饭。[2] 近 50 年后，金尧如回忆起此事，对何炳松校长仍旧感激又怀念。

解决了师生最基本的温饱问题，何炳松也没有放松最重要的学术发展。内迁之后办学条件很艰苦，教师一度极为缺乏，许多课程无法正常开设，为了聘请到合格的教师，何炳松想了很多办法，通过本校教师的介绍和聘用自荐学者，加上原先在上海的教授逐渐来到建阳，两年后，师资匮乏的情况逐渐缓解。[3] 当时的暨南大学拥有孙怀仁、林仲达、陈守实、方光焘、周宪文等一批一流的师资阵容。同时暨南大学还从毕业生中选留了一批助教，这些青年为母校后期日常教学、复校等工作做出了巨大贡献。为了让学生接受更多的知识，何炳松延续暨南大学延请教授开讲座的传统，努力邀请各界名流来校开办讲座，以丰富学生的知识，开阔视野。

迁校之初，图书及各类实验设备器材极为缺乏。针对这些问题，何炳松专门派人到江山、南平、厦门、上海购书，甚至派郭虚中常驻福州，专职购书。短时间内学校购得图书数千册，加上捐赠的图书，基本满足了学生的需要。针对无法做实验的问题，何炳松先是借用设在龙泉的浙江省立工业改进大学等机构的设备，让高年级学生在这里进行实验，后期呈请教育部将数理系恢复为数学系、物理系，并要求拨款修建理科实验室。

在建阳办校的时期，尽管条件艰苦，但学校学习氛围却很好，建阳街头的茶馆总是坐满了正在自修的暨南学生，学生在课余时间办刊物、成立剧社，在学校形势稳定之后，还恢复了学业竞试等活动，奖励学习优秀的学生。[4] 暨南大学在何炳松校长以及诸多师生的共同维护之下延续发展，不至毁于战火之中。

1945 年，抗战结束，何炳松即刻返沪筹办复校事宜，最终将暨南大学的校

---

① 房鑫亮：《忠信笃敬——何炳松传》，杭州：浙江人民出版社，2006 年，第 232 页。

② 金尧如：《一代学人，毕生良师》，载刘寅生等编：《何炳松纪念文集》，上海：华东师范大学出版社，1990 年，第 515－516 页。

③ 王文天：《抗战时期就读暨大回忆》，载政协建阳县委员会文史资料研究会编：《建阳文史资料·第 13 辑》，政协建阳县委员会内部印发，1991 年，第 98－103 页。

④ 房鑫亮：《忠信笃敬——何炳松传》，杭州：浙江人民出版社，2006 年，第 237 页。

址定在了上海宝山路。在何炳松积极筹办回迁事宜的时候，他的身体也每况愈下，战时何炳松不仅关心着暨南大学的建设问题，同时兼顾筹办东南联合大学的事宜，曾经两度肺病发作，加之很严重的失眠症，多年操劳下来，身体终究难以支撑。

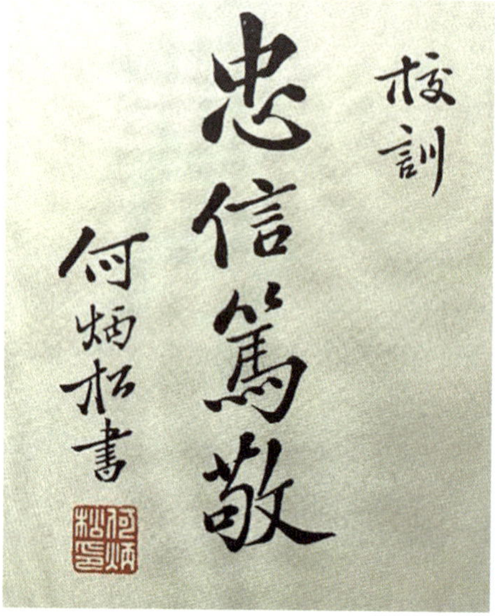

何炳松校长题写暨南大学校训

1946 年 5 月中旬，何炳松被调任英士大学校长，由李寿雍接任暨南大学校长。尽管不舍，但何炳松还是接受了任职，又开始为英士大学的筹建劳心劳力。然而在长期的劳累和压力之下，1946 年 7 月 25 日，何炳松猝然离世。

何炳松突然离世之后，社会各界都感到震惊与悲痛，暨南大学为他举办了隆重的追悼会，许多学界、政界人士为他撰写纪念文章，学生送上挽联“先生来暨大太迟去暨大太早一迟一早且哭且悲，学校离上海在后回上海在前我前我后任劳任怨”，以表达对校长何炳松的哀思与崇敬。

何炳松一生待人温和宽厚，治学严谨，不仅自己在学术上颇有成就，是享誉中外的历史学家，同时他还为国家培养了千千万万的可造之才。何炳松校长在暨南大学的 11 年，是暨南发展史上最颠沛流离的 11 年，也是对暨南存续发展最为重要的 11 年，他带领着无数学子在战争的炮火中守住自己的书桌，为我国高等教育尤其是华侨高等教育事业做出了杰出的贡献。

严济慈

严济慈（1901—1996）是中国著名物理学家、教育家，中国科学院院士，我国现代物理学的开创人之一。1927 年 10 月至 1928 年 3 月，严济慈曾任国立暨南大学数学系和物理系教授。并于 1928 年和暨南大学数学系教授劳君展共同翻译了《理论学纲要》。

严济慈是享誉中外的物理学家，青年时曾赴法留学，成为第一个荣获法国国家科学博士的中国人。[①] 1930 年严济慈被聘为国立北平研究院所长兼专职研究员，1932 年他创建了中国物理学会。严济慈带领着近代中国物理学紧随世界脚步发展，代表中国在当时的世界物理学界中取得了许多开创性的成就。中华人民共和国成立之后，他更是带领着中国物理学界迈进了新的时代，在压电晶体学、光谱学、大气物理学和应用光学等方面做出了卓越成果。

同时，严济慈也是我国著名的物理教育学家。他曾在中国公学、国立暨南大学、南京第四中山大学等校任教，著有《普通物理学》《高中物理学》《几何证题法》等数学物理教科书，更为中国培养了一批杰出的科学家，如陆学善、翁文波、钱临照等人。

不仅如此，严济慈还是一位杰出的爱国学者，抗战时期他以科学为武器捍卫民族的尊严，即使是在连吃饭都困难的时候，他仍然为了中国科学的前景投入一切；中华人民共和国成立前他加入九三学社，与一大批近代杰出学者为中国的和平统一贡献力量；中华人民共和国成立之后，他全身心地投入祖国的科技建设之中，为我国科技发展添砖加瓦。

① 余晓敏：《百年暨南人物志》，《暨南大学学报》（自然科学与医学版）2006 年第 1 期，第 158 页。

一、“让科学研究在中国的土地上生根”，将现代物理学引入中国第一人

1923 年严济慈在巴黎拍摄

1901 年 1 月 23 日，严济慈出生于浙江东阳的一户清贫耕读人家，父亲对严济慈从小寄予极大希望，经常给他买书，曾经在旧书摊上给严济慈带回来的译本《笔算数学》，给了他对数学的最初启蒙与兴趣，引导他后来走上了数学、物理的科研道路。

严济慈自幼聪颖好学。从家乡东阳中学毕业之后，他顺利考取了南京高等师范学校的商科。后来他转入工业专修科，在恩师何鲁的引导下确定了自己对于数学和物理的兴趣，又转到数理化学部。

毕业后，严济慈顺利前往法国巴黎大学读书，在那里修读微积分、理论力学、普通物理，他仅用了一年时间就拿到这三门课的文凭，获得理学教育硕士学位，这是巴黎大学创校之后前所未有的。也是从严济慈开始，法国科学院开始承认中国大学的文凭与法国大学的文凭具有同等效力。①

之后严济慈继续留在法国，进入夏尔·法布里实验室，攻读博士学位。他的博士研究题目是《石英电场下的形变》。在当时，晶体电压效应的反现象仅仅是从理论上预测到的，还没有一位物理学家真正取得确实可靠的实验数据。在严济慈研究期间，居里夫人也给予了他很大的支持。最终经过反复的实验，严济慈揭开了晶体压电效应的反现象的秘密，写出了论文《石英在电场下的形变和光学特性变化的实验研究》，严济慈的导师法布里教授在法国科学院院士的周例会上没有选择宣读自己的论文，而是宣读了严济慈的这篇毕业论文，一时间法国各大媒体竞相报道，严济慈在法国学界名噪一时。

在法国完成学业后，严济慈载誉回国，与未婚妻张宗英结婚。当时他们的证

① 《光谱学与光谱分析》杂志编辑：《教育宗师，科学泰斗——严济慈诞辰 110 周年》，《光谱学与光谱分析》2011 年第 2 期，第 289－290 页。

婚人，就是暨南大学的校长郑洪年；新娘张宗英的介绍人之一，是暨南大学著名的进步教授陈中凡。在这些长辈好友的见证下，26 岁的严济慈与张宗英组成了家庭。

在随后的人生科研道路中，严济慈一直为中国科学的发展倾尽心血，20 世纪 30 年代成立的北平研究院物理研究所，在严济慈的带领之下完成了不少研究项目与课题。为筹建镭学研究所，开辟中国在这一领域的学术荒地，严济慈联系到曾经给过他帮助的居里夫人，向她请教如何展开研究工作，居里夫人对严济慈给予了极大帮助并且祝福“希望它（镭学研究所）旗开得胜，并逐步发展成为一个重要的镭学研究所”①。

在严济慈的带领下，镭学研究所逐渐发展，成果频出，引起国内外学术界的关注。在这之前中国的物理学研究在这一领域几乎是空白的，严济慈和北平研究院物理研究所的其他科学家，为现代物理学在中国的引入与发展做出了杰出贡献。

二、“教书类似演戏”，三尺讲台传授学识、品格

严济慈是我国著名的物理教育学家，1927 年当他从巴黎学成归国之后，曾同时在四所大学教书，分别是上海的大同大学、中国公学、暨南大学和南京第四中山大学。“当时他要为四所大学一至四年级的学生讲授物理和数学课程。每周的课时平均累计多达 27 小时，包括 8 ~ 10 门课程”。② 且当时四所大学的地址分散在各处，大同大学在上海市南，暨南大学在真如，中国公学在吴淞口，南京第四中山大学在南京市，所以他不仅要在上海市内来回奔波，每两周还要在南京和上海之间往返一次，周末都没有休息的时间。

尽管授课任务繁重，但是严济慈并没有放松自己课堂的要求。他在授课时为学生介绍科学的学习方法，启发学生对于科学的兴趣，激励他们勇于探索未知的世界。严济慈在课堂上，常常会将学界最新的发明成果介绍给学生，让他们感受世界科学日新月异的发展。在严济慈的课堂上，培养出了一批杰出的中国科学家，如钱临照、陆学善、顾功叙等，他们经年之后回忆起严济慈的课堂，都深切感恩他的教导。

1927 年严济慈成为暨南大学教授的时候，已经是知名的学者了，但是严济

---

① 马新生：《严济慈》，贵阳：贵州人民出版社，2005 年，第 54 页。
② 马新生：《严济慈》，贵阳：贵州人民出版社，2005 年，第 45 页。

慈最初站上讲台的时候，他自己也还是一名学生。他在南京高等师范学校读书时，利用课余时间在南京高等师范学校附中当代课教授。在当时有不少高中毕业生到上海、南京等地报考大学，很多大学都办起了暑期补习学校。严济慈暑假时也不回家，就在暑期补习学校代课。当时严济慈的补习课有很多人来听，经常是几百个人在阶梯式的大教室里听课。① 严济慈上课的时候有很完备的讲义，这些讲义在后来经过整理编纂成了《几何证题法》一书。

除了这两段教书生涯，严济慈在中华人民共和国成立之后，还担任了中国科学技术大学的教授。阔别讲台 31 年之后，他重新站上讲台，为中国的科学事业培养新鲜血液。每逢严济慈讲课，教室的过道里都挤满了人。当时有青年教师向他请教教书的诀窍，他回答说："一是表演，一是掌握，讲课像是一门表演艺术，一个好的教师要像演员那样，上了讲台就进入角色，'目中无人'，一方面要用自己的话把书本上的知识讲出来，另一方面你尽可以手舞足蹈，眉飞色舞，进行已成绘声绘色的科学演讲"②，并且他也常常告诫学生，"科学上切忌夸夸其谈，眼高手低，也不要操之过急，要踏踏实实，来不得半点虚假"③。

严济慈依靠着自己精深的科研水平和高超的讲课技巧，在讲台上传授着数学和物理知识。同时他也是《几何证题法》《初中算数》《高中物理学》《电磁学》等数理教科书的编写者。在这些教科书中，他将自己的教育思想和专业水平融入其中，为中国的科学人才培养提供了极大的动力。

三、"我将和四万万同胞同赴国难"，爱国科学家为国鞠躬尽瘁

作为一名在欧洲各国学术界已经获得认可的物理学家，严济慈没有选择在法国平静的研究环境下进行研究，而是选择在国难时期回到祖国，为中国的物理学建设劳心劳力。严济慈在法国读书时，他的老师法布里教授曾经问他："你的物理功课好我知道，数学课的基础也不错，为什么不搞数学研究？"严济慈回答："对于这两个专业，我并不偏爱哪一个。只是中国科学基础十分薄弱，才刚起步，设置实验室等都需要人才，所以我对实验科学的学习更有兴趣"。④ 由此可见严济慈对祖国的赤子之心和强烈的社会责任感。

1938 年国内抗战形势严峻，严济慈在巴黎准备回国。里昂大学天文台台长

---

① 马新生：《严济慈》，贵阳：贵州人民出版社，2005 年，第 22 页。
② 梁朱珠：《严济慈教书》，《中国人大》2010 年第 9 期，第 50 页。
③ 梁朱珠：《严济慈教书》，《中国人大》2010 年第 9 期，第 50 页。
④ 马新生：《严济慈》，贵阳：贵州人民出版社，2005 年，第 36 页。

邀请他参观天文台，当时在场的《里昂进步报》的记者希望严济慈就中国抗战形势发表看法，严济慈立刻表示："中国人民的抗战是正义的事业……我将和四万万同胞同赴国难，我要和千千万万中国的读书人一起，为神圣的抗战奉献绵薄之力。"之后《里昂进步报》用很大篇幅刊登了严济慈的抗日言论，使得严济慈回国后的处境一度十分艰难。

尽管抗战时期条件十分艰难，严济慈在昆明只能在一个破庙里办物理研究所，但他却在自身困窘的情况下，仍然接受了时任军政部兵公署署长俞大维的请求，帮忙为战地医院制作显微镜。从 1939 年开始，严济慈在破庙改造的物理研究所里为抗战前线制作了 500 架 1 500 倍的显微镜，还有 1 000 多具无线电发报机稳定波频用的水晶振荡器、300 多套步兵用的五角测距仪和望远镜、50 多套微缩胶片放大器等。严济慈带领着他的学生为前线制造第一批中国自己的光学仪器，摆脱了之前光学仪器完全依赖进口的状况，为当时物资匮乏的前线战时提供了较为精确的仪器，极大促进了战场上的作战效率。

中华人民共和国成立前，严济慈急不可待地返回北京。1949 年 5 月 4 日，中华全国民主青年联合会第一次代表大会在北平召开，严济慈发表了题为《青年与科学》的演讲，着重分析了中国科学发展的情况以及科学工作者的任务，即"联合起来，建立我们人民自己的科学"。以此理论为基础，严济慈积极投入筹备"中华全国自然科学工作者代表会议"的任务中去，力图将中华人民共和国的科学建设事业引上一条积极发展的轨道。

1949 年 9 月"科代会"筹备委员会合影（后排左三为严济慈）

1949 年 10 月 1 日，严济慈应邀登上天安门城楼，与国家领导人一起见证了中华人民共和国的成立，并且在之后立即承担起了筹建中国科学院的重任，引导"成百上千的人进入实验室"，开始了他学术里程的又一个新开端。在中国科学院，严济慈重新站上了讲台，他的身份也从一个成果累出的科学家，逐渐转变为中国科技事业和科学人才培养的“引路人”。

“文革”时期，中国刚刚起步的科技事业受到了重创，严济慈也受到了很多不公正的待遇。但是等一切恢复常态之后，严济慈首先想到的还是尽快恢复中国科学院的组织机构，将搁置多年科学事业重新捡起来，助力国家尽快恢复元气。尽管此时的他已经年逾古稀，但仍然有着极大的抱负。

1977 年 10 月 20 日，他在发表于《人民日报》的《为办好研究生院而竭尽全力》一文中谈道：“赶超世界科学技术先进水平，培养优秀科研人才，这是全党的大事，全国的大事。”这段时期严济慈不仅担任中国科学院副院长，还兼任中国科学技术大学校长，为国家科技人才的培养费尽了心力。

严济慈纪念邮票

严济慈一直到90 多岁仍在坚持工作。1996 年 11 月 2 日，严济慈病逝，享年 95 岁。在他晚年的访谈中，他谈到自己治学的原则是“做学问的人不能满足于做新闻人物，而要扎扎实实做研究工作，对科学的发展做出成绩来，争取做一个‘书本人物’”①。严济慈近百年的一生中，做研究、教书也一直遵循着这个原则，他以真实、勤勉的态度做着自己的工作，不仅为中国的科学事业贡献了很多的重要成果，更培养了一大批著名的科学家。尽管严济慈在暨南大学任教的时间很短，但所有暨南学子仍为曾经拥有过这样一位卓越的科学家任教母校而感到自豪。自民国至今，不乏许多暨南学子被严济慈留于世间的科学成果和他的人格魅力所启迪，走上科学研究的道路，像严济慈一般，为中国的科学事业燃烧自己的生命。

① 政协金华市委员会文史委、金华市严济慈纪念馆编：《严济慈百年图文集 · 金华市文史资料第 13 辑》，浙江省新闻出版局内部印发，2000 年，第 335 页。

孙怀仁

孙怀仁（1909—1992），字静生，浙江杭州人，是我国著名的经济学家。孙怀仁1937年开始在国立暨南大学任教，抗战时期随校内迁至上海租界、福建建阳，主讲财政学。他曾任暨南大学商学院教授、法学院院长、国际贸易系主任、教务长等职。孙怀仁任教暨南大学的这段时间适逢国内抗日战争时期，他随校奔波流离，为暨南大学在抗战时期的存续发展做出极大的贡献。暨南大学商学院在孙怀仁等一批优秀经济学教授的参与教学、支持办学下，保持着建院之初的极大优势，在战后仍然是中国经济领域人才培养的中流砥柱。

孙怀仁作为我国著名的经济学家，早年留学日本，在早稻田大学攻读政治经济学。1936年回国后，开始著作立说，对中国经济基础重建、国民党统治经济等问题提出自己的见解。其代表作品有《金本位动摇之意义》《转型期间的中国产业》《资本主义再生产》《上海社会主义经济建设发展简史（1949—1985）》等。

孙怀仁也是著名的马克思主义爱国学者，在中华人民共和国成立前，他不仅致力于经济学的研究，也对马克思主义在中国的传播卓有贡献。中华人民共和国成立之后，他更是成为马克思主义的捍卫者，将学术研究与马克思主义有机地结合在一起，发展适合中国发展的马克思主义政治经济学。

一、抨击列强，提出重建中国经济基础

青年孙怀仁

孙怀仁1909年生于浙江杭州，1928年，19岁的孙怀仁进入日本早稻田大学攻读经济学，在这里他通过日本学者翻译的《资本论》最早了解到了马克思主义。1932年孙怀仁回国担任《申报年鉴》经济部分的主编，开始利用自己的专业知识，结合当时中国混乱的经济状况，先后对列强转嫁经济危机、重建中国经济基础等问题发表了不少社论。

“九一八”事变之后，针对资本主义世界的经济大恐慌和日本帝国主义的军事侵略，自1932年起，孙怀仁就开始注意研究世界货币战中的中国金融问题，还有因日本侵华而引发的经济问题。1932年他发表文章《金本位动摇之意义》指出“金本位制已经失去了平准世界物价和安定汇价的作用”①，这篇文章观点新颖大胆，也给当时的中国经济学界一记当头棒喝，引起国内对这一问题的积极讨论。当1933年3月美国再宣布禁止黄金输出时，孙怀仁指出“美国这一决定并不是由于美国以外的压力，也不是由于美国藏金的缺乏，而是由于美国社会经济结构自身矛盾造成的”②，据此他进一步推论“由于美国金融风暴所引起的连锁反应，世界资本主义各国都将利用放弃金本位，对内贬低币值，对外压低汇价，使本国商品在国外市场上的价格低于外国商品，而进行商品倾销战”③，这样的经济压力转嫁，最终会导致“中国四万万同胞的膏血，将会在毫无保障的中国国权下牺牲”④。此论断一石激起千层浪，深刻揭示了列强的无耻野心，抨击了国内政府的无能。孙怀仁在这段时期结合时事发表了不少社论，这些文章观察敏锐，对国内经济形势的发展也有着正确的预见，颇受当时社会舆论和学界的注意。孙怀仁也因此在学界崭露头角，成为国内敢说敢言的经济学新秀。

① 熊诗平、徐边编著：《经济学家之路》（第7辑），上海：上海财经大学出版社，2008年，第29页。
② 熊诗平、徐边编著：《经济学家之路》（第7辑），上海：上海财经大学出版社，2008年，第29页。
③ 陈俊言：《孙怀仁》，《经济学动态》1985年第7期，第31－34页。
④ 孙怀仁：《美国金融风暴于远东》，《申报月刊》第2卷第4号，1933年4月。

20 世纪 30 年代，中国经济发展到了一个重要的分水岭时期，在战争和国际经济混乱情况的影响下，中国学界激烈讨论“中国经济之出路何在”。1935 年孙怀仁根据这一问题，撰写了以《中国经济改造论》为题的系列文章，在《申报月刊》上连载。这一系列文章通过对中国当下经济问题的剖析，明确提出了“经济基础重建论”，认为当时中国“不能不以‘经济基础之重建’做一个打破今日颓废社会的手段”①，关于怎样重建，孙怀仁提出“依照孙中山先生‘民生主义’中所说的社会主义的路”②。

孙怀仁从日本留学归来之后，便一直笔耕不断，对当时中国及世界的经济形势写了很多针砭时弊的文章，也使他跻身经济学界并成为其中耀眼的佼佼者。这段时间著作累出的状态使孙怀仁积累了一定的社会名声，颇受当时的专家学者赏识。同时也因为他对列强及当局直言不讳的文章风格，受到许多进步青年学生的爱戴与推崇。1937 年之后，孙怀仁收到当时暨南大学校长何炳松的邀请，进入暨南大学任教。

二、 任教暨南， 大胆剖析国民党财政病灶

1937 年 7 月，“卢沟桥事变”发生，抗战全面爆发，8 月 13 日，日军大举进攻上海，暨南大学真如校区遭战火殃及，校舍损毁，学校紧急迁入了上海公共租界继续办学。上海“孤岛”办学期间，尽管全校师生居无定所，生活窘困，但依旧坚持着“汉曹不两立”的气节，坚持学习。

暨南大学建校之初一直以商科见长，抗战时期尽管学校发展艰难，但是并没有放弃重视发展商科的传统。何炳松校长提出，战时暨南大学的商学院仍应将设备达到欧美各国现代化之标准，并多设科系，如银行、会计、国际贸易、工商管理等系。不仅如此，学校也十分注重延请著名经济学家来校任教、讲学，孙怀仁便在这样的背景下进入暨南大学任教。

暨南大学迁至福建建阳办学时，孙怀仁选择跟随学校一并前往。在建阳办学时期，因为师资缺乏，孙怀仁不仅讲授财政学，同时还担任着法律系主任、教务长等职务，为暨南大学的教学管理做出了不小的贡献。

在学生的印象中，“孙师穿着长衫，戴金丝边眼睛，蓄微量短髭，潇洒又严肃”③，孙怀仁讲课时行云流水，内容丰富有趣，吸引了很多同学前来听课。建

① 孙怀仁:《中国产业开发之途径——中国经济改造论之三》,《申报月刊》第 4 卷第 4 号，1935 年 4 月。

② 孙怀仁:《转型期间的中国产业》《申报月刊》第 4 卷第 8 号，1935 年 8 月。

③ 吴可贵:《感恩暨南情》，暨南大学内部印发，2010 年，第 10 页。

阳时期就读于暨南大学的吴可贵多年后著书回忆："我学中国经济史课程时，主要参考书有孙先生译的日本森谷克己著的《中国经济史》。多处引经据典，全用中国古籍。我听孙师讲课又读他的译作，油然而生高山仰止的崇敬之情……决然和其他十一位同学一道请求转读法学院经济系"①，孙怀仁用其专业知识和自身的魅力，让许多青年开始对经济学感兴趣并且攻读它，也为暨南大学的经济学发展注入了新鲜的动力。

除了用专业知识感染学生之外，孙怀仁自身为人处事的品格也受到学生的推崇与喜爱。任教暨南大学的时候，孙怀仁十分关心学生的日常生活，当学生想要转系但是学籍问题很难解决时，他积极介入，帮他们解决棘手的难题。1944 年法学院被归并入英士大学之后，孙怀仁作为院长，与学生之间的感情也更为亲密，经常有学生去孙怀仁家请教问题、休息闲聊。当时很多毕业生面临走向社会的转折阶段，孙怀仁也积极给予他们指导，让他们"急事缓办，缓事急办。不然缓事不急办容易造成不办；急事不缓办，容易造成错误"②。孙怀仁了解到学生吴可贵撰写论文时引用到了很多王亚南先生的著作，便"墨书亲笔一信给王造时先生由我面交，嘱我回江西请王先生帮忙"③。

孙怀仁对学生无微不至的关心，也使得他与学生之间的情谊不仅止于师生，分离多年之后仍有学生在深切地怀念他。尽管我们现在只能从吴可贵简短的回忆中感受到孙怀仁对他的照顾，但依然可以由此窥见孙怀仁敦厚温良的品格。在孙怀仁的耐心教导之下，战争时期暨南园里走出了不少经济学家，他们在自己特殊的战场上为祖国执笔奋战，也为中国的经济建设与发展，贡献了自己的力量。

执教暨南的这段时期，孙怀仁还积极参与了许多爱国主义活动。在福建建阳，他以实际行动支持中共地下党领导的学生抗日救国活动，得知学生被捕之后，还曾以法学院院长的身份进行营救。除了身体力行支持抗战，孙怀仁还利用自己的专业对国民党反动统治进行抨击和揭露。早在 1937 年初，孙怀仁就出版了《中国财政之病态及其批判》，这本书引用了南京政权建立十年以来的财政资料，完全揭示出了国民党统治集团祸国殃民的本质。1946 年 8 月，他又发表了《当前中国经济之剖析》，指出"国民党统治区的物价上涨，是与国民收入和社会购买力的下降相并进，因而不会促进生产，并且会因购买力的萎缩而使生产愈陷衰退"④，并且预言"空前的经济大动乱、大破产、大恐慌也许即将在最近期

① 吴可贵：《感恩暨南情》，暨南大学内部印发，2010 年，第 10 页。

② 吴可贵：《感恩暨南情》，暨南大学内部印发，2010 年，第 11 页。

③ 吴可贵：《感恩暨南情》，暨南大学内部印发，2010 年，第 10 页。

④ 张海新：《似水华年：上海社会科学院经济研究所六十年》，上海：上海社会科学院出版社，2016 年，第 46 页。

内爆发”[①]。不久之后，国内形势果然应验了他的预言，因为孙怀仁的“反动”言论，1949 年 4 月，国民党反动派在上海搞大逮捕时，把他拉入了黑名单，他因没有住在学校才躲过一劫。

孙怀仁以亲身行动支持抗日，反对国民党反动统治，他的行动也引领、鼓舞着许多青年学子投身革命的队伍中。

三、 主持社科院， 一生坚持研究不松懈

中华人民共和国成立之后，孙怀仁依旧在自己的本职岗位上勤恳著书，他积极关注中国的经济基础重建工作，在《解放日报》《文汇报》等报刊发表多篇文章，分析中国在国民经济恢复发展中遇到的问题，并且积极献计献策。抗美援朝时期，他针对当时社会上存在的“崇美”“恐美”思想，引用大量历史材料，撰写文章《美帝怎样在经济上侵略中国》来揭示美帝国主义对中国的经济侵略，鼓舞民族信心。

中华人民共和国成立之后孙怀仁的部分著作

① 孙怀仁:《当前中国经济之剖析》,《中国建设》1946 年第 2 卷第 5 期。

1961 年，孙怀仁任上海社科院经济研究所副所长。“文革”后担任上海社科院副院长兼经济研究所所长，还担任上海市经济学会会长和宝山钢铁总厂经济顾问等多项社会职务。在上海社科院同僚、晚辈的印象中，孙怀仁是一位谦和热情，从不摆教授架子的随和学者，同时也是一位对学术研究极为认真并且性格直率的老先生。

孙怀仁一生都十分注重对基础理论的研究，同时又坚持理论联系实际的学风。他注重对客观事实的缜密考证，依据材料讲述观点。他认为“对客观事实的认识是研究任何社会经济问题的一个最基本的立脚点”①。在坚持事实的基础上，孙怀仁还倡导秉笔直书，这从抗战时期他无所畏惧地抨击当局的壮举中可见一二。1958 年陈伯达、张春桥等鼓吹否定商品生产和价值规律，叫嚣取消计件工资制，1959 年孙怀仁发表《试论上海工业中计件工资制》，论证了在社会主义制度下，计件工资是按劳分配的一种具体形式，不应否定。他举例一条条论据正面回应“外行”的不当政举，尽显中国经济学家的品格。

孙怀仁晚年一直活跃在中国经济建设的舞台上，20 世纪 60 年代，他开始担任《辞海》部门经济学部分的主编工作，这项工作在“文革”期间被搁置，1978 年之后，他又带领着新一批研究人员圆满完成了这项工作。1979 年，他协助上海社科院黄逸峰院长筹建上海社科院研究生部，培养了一大批经济研究人才。在孙怀仁的带领下，上海社科院还完成了《上海社会主义经济建设发展简史（1949—1985）》的编订。

1992 年 2 月，孙怀仁在上海因病逝世，享年 82 岁。

孙怀仁一生致力于中国经济学的建设与发展，著作等身，影响广泛，每一篇文章都是针砭时事之作，为当时的社会经济点明了前进的方向。他在暨南大学任教的七年中，正值社会动荡学校流离搬迁之际，他跟随着暨南大学四处奔波，为暨南学子带去先进的国际经济学知识，展现了精于专业的学术品格，同时也给予离家万里的莘莘学子家一般的关怀与温暖。孙怀仁一生传道授业，是一位深受学生、同事尊敬的学者。在他近半个世纪的教师生涯中，培养了大批经济学的人才，为国家和社会做出了卓越的贡献。

---

① 熊诗平、徐边编著：《经济学家之路》（第 7 辑），上海：上海财经大学出版社，2008 年，第 36 页。

参考文献

一、著作

1．张晓辉、夏泉主编：《暨南大学史（1906—2016）》，广州：暨南大学出版社，2016年。

2．马兴中主编：《暨南往事》，广州：暨南大学出版社，2006年。

3．胡安泰：《暨南往事》，引领杂志社内部印发，2007年。

4．胡安泰：《暨南名师的故事》，人文荆州杂志社内部印发，2016年。

5．周孝中编著：《暨南逸史》，广州：暨南大学出版社，1996年。

6．崔仁辉主编：《图说暨南》，广州：暨南大学出版社，2006年。

7．黄炎培：《八十年来》，北京：文史资料出版社，1982年。

8．马兴中：《黄炎培与暨南大学》，广州：暨南大学出版社，1996年。

9．鲁西奇：《梁实秋传》，北京：中央民族大学出版社，1996年。

10．梁实秋：《清华八年》，南京：江苏文艺出版社，2011年。

11．梁实秋：《雅舍小品》，上海：上海文艺出版社，2018年。

12．叶永烈：《雅舍窗前青青草：梁实秋韩菁清传奇的恋爱》，成都：四川人民出版社，2018年。

13．蒋晔：《大师的智慧：梁实秋》，石家庄：河北人民出版社，2013年。

14．傅国涌：《叶公超传》，郑州：河南人民出版社，2004年。

15．李伟：《曹聚仁传》，南京：南京大学出版社，1993年。

16．曹聚仁：《文坛三忆》，北京：生活·读书·新知三联书店，1999年。

17．章克标：《文苑草木》，上海：上海书店出版社，1996年。

18．吴岩：《落日秋风》，北京：华夏出版社，1998年。

19．胡裕树等著：《方光焘与中国语言学：方光焘先生纪念文集》，北京：北京语言大学出版社，2002年。

20．朱守良等编：《皖江近现代高等教育人物研究》，合肥：合肥工业大学出版社，2006年。

21．南京市档案馆编：《解放南京·上》，北京：中国档案出版社，2009年。

22. 曹聚仁：《我与我的世界：曹聚仁回忆录（修订版）》，北京：生活·读书·新知三联书店，2011 年。

23. 汤晏：《一代才子钱锺书》，上海：上海人民出版社，2005 年。

24. 罗思编：《写在钱锺书边上》，上海：文汇出版社，1996 年。

25. 杨绛：《将饮茶》，北京：生活·读书·新知三联书店，1987 年。

26. 李洪岩：《钱锺书与近代学人》，天津：百花文艺出版社，2007 年。

27. 莫志斌：《周谷城传》，长沙：湖南师范大学出版社，1997 年。

28. 许德珩：《许德珩回忆录·为了民主与科学》，北京：中国青年出版社，2001 年。

29. 陈平原、夏晓虹主编：《触摸历史——五四人物与现代中国》，广州：广州出版社，1999 年。

30. 刘勉钰：《江西党史与党史人物研究论集》，南昌：江西人民出版社，2006 年。

31. 杨庆旺编著：《毛泽东致民主党派及知名人士》，北京：中共党史出版社，2014 年。

32. 魏宏运主编：《民国史纪事本末》第 4 册，沈阳：辽宁人民出版社，1999 年。

33. 陈高傭：《墨辩今解》，北京：商务印书馆，2016 年。

34. 臧振：《古史考论：西皠集》，北京：商务印书馆，2016 年。

35. 王乃庄、王德树：《中华人民共和国人物辞典 1949—1989》，北京：中国经济出版社，1989 年。

36. 陈守实：《中国古代土地关系史稿　中国土地制度史》，上海：复旦大学出版社，2015 年。

37. 王春瑜：《卖糖时节忆吹箫》，北京：生活·读书·新知三联书店，2014 年。

38. 张玉春主编：《百年暨南人物志》，广州：暨南大学出版社，2006 年。

39. 洪深：《洪深文集》，北京：中国戏剧出版社，1959 年。

40. 王伯敏：《黄宾虹》，上海：上海人民美术出版社，1979 年。

41. 潘公凯编：《潘天寿谈艺录》，杭州：浙江人民美术出版社，1985 年。

42. 孙青纹编：《洪深研究专集》，杭州：浙江文艺出版社，1986 年。

43. 赵志钧编著：《画家黄宾虹年谱》，北京：人民美术出版社，1992 年。

44. 潘公凯编著：《潘天寿画论》，郑州：河南人民出版社，1999 年。

45. 姚全兴：《陶冷月艺术评传》，上海：上海书画出版社，2000 年。

46. 丘金峰：《艺海拾萃·黄宾虹研究画集》（第 2 集），香港：中国国际美术出版社，2004 年。

47. 卢炘：《大笔淋漓——潘天寿传》，杭州：杭州出版社，2004 年。

48. 陶为衍编著：《陶冷月》（下），上海：上海书画出版社，2005 年。

49. 王中秀编著：《黄宾虹年谱》，上海：上海书画出版社，2005 年。

50. 《清代诗文集汇编》编纂委员会编：《清代诗文集汇编》第 791 册，上海：上海古籍出版社，2010 年。

51. 黄宾虹：《黄宾虹诗集》，桂林：漓江出版社，2012 年。

52. 王增炳，余纲编：《王亚南治学之路》，福州：福建人民出版社，1984 年。

53. 马寅初：《马寅初全集》，杭州：浙江人民出版社，1999 年。

54. 彭华：《马寅初全传》，北京：当代中国出版社，2008 年。

55. 房鑫亮：《忠信笃敬——何炳松传》，杭州：浙江人民出版社，2006 年。

56. 郑振铎：《郑振铎文集》第 3 卷，北京：人民文学出版社，1983 年。

57. 陈福康编选：《回忆郑振铎》，上海：学林出版社，1988 年。

58. 司琦编：《何炳松校长文集》，台北：台湾商务印书馆股份有限公司，1988 年。

59. 刘寅生等编：《何炳松纪念文集》，上海：华东师范大学出版社，1990 年。

60. 黄乔生：《周氏三兄弟——周树人、周作人、周建人合传》，杭州：浙江人民出版社，2008 年。

61. 熊诗平、徐边编著：《经济学家之路》（第 7 辑），上海：上海财经大学出版社，2008 年。

62. 张海新：《似水华年：上海社会科学院经济研究所六十年》，上海：上海社会科学院出版社，2016 年。

63. 马新生：《严济慈》，贵阳：贵州人民出版社，2005 年。

64. 北京图书馆《文献》丛刊编辑部、吉林省图书馆学会会刊编辑部编：《中国当代社会科学家》（第 4 辑），北京：书目文献出版社，1983 年。

65. 罗银胜：《潘序伦传》，上海：上海人民出版社，2007 年。

二、期刊

1. 何立波：《情系教育的晚清总督端方》，《文史天地》2010 年第 10 期。

2. 乔兆红：《华侨与南洋劝业会》，《文史哲》2003 年第 2 期。

3. 夏泉、刘晗：《试论郑洪年与民国华侨高等教育的创办发展——以国立暨南大学为中心的考察》，《民国档案》2012 年第 1 期。

4. 《本校庆连得江大锦标赛欢宴　郑校长亲致勉词》，《暨南校刊》1933 年第 51 期。

5. 刘红光：《郑洪年华侨教育思想与实践》，《兰台世界》2016 年第 16 期。

6. 刘颖：《浅析黄炎培教育救国思想的发展演变》，《中国地名》2019 年第 7 期。

7. 蒋超、夏泉：《民国学人的学术生态——以“新月派学人群”与上海国立暨南大学为视角》，《社会科学论坛》2016 年第 10 期。

8. 陈雪芬：《叶公超的外语教育思想》，《高教发展与评估》2019 年第 1 期。

9. 夏泉：《探寻曹聚仁先生早年的活动足迹——以暨南大学为中心的考察》，《东南亚研究》2009 年第 5 期。

10. 朱正：《曹聚仁与周氏兄弟》，《新文学史料》2009 年第 2 期。

11. 郑尔康：《我的父亲郑振铎》，《出版广角》1996 年第 3 期。

12. 彭梅蕾：《百年暨南人物志》，《暨南学报》（哲学社会科学版）2006 年第 4 期。

13. 刘开明：《论郑振铎对中国现代学术的贡献》，《东岳论丛》1992 年第 3 期。

14. 边兴昌：《方光焘与我国的理论语言学》，《南京大学学报（哲学·人文·社会科学）》1994 年第 4 期。

15. 查锡奎：《经历三个不同历史时代的著名学者陈中凡》，《钟山风雨》2002 年第 4 期。

16. 吴新雷：《陈中凡先生的学术成就》，《古典文学知识》2002 年第 5 期。

17. 沈寂：《陈中凡与陈仲甫》，《江淮文史》1998 年第 4 期。

18. 陈中凡：《陈中凡自传》，《晋阳学刊》1981 年第 3 期。

19. 刘聪：《梁实秋在台湾的一段访谈》，《新文学史料》2016 年第 2 期。

20. 任明耀：《怀念恩师钱鐘书》，《世纪》1999 年第 5 期。

21. 任明耀：《钱锺书二三事》，《民主》1999 年第 2 期。

22. 夏泉、曾金莲：《探寻谭其骧先生早年的学术足迹——以暨南大学为中心的考察》，《东南亚研究》2008 年第 3 期。

23. 谭其骧：《谭其骧自传》，《文献》1982 年第 4 期。

24. 朱江：《历史学家周谷城》，《贵阳文史》2008 年第 1 期。

25. 周均美：《一个史学老人的心愿——记祖父周谷城》，《世界历史》1998 年第 4 期。

26. 邹理：《“湖南益阳，我的家乡”——益阳走出的历史学家周谷城》，《新湘评论》2012 年第 9 期。

27. 周予同：《周予同自传》，《晋阳学刊》1981 年第 1 期。

28. 郭志坤：《三访晚年周予同》，《世纪》2017 年第 4 期。

29. 石攀峰：《周予同与〈教育杂志〉——一位编辑学人的教育理想与现实苦闷》，《编辑之友》2013 年第 1 期。

30. 杨家福：《周予同：平民教育的先驱》，《教育与职业》2013 年第 25 期。

31. 周大川：《周予同先生传略》，《温州师范学院学报》（哲学社会科学版）1995 年第 5 期。

32. 王新命、陈高傭等：《中国本位的文化建设宣言》，《文化建设》1935 年第 1 卷第 4 期。

33. 王新命、陈高傭等：《我们的总答复》，《文化建设》1935 年第 1 卷第 8 期。

34. 陈高傭：《怎样了解中国本位的文化建设》，《文化建设》1935 年第 1 卷第 8 期。

35. 李娜娜：《试论陈守实的学术贡献》，《枣庄学院学报》2017 年第 3 期。

36. 褚庆立：《著论启薪火，搦管以传灯——美术史论家俞剑华的人生与学术》，《美术观察》2012 年第 9 期。

37. 林树中：《承前启后奠基筑路——试论俞剑华学派》，《中国花鸟画》2009 年第 3 期。

38. 周积寅：《俞剑华老师永远是我学习的楷模》，《南京艺术学院学报》2012 年第 6 期。

39. 赵成清：《潘天寿的艺术理论与思想》，《艺术生活——福州大学厦门工艺美术学院学报》2015 年第 5 期。

40. 赵成清：《潘天寿的中国画思想》，《书画世界》2015 年第 6 期。

41. 史贝珂、郝杰：《论潘天寿民族绘画艺术思想》，《今传媒》2016 年第 3 期。

42. 徐志福：《中国现代剧坛的“黑旋风”——小记著名电影家、戏剧家洪深》，《文史杂志》2018 年第 3 期。

43. 鲁毅：《洪深的报刊编辑生涯与编辑思想述论》，《西南交通大学学报》（社会科学版）2020 年第 2 期。

44. 陈文举：《百年暨南人物志：潘序伦》，《暨南学报》（哲学社会科学版）2006 年第 1 期。

45. 方秋苇：《怀经济学家周宪文》，《档案与史学》1995 年第 2 期。

46. 陈文举：《百年暨南人物志——周宪文》，《暨南学报》（哲学社会科学版）2006 年第 6 期。

47. 李枭鹰、邬大光：《王亚南教育思想述评》，《厦门大学学报》（哲学社会科学版）2007 年第 3 期。

48. 张友仁：《王亚南的生平和学术》，《西安财经学院学报》2014 年第 4 期。

49. 华杉晓、方秋明：《播火者——王亚南》，《湖北档案》2002 年第 9 期。

50. 卢江、钱书法：《王亚南对中国经济学研究的理论与实践贡献》，《经济学家》2012 年第 8 期。

51. 熊杰、夏泉：《试论民国初期华侨商科教育的创办与发展——以暨南学校为中心的考察》，《教育史研究》2010 年第 3 期。

52. 班超：《马寅初妙释“经济学”》，《课外阅读》2015 年第 9 期。

53. 兴梅：《马寅初拒见蒋介石》，《文史春秋》2004 年第 10 期。

54. 夏泉：《何炳松与〈暨南学报〉的创办》，《暨南学报》（哲学社会科学版）2001 年第 1 期。

55. 周蕖、顾明远：《科学·教育·人民——纪念我们的父亲周建人诞辰 130 周年》，《课程·教材·教法》2018 年第 12 期。

56. 周慧梅：《周建人与科学中国化视角下的教科书编写——纪念周建人诞辰 130 周年》，《课程·教材·教法》2018 年第 12 期。

57. 金涛：《周建人漫忆》，《民主与科学》2014 年第 5 期。

58. 牧水：《周建人：一个人存在就要有利于社会》，《民主》2013 年第 3 期。

59. 傅春龄：《无私无畏，大义凛然——忆马寅初先生在暨大的一次演说》，《暨南校友》1999 年第 24 期。

60. 余晓敏：《百年暨南人物志》，《暨南大学学报》（自然科学与医学版）2006 年第 1 期。

61. 梁朱珠：《严济慈教书》，《中国人大》2010 年第 9 期。

62. 何炳松：《〈暨南学报〉发刊词》，《暨南学报》第 1 卷第 1 号，1936 年 2 月。

63. 陈俊言：《孙怀仁》，《经济学动态》1985 年第 7 期。

64. 孙怀仁：《美国金融风暴于远东》，《申报月刊》第 2 卷第 4 号，1933 年 4 月。

65. 孙怀仁：《中国产业开发之途径——中国经济改造论之三》，《申报月刊》第 4 卷第 4 号，1935 年 4 月。

66. 孙怀仁：《转型期间的中国产业》，《申报月刊》第 4 卷第 8 号，1935 年 8 月。

67. 孙怀仁：《当前中国经济之剖析》，《中国建设》1946 年第 2 卷第 5 期。

后　记

华侨教育关联着我国侨胞的生生延绵，也连系着祖国与侨胞的心。2021 年是中国共产党建党 100 周年、暨南大学建校 115 周年、暨南大学董事会成立 100 周年，为传承暨南精神、献礼百年暨南，暨南大学对外联络处牵头成立《暨南群星闪耀时》编写组，通力合作完成书稿编纂。

接到《暨南群星闪耀时》一书的编纂任务后，本书编写人员齐力合作，决心编写出优质的暨南精神传承书目，弘扬校史经典。本书由梁燕、肖婧主编，撰稿人分别为（以姓氏笔画为序）：王佳、尹素娟、叶歌、汪章靓，各章核稿人分别为：刘敬宜、李晓明、李蕙君、张琦、姚钰婷，全书核稿由王婷、张柏星完成。本书编写历时 1 年，受到暨南大学校领导、暨南大学出版社，以及张晓辉专家的大力支持，在此表示感激。同时感谢为本书作序的暨南大学董事会副董事长、暨南大学校友总会会长马有恒先生。

本书以时间顺序为线索，选取民国时期部分暨南名师事迹进行编纂。书中内容与图片或有错漏之处，敬请广大师生、校友、有关专家和读者批评指正。

编写组

2021 年 10 月于暨南园